Die Verteilung von Sondernutzungsrechten

Europäische Hochschulschriften Recht

European University Studies in Law

Publications Universitaires Européennes de Droit

Band/Volume 6300

Kriemhild Ottensmeier

Die Verteilung von Sondernutzungsrechten

Zum Umgang mit konkurrierenden Sondernutzungsbegehren im öffentlichen Straßenraum

PETER LANG

Bibliografische Information der Deutschen Nationalbibliothek
Die Deutsche Nationalbibliothek verzeichnet diese Publikation in der Deutschen Nationalbibliografie; detaillierte bibliografische Daten sind im Internet über http://dnb.d-nb.de abrufbar.

Zugl.: Bielefeld, Univ., Diss.,2022

D 361
ISSN 0531-7312
ISBN 978-3-631-87769-2 (Print)
E-ISBN 978-3-631-87996-2 (E-PDF)
E-ISBN 978-3-631-87997-9 (EPUB)
DOI 10.3726/b19741

Peter Lang – Berlin · Bern · Bruxelles · New York · Oxford · Warszawa · Wien

Diese Publikation wurde begutachtet.

www.peterlang.com

Meinen Eltern

Vorwort

Die vorliegende Arbeit wurde im Wintersemester 2021/2022 von der Fakultät für Rechtswissenschaft der Universität Bielefeld als Dissertation angenommen. Rechtsprechung und Literatur sind bis März 2021 berücksichtigt worden.

Mein besonderer Dank gilt meinem Doktorvater Herrn Prof. Dr. Christoph Gusy für die großartige Betreuung und Unterstützung sowie für die wertvollen Hinweise. Herrn Prof. Dr. Johannes Hellermann danke ich für die zügige Erstellung des Zweitgutachtens. Bei Herrn Prof. Dr. Simon Kempny, LL.M. (UWE Bristol) möchte ich mich für die Übernahme des Vorsitzes in der mündlichen Prüfung bedanken.

Für ihre große Unterstützung und Hilfe danke ich ferner Dr. Christoph Ebeling, Dr. Christian Pleser, Paul Pustelnik, Dr. Julian Rahe, Sebastian Rasche und Dr. Christoph Worms. Sie alle haben zum Gelingen dieser Arbeit beigetragen.

Meiner Familie danke ich für ihren bedingungslosen Rückhalt und ihr stetiges Vertrauen in mich. Thea und Hermann sowie Vera und Heinrich waren mir die gesamte Zeit über eine unerlässliche Stütze. Der größte Dank gebührt meinen Eltern Evelyn und Hermann. Ihnen ist diese Arbeit gewidmet.

Bielefeld, im März 2022 — Kriemhild Ottensmeier

Inhaltsübersicht

Inhaltsverzeichnis

Abkürzungsverzeichnis

AEUV	Vertrag über die Arbeitsweise der Europäischen Union
BGB	Bürgerliches Gesetzbuch
BT	Bundestag
CsgG	Gesetz zur Bevorrechtigung des Carsharing
Dienstleistungs-RL	Richtlinie 2006/123/EG des Europäischen Parlaments und des Rates vom 12. Dezember 2006 über Dienstleistungen im Binnenmarkt
Drs.	Drucksache
EnWG	Gesetz über die Elektrizitäts- und Gasversorgung
EUV	Vertrag über die Europäische Union
FStrG	Bundesfernstraßengesetz
GewO	Gewerbeordnung
GG	Grundgesetz
GO NRW	Gemeindeordnung für das Land Nordrhein-Westfalen
GWB	Gesetz gegen Wettbewerbsbeschränkungen
JustG NRW	Gesetz über die Justiz im Land Nordrhein-Westfalen
KomHVO NRW	Verordnung über das Haushaltswesen der Kommunen im Land Nordrhein-Westfalen
Konzessions-RL	Richtlinie 2014/23/EU des Europäischen Parlaments und des Rates vom 26. Februar 2014 über die Konzessionsvergabe
KonzVgV	Verordnung über die Vergabe von Konzessionen
KrWG	Gesetz zur Förderung der Kreislaufwirtschaft und Sicherung der umweltverträglichen Bewirtschaftung von Abfällen
LAbfG NRW	Abfallgesetz für das Land Nordrhein-Westfalen
LT	Landtag
StrWG NRW	Straßen- und Wegegesetz des Landes Nordrhein-Westfalen
UVgO	Verfahrensordnung für die Vergabe öffentlicher Liefer- und Dienstleistungsaufträge unterhalb der EU-Schwellenwerte
VwVfG NRW	Verwaltungsverfahrensgesetz für das Land Nordrhein-Westfalen
VwGO	Verwaltungsgerichtsordnung

Wegen weiterer Abkürzungen wird verwiesen auf *Kirchner*, Hildebert, Abkürzungsverzeichnis der Rechtssprache, 9. Auflage, 2018.

§ 1 Einleitung

In weiten Teilen der öffentlichen Verwaltung ist die Frage nach der sachgerechten Verteilung knapper Güter allgegenwärtig. Immer dann, wenn mehrere Personen die Zuteilung eines knappen Gutes begehren, wegen seiner Knappheit aber nicht alle Bewerber berücksichtigt werden können, sieht sich die Verwaltung in die Lage versetzt, eine Auswahl unter ihnen treffen zu müssen. Dieser Auswahlvorgang, der hier mit Verteilung gemeint ist, tritt dabei in der Verwaltungspraxis so zahlreich auf, wie dessen potenzielle Verteilungsobjekte heterogen sind. So reicht die Bandbreite von öffentlichen Ämtern und Studienplätzen über öffentliche Einrichtungen, Standplätze auf Volksfesten, Genehmigungen im Taxenverkehr und öffentliche Aufträge bis hin zu Frequenzen im Bereich des Telekommunikations- und Rundfunkrechts.

In Anbetracht dieser Fülle an Sachverhalten überrascht es nicht, dass immer wieder auch die Gerichte mit dieser Verteilungsproblematik konfrontiert wurden. Besonders hervorzuheben ist dabei die erste Numerus-Clausus-Entscheidung des BVerfG aus dem Jahr 1972 zur Verteilung von Studienplätzen, die später vielfach als Anknüpfungspunkt zur Diskussion um die sachgerechte Verteilung knapper Güter dienen sollte.[1] Aber auch im Schrifttum existieren zahlreiche Abhandlungen, die sich entweder mit einer spezifischen Verteilungsproblematik beschäftigen oder aber Verteilungsfragen auf abstrakter Ebene mit dem Ziel erörtern, allgemeingültige Aussagen treffen zu können, oft dann unter anschließender Bezugnahme auf bestimmte Referenzgebiete.[2]

A. Gegenstand der Untersuchung

In letzter Zeit ist zunehmend auch der öffentliche Straßenraum als „knappes Gut" ausgemacht worden.[3] Dabei fällt auf, dass sich vor allem Personen aus einem wirtschaftlichen Umfeld immer häufiger diesen Raum zunutze machen wollen. Auch wenn seit jeher anerkannt ist, dass die öffentlichen Straßen weit mehr sind als nur ein Bindeglied zwischen zwei Orten, sie vielmehr durch ihre

---

1 BVerfG, Urt. v. 18.07.1972 – 1 BvL 32/70, juris.

2 Generell zur Verteilungsproblematik siehe statt aller *Wollenschläger*, Verteilungsverfahren, 2010; *Malaviya*, Verteilungsentscheidungen und Verteilungsverfahren, 2009; *Kupfer*, Die Verteilung knapper Ressourcen im Wirtschaftsverwaltungsrecht, 2005.

3 Statt vieler siehe *Burgi*, NVwZ 2017, 257.

Multifunktionalität geprägt werden, so lässt sich doch beobachten, dass der öffentliche Straßenraum immer mehr auch als Ort wirtschaftlicher Betätigung begriffen wird.[4] Zunehmend finden sich in den Innenstädten Verkaufsstände (namentlich auch in neueren Erscheinungsformen, wie etwa der des „Foodtrucks") oder Märkte und Feste zu den unterschiedlichsten Themen. Immer häufiger werden dort Carsharingflächen und Fahrradmietstationen eingerichtet. Und auch das Aufstellen von Abfallcontainern und Außenwerbung oder der Betrieb einer Außengastronomie sind weitere Formen einer kommerziellen Straßenbenutzung, die tendenziell stärker das Stadtbild prägen als noch vor einigen Jahrzehnten.

Oft aber ist der öffentliche Straßenraum, der für diese kommerziellen Nutzungen in Frage kommt, begrenzt. Dies führt dazu, dass vielerorts die zur Verfügung stehenden Straßenflächen nicht (mehr) ausreichen, um die Nachfrage nach ihnen zu decken – zumal eine parallele Nutzung in aller Regel aus tatsächlichen Gründen ausscheidet. Handelt es sich bei der beabsichtigten kommerziellen Nutzung zugleich auch um eine Sondernutzung, so bedarf sie der vorherigen Erlaubnis durch die zuständige Behörde (so z.B. in NRW nach § 18 Abs. 1 S. 2 StrWG NRW). Bei ihrer Erteilung muss dann im Falle einer Kapazitätserschöpfung zwingend auch eine Auswahlentscheidung getroffen werden. Insofern kommt es dazu, dass die an der Nutzung des öffentlichen Raums interessierten Personen darum konkurrieren, die für die jeweilige Tätigkeit geeigneten Flächen für sich beanspruchen zu dürfen. Aus ihrer Sicht erscheint der öffentliche Straßenraum daher nicht nur als Wirtschafts-, sondern vielmehr auch als Wettbewerbsraum in dem Sinne, dass sie hinsichtlich der Frage, wer von ihnen den betreffenden Raum nutzen darf, in Konkurrenz zueinander treten.[5] In Anbetracht der Knappheit sehen sich demgegenüber die zuständigen Behörden in der Situation, unter allen Bewerbern eine Person, die zur Nutzung berechtigt werden soll, auswählen zu müssen. Durch die knappheitsbedingte Konkurrenzsituation entsteht also ein Verteilungskonflikt, den es von den Behörden zu bewältigen gilt.[6]

Das Recht zur Sondernutzung ist dabei für die Bewerber von nicht zu unterschätzender wirtschaftlicher Relevanz. Auch wenn viele Formen der

---

4 *Burgi*, NVwZ 2017, 257 (257 f.); *Hartwig/Sterniczuk*, NVwZ 2016, 1375 (1375); *Siehr*, Das Recht am öffentlichen Raum, 2016, S. 20 f. Zuweilen ist in diesem Zusammenhang auch von einer zunehmenden Kommerzialisierung des öffentlichen Straßenraums die Rede, so etwa bei *Hartwig/Sterniczuk*, a.a.O.

5 *Burgi*, NVwZ 2017, 257 (257 f.).

6 Dazu noch genauer unter § 3A.I.2.

kommerziellen Straßenbenutzung grds. auch auf privaten Grundstücken möglich wären, so sind diese doch aus unternehmerischer Sicht in den meisten Fällen nicht in gleichem Maße geeignet. Denn im Vergleich zu privaten Räumen hat der öffentliche Straßenraum den Vorteil, dass Gegenstände dort schneller wahrgenommen werden, er grds. einem unbestimmten Personenkreis zugänglich ist und seine Benutzung – auch wenn eine Sondernutzungsgebühr erhoben werden kann – i.d.R. nicht so hohe Kosten verursacht wie die Anmietung privater Räume, zumal dies ohnehin erst einmal die Bereitschaft Privater zur Vermietung voraussetzt.[7] Das Sondernutzungsrecht ist daher für die Ausübung der hier in Rede stehenden Tätigkeiten zwar rechtlich gesehen keine Voraussetzung, gleichwohl ist der öffentliche Straßenraum aber aus unternehmerischer Sicht so attraktiv, dass dem Benutzungsrecht enorme wirtschaftliche Bedeutung zukommt.

Damit einhergeht, dass die zuständige Behörde durch die Erteilung einer entsprechenden Sondernutzungserlaubnis zum Teil erheblichen Einfluss auf bestimmte Dienstleistungsmärkte nehmen kann. Denn auch wenn das Sondernutzungsrecht keine Marktzugangsvoraussetzung ist (die Dienstleistungen können ja auch auf privaten Flächen angeboten werden) so hat doch derjenige, der berechtigt ist, seine Dienstleistung auch im öffentlichen Straßenraum zu erbringen, auf bestimmten Märkten eine deutlich bessere Marktstellung als seine Wettbewerber. So hat z.B. ein Alttextilsammler, der seine Container, oder ein Werbeunternehmen, das seine Werbeflächen auch im öffentlichen Straßenraum platzieren darf, eine erheblich bessere Wettbewerbsposition als seine Konkurrenten.

I. Problemaufriss

Während also das Bestehen und die Bedeutung dieses Verteilungskonflikts nicht von der Hand zu weisen ist, erscheint im Umgang mit ihm aber noch einiges unklar. Namentlich die Rechtsprechung, die sich in der jüngeren Vergangenheit immer mal wieder mit dieser Problematik zu beschäftigen hatte, gibt Anlass dazu, sich genauer mit der Frage auseinanderzusetzen, wie das Gut „öffentlicher Straßenraum“ in einer knappheitsbedingten Konkurrenzsituation verteilt werden muss.

So wurde dort vor allem darüber diskutiert, welche Ermessenserwägungen die zuständige Behörde bei der Erteilung einer Sondernutzungserlaubnis

7 Vgl. zur Zugänglichkeit *Gusy*, JZ 2009, 217 (217); zum Kostenaspekt siehe *Burgi*, NVwZ 2017, 257 (257).

in einer derartigen Konkurrenzsituation zugrunde legen darf.[8] Nur solche mit straßenrechtlichem Bezug, wie es § 40 VwVfG NRW[9], nach dem das Ermessen entsprechend dem Zweck der Ermächtigung auszuüben ist, nahelegen würde? Und würde dies der Einbeziehung von Erwägungen entgegenstehen, die in erster Linie auf die Lösung der Konkurrenzproblematik (z.B. nach dem Kriterium der „Leistungsfähigkeit", „bekannt und bewährt" oder mithilfe des Zufalls- oder Prioritätsprinzips) gerichtet sind? Fraglich ist auch, welche Bedeutung hier der sog. Wirtschafts- und Wettbewerbsneutralität des Straßenrechts zukommt und ob sie dazu führt, dass Konkurrenzerwägungen gänzlich außen vor zu bleiben haben.[10]

Dies unterstellt wäre das Straßenrecht nur eingeschränkt in der Lage, den dargestellten Verteilungskonflikt zu bewältigen. Sind ihm Konkurrenzerwägungen tatsächlich fremd, so kann es nur spezifisch straßenrechtliche Lösungen finden, bei denen der Konkurrenzproblematik aber jedenfalls keine eigenständige Bedeutung zukäme. Insofern schiene es so, als würde es speziell für die Auflösung des Verteilungskonflikts an rechtlichen Maßgaben fehlen. Dann aber würden Umstände, die die Beziehungen der Beteiligten untereinander entscheidend prägen, auf rechtlicher Ebene ignoriert werden.

Anders also als in vergleichbaren Verteilungssituationen, wie etwa beim Zugang zu öffentlichen Einrichtungen (z.B. nach § 8 Abs. 2 GO NRW) oder bei der Teilnahme an einer Veranstaltung nach § 70 Abs. 1 GewO, bei denen die Anwendung bestimmter Verteilungskriterien bzw. -verfahren (wie etwa das Zufallskriterium beim Losverfahren) im Grundsatz anerkannt ist, gilt dies nicht für die Erteilung einer straßenrechtlichen Sondernutzungserlaubnis. Im Unterschied zu diesen Konstellationen besteht auf ihre Erteilung aber auch kein Anspruch, sondern nur ein Anspruch auf ermessensfehlerfreie Entscheidung.

---

8 Siehe dazu etwa OVG Münster, Urt. v. 16.06.2015 – 11 A 1131/13, juris; BayVerfGH, Entscheidung v. 16.05.2011 – Vf. 73-VI-10, juris; OVG Mannheim, Urt. v. 17.03.2000 – 5 S 369/99, juris.

9 Soweit im Rahmen dieser Arbeit auf das VwVfG NRW oder auf andere nordrhein-westfälische Vorschriften Bezug genommen wird, gelten die Ausführungen auch für die entsprechenden Regelungen in den übrigen Bundesländern.

10 Zur Wirtschafts- und Wettbewerbsneutralität siehe etwa OVG Münster, 16.06.2015 – 11 A 1131/13, juris; VG Aachen, Urt. v. 26.04.2016 – 6 K 2357/15, juris. Das VG Köln spricht sogar von „wettbewerbsblind", Urt. v. 28.11.2014 – 18 K 4839/13, juris. Siehe auch *Hartwig/Sterniczuk*, NVwZ 2016, 1375 (1375), nach denen „die Vergabe von Sondernutzungserlaubnissen von verschiedenen verwaltungsrechtlichen Prinzipien geprägt ist – unter anderem von der durch die Rechtsprechung entwickelten straßenrechtlichen Wettbewerbsneutralität oder Konkurrenzneutralität."

Die Verteilungssituation ist hier also schon im Ausgangspunkt insofern anders, als dem unterlegenen Bewerber lediglich etwas nicht zu gesprochen wird, auf das er ohnehin keinen Anspruch gehabt hätte.

Während sich also einerseits die Einordnung der Erteilung einer Sondernutzungserlaubnis als Verteilungsproblem aufdrängt, erscheint andererseits doch unklar, wie vor allem im Rahmen der Ermessensausübung mit ihm umzugehen ist, zumal zu bekannten Verteilungskonflikten zum Teil offensichtliche Unterschiede bestehen. Im Rahmen dieser Untersuchung soll diesen Inkonsistenzen auf den Grund gegangen werden. Es gilt zu hinterfragen, ob bzw. inwiefern bei der Ermessensausübung tatsächlich keine Konkurrenzerwägungen berücksichtigt werden dürfen.

Daran anknüpfend stellt sich die Frage, ob sich ein Konkurrent unter bestimmten Voraussetzungen gegen die einem anderen erteilte Sondernutzungserlaubnis zur Wehr setzen kann. Fraglich ist dies deshalb, weil das Straßenrecht (bzw. die Vorschrift zur Erteilung einer Sondernutzungserlaubnis) im Grundsatz nicht drittschützend ist.[11] Unter der Prämisse, dass das Straßenrecht tatsächlich wirtschafts- und wettbewerbsneutral in dem Sinne ist, dass Konkurrenzerwägungen nicht einbezogen werden dürften, könnte es freilich auch nicht dem Schutz der unterlegenen Bewerber dienen. Gerade aber vor dem Hintergrund, dass es sich in den dargestellten Konkurrenzsituationen aus der Sicht der unterlegenen Bewerber um eine Ungleichbehandlung i.S.d. Art. 3 Abs. 1 GG handelt und zudem möglicherweise auch ihre Berufsfreiheit aus Art. 12 Abs. 1 GG betroffen ist, erscheint dieses Ergebnis aber fragwürdig. Die Problematik bedarf daher auch mit Blick auf etwaige Rechtsschutzmöglichkeiten der näheren Untersuchung.

Und auch aus vergaberechtlicher Sicht ergeben sich Fragestellungen, die noch nicht vollends geklärt sind. So kommt es vor, dass Kommunen Dienstleistungen am Markt nachfragen, zu deren Ausführung die Benutzung des öffentlichen Straßenraums erforderlich ist. Auch in diesen Fällen konkurrieren Personen darum, diese Dienstleistungen übernehmen zu dürfen. Dabei ist vor allem fraglich, ob bzw. unter welchen Voraussetzungen diese Tätigkeit als Vergabe einer Dienstleistungskonzession einzuordnen wäre. Sofern dies im Einzelfall bejaht werden müsste, würden sich die rechtlichen Rahmenbedingungen im Vergleich zur schlichten Erteilung einer Sondernutzungserlaubnis insofern entscheidend verändern, als dann auch das Vergabe- und das Kartellrecht zur Anwendung

---

11 OVG Münster, Beschl. v. 03.07.2014 – 11 B 553/14, juris; VGH München, Beschl. v. 24.11.2003 – 8 CS 03.2279, juris.

kämen. Sondernutzungen im Kontext von Beschaffungen sollen daher ein weiteres Problemfeld sein, das im Rahmen dieser Untersuchung behandelt wird.

Dabei sollen diese besonders deutlich hervorgetretenen Fragestellungen Grund und Anlass zur umfassenden Untersuchung dieser Problematik sein. Sie beleuchten das Sondernutzungsrecht als Gegenstand eines Verteilungskonflikts. I.d.R. wirkt sich die Vermittlung eines Sondernutzungsrechts nur im Verhältnis von Antragsteller und Straßenbaulastträger (hier i.d.R. die Gemeinde) aus, worauf augenscheinlich auch die Vorschriften zur Erlaubniserteilung ausgelegt sind. In Verteilungssituationen aber steht nicht die bipolare, sondern eine multipolare Rechtsbeziehung unter zusätzlicher Beteiligung aller Konkurrenten im Mittelpunkt. Dieser verteilungsspezifische Blickwinkel soll dieser Untersuchung zugrunde gelegt werden. Die Frage ist, ob bzw. auf welche Weise das Straßenrecht und die Verteilungsproblematik zusammengeführt werden können und ob bzw. inwiefern sich daraus ergibt, dass die möglicherweise betroffenen Rechte der unterlegenen Konkurrenten bei der Vermittlung eines Sondernutzungsrechts zu berücksichtigen sind.

II. Erkenntnisinteresse

Ausgehend von dieser Bestandsaufnahme ist das Anliegen dieser Untersuchung darauf gerichtet, herauszufinden, welche rechtlichen Maßgaben die zuständige Behörde bei der Vermittlung eines Sondernutzungsrechts in einer knappheitsbedingten Konkurrenzsituation zu beachten hat und ob den unterlegenen Bewerbern bei Missachtung dieser Rahmenbedingungen Rechtsschutzmöglichkeiten zur Verfügung stehen.

Grundlegend zu unterscheiden sind dabei zwei Ausgangslagen: Einerseits der Fall, dass die Sondernutzung vonseiten privater Akteure aus begehrt wird, und andererseits der, in dem die Sondernutzung als Dienstleistung auf Nachfrage der öffentlichen Hand erfolgen soll.[12] Diese unterschiedlichen Ausgangssituationen prägen ganz entscheidend die rechtlichen Rahmenbedingungen der Verteilung. Denn im ersten Fall wird das Sondernutzungsrecht durch eine Erlaubnis bzw. einen öffentlich-rechtlichen Vertrag vermittelt, wobei die Erteilung der Erlaubnis bzw. der Abschluss des Vertrags im pflichtgemäßen Ermessen der zuständigen Behörde liegen. In der zweiten Konstellation handelt es sich dagegen um einen Beschaffungsvorgang, der teils anderen, teils zusätzlichen rechtlichen Maßgaben unterliegt als Verwaltungsakte oder den an ihrer Stelle geschlossenen

---

12 *Burgi*, NVwZ 2017, 257 (259 ff.).

öffentlich-rechtlichen Verträgen. Und auch mit Blick auf etwaige Rechtsschutzmöglichkeiten bestehen Unterschiede von solchem Gewicht, dass eine Trennung dieser beiden Sachverhalte unumgänglich erscheint.

Hinsichtlich der Verteilung des Sondernutzungsrechts konzentriert sich diese Untersuchung auf die rechtlichen Anforderungen, denen das Auswahlverfahren und die Auswahlkriterien genügen müssen. Für den Fall, dass die Sondernutzung vonseiten privater Akteure aus begehrt wird und dementsprechend das Sondernutzungsrecht durch Erlaubnis oder öffentlich-rechtlichen Vertrag vermittelt wird, betrifft dies die Ausgestaltung des Verwaltungsverfahrens i.S.d. § 9 VwVfG NRW und namentlich die Ermessensausübung, bei der – wie bereits dargestellt – vor allem fraglich ist, welche Erwägungen ihr zugrunde gelegt werden dürfen. Sofern das Sondernutzungsrecht Teil eines Beschaffungsvorgangs ist, geht es um die Anforderungen an das Vergabeverfahren bzw. die Vergabekriterien.

B. Gang der Untersuchung

Im zweiten Kapitel (§ 2) soll zunächst der Untersuchungsgegenstand näher eingegrenzt werden. Straßenrechtliche Verteilungskonflikte treten typischerweise im Zusammenhang mit einer kommerziellen Straßenbenutzung auf, wobei es freilich zu klären gilt, was im Rahmen dieser Untersuchung unter einer kommerziellen Straßenbenutzung verstanden werden soll (A.). Diese kann wiederum grds. nur dann Gegenstand einer Verteilungsentscheidung sein, wenn sie zugleich auch Sondernutzung ist. Denn nur dann bedarf sie der vorherigen Erlaubnis durch die zuständige Behörde, in deren Zusammenhang dann im Falle eines Bewerberüberhangs auch eine Auswahlentscheidung getroffen werden muss. Die kommerzielle Straßenbenutzung muss daher anschließend in die straßenrechtliche Benutzungsordnung bestehend aus Gemeingebrauch, Straßenanliegergebrauch und Sondernutzung eingeordnet werden (B.).

Nachdem insoweit der Untersuchungsgegenstand konkretisiert wurde, soll im dritten und vierten Kapitel (§ 3 und § 4) die Verteilung der Sondernutzungsrechte zur kommerziellen Benutzung des öffentlichen Straßenraums erörtert werden. Dabei behandelt das dritte Kapitel zunächst diejenigen Sondernutzungen, die vonseiten privater oder auch öffentlicher Wirtschaftssubjekte aus begehrt werden. Im vierten Kapitel geht es sodann um solche Sondernutzungsrechte, die Bestandteil einer Dienstleistungskonzession sind. In diesen Fällen konkurrieren die Bewerber eigentlich darum, für den öffentlichen Auftraggeber eine Dienstleistung erbringen zu dürfen, die aber, weil sie im öffentlichen Straßenraum ausgeführt werden soll, ebenfalls der straßenrechtlichen Erlaubnis bedarf.

Innerhalb des dritten Kapitels soll zunächst dargelegt werden, unter welchen Voraussetzungen die Erteilung einer Sondernutzungserlaubnis überhaupt erst zum Verteilungsproblem wird (A.). Anders als bei der Vergabe einer Dienstleistungskonzession, bei der die Verteilungssituation regelmäßig auf der Hand liegt, ist dies bei der Erteilung einer Sondernutzungserlaubnis nicht unbedingt der Fall. Im Anschluss daran soll der rechtliche Rahmen, der die Handlungsmöglichkeiten der zuständigen Behörde bei der Verteilung begrenzt, erörtert werden (B.) und ferner ob bzw. wie sich dieser verändert, wenn auch ein kommunales Unternehmen um das Sondernutzungsrecht konkurriert (C.). Zum Ende dieses Kapitels sollen dann etwaige Rechtsschutzmöglichkeiten dargelegt werden, die den unterlegenen Bewerbern zustehen, wenn die zuständige Behörde den bei der Verteilung zu beachtenden Maßgaben nicht gerecht wird (D.).

Im vierten Kapitel wird zu Beginn dargestellt, unter welchen Voraussetzungen eine Dienstleistungskonzession vorliegt und welche Rolle dabei dem Sondernutzungsrecht zukommt (A.). Anschließend wird der rechtliche Rahmen der Verteilung der hier relevanten Dienstleistungskonzessionen untersucht (B.). Auch in diesem Kapitel wird darauf eingegangen, wie sich der rechtliche Rahmen der Verteilung verändert, wenn nicht nur private, sondern auch ein öffentliches Unternehmen als Konzessionär in Betracht kommt (C.). Zum Schluss werden ebenfalls die Rechtsschutzmöglichkeiten der unterlegenen Bewerber dargestellt (D.).

Im fünften Kapitel (§ 5) sollen dann die rechtlichen Rahmenbedingungen und Rechtschutzerwägungen, die zuvor herausgearbeitet wurden, auf fünf Fallgruppen, die von besonderer Praxisrelevanz sind, übertragen werden. Zu den Fallgruppen zählen die Sondernutzung in Form des Betriebs einer Außengastronomie (A.), von Carsharingstationen (B.), des Veranstaltens von Märkten und Festen (C.), des Betriebs von Außenwerbeflächen (D.) und des Aufstellens von Abfallcontainern (E.).

Abschließend sollen die Kernaussagen zusammengefasst und ein Ausblick auf die möglichen Entwicklungen in der Zukunft gegeben werden (§ 6).

§ 2 Die kommerzielle Straßenbenutzung im System des Straßenrechts

Seit jeher haben die öffentlichen Straßen, Wege und Plätze für das gesellschaftliche Leben zentrale Bedeutung. Zum einen sind sie wesentlicher Bestandteil einer funktionierenden Infrastruktur. Zum anderen geben sie – vor allem in Abgrenzung zu privaten Räumen – in besonderem Maße die Gewähr dafür, dass Menschen miteinander in Kontakt treten können. Auf diese Weise ermöglichen sie Kommunikation, die wiederum Voraussetzung für die Befriedigung einer Vielzahl von verfassungsrechtlich abgesicherten Bedürfnissen ist. Dies gilt nicht nur für die „klassischen" Kommunikationsfreiheiten aus Art. 5 Abs. 1 und Art. 8 GG,[13] sondern für all diejenigen Grundrechte, deren befriedigende Ausübung mitunter davon abhängt, ob sie von anderen wahrgenommen wird.

Wenn aber der öffentliche Straßenraum im gesellschaftlichen Alltag einen derartigen Stellenwert hat, so ist damit unweigerlich auch verbunden, dass verschiedene Straßenbenutzungen miteinander in Konflikt geraten können. Dem dadurch ausgelösten Ordnungsbedürfnis kommen die Straßen- und Wegegesetze nach, indem sie die gemeingebräuchliche Benutzung, mit der typischerweise weniger Konfliktpotential einhergeht, im Vergleich zur Sondernutzung privilegieren. Der Gemeingebrauch bedarf – genau wie der vereinzelt normierte Straßenanliegergebrauch – im Unterschied zur Sondernutzung keiner Erlaubnis.[14]

Weil Straßenbenutzung zugleich immer auch Grundrechtsausübung ist (selbst das einfache Begehen oder Befahren einer Straße ist durch die Allgemeine Handlungsfreiheit aus Art. 2 Abs. 1 GG verbürgt), darf das in den Straßen- und Wegegesetzen normierte Benutzungsregime verfassungsrechtlichen Wertungen nicht zuwiderlaufen. Insofern konkretisiert das Verfassungsrecht notwendigerweise das einfachgesetzliche Straßenrecht mit der Folge, dass es u.U. ein bestimmtes Verständnis straßenrechtlicher Vorschriften erzwingt.

---

13 Zu diesen Grundrechten als Kommunikationsfreiheiten siehe *Hoffmann-Riem*, Kommunikationsfreiheiten, 2002; *Starck/Paulus*, in: v. Mangoldt/Klein/Starck, GG, 2018, Bd. 1, Art. 5, Rn. 1 ff.; *Gusy*, in: v. Mangoldt/Klein/Starck, GG, 2018, Bd. 1, Art. 8, Rn. 29. Demgegenüber siehe *Ebeling*, Die organisierte Versammlung, 2017, S. 253, zur Versammlungsfreiheit als Organisationsgrundrecht.

14 Zum Verhältnis von Gemeingebrauch, Sondernutzung und Straßenanliegergebrauch siehe § 2B.

Wie die hier relevante kommerzielle Straßenbenutzung in das straßenrechtliche Benutzungsregime einzuordnen ist und infolgedessen einer Erlaubnis bedarf oder nicht, soll nachfolgend erörtert werden. Dabei soll insbesondere auch auf die verfassungsrechtlichen Maßgaben, die für die Einordnung von Bedeutung sein können, eingegangen werden.

A. Die kommerzielle Benutzung der öffentlichen Straßen

Zunächst aber muss geklärt werden, wie die grundlegenden Begriffe der „öffentlichen Straßen" und der „kommerziellen Benutzung" verstanden werden sollen. Für die Definition der „öffentlichen Straßen" wird dabei auf das Verständnis der Straßen- und Wegegesetze der Länder zurückgegriffen. Hinsichtlich der „kommerziellen Benutzung" ist vor allem eine Abgrenzung zur „gewerblichen Benutzung" erforderlich.

I. Die öffentlichen Straßen

Der Begriff der öffentlichen Straßen wird in allen Straßen- und Wegegesetzen der Länder zwar nicht unter Verwendung desselben Wortlauts, so aber doch zumindest inhaltlich gleich definiert.[15] So sind etwa nach § 2 Abs. 1 StrWG NRW[16] die öffentlichen Straßen diejenigen Straßen, Wege und Plätze, die dem öffentlichen Verkehr gewidmet sind.

§ 2 Abs. 2 StrWG NRW[17] konkretisiert diese Definition in räumlich-gegenständlicher Hinsicht. Er bestimmt, dass zu den öffentlichen Straßen der

---

15 Im Folgenden sollen die Vorschriften des Straßen- und Wegegesetzes des Landes Nordrhein-Westfalen als Beispiel dienen. Bei erstmaliger Nennung der nordrhein-westfälischen Norm werden ihre Entsprechungen in den übrigen Straßen- und Wegegesetzen und im FStrG in der Fußnote genannt.

16 Vgl. § 2 Abs. 1 StrG BW; Art. 1 S. 1 BayStrWG; § 2 Abs. 1 BerlStrG; § 2 Abs. 1 BbgStrG; § 2 Abs. 1 BremLStrG; § 2 Abs. 1 HambWG; § 2 Abs. 1 S. 1 HessStrG; § 2 Abs. 1 StrWG MV; § 2 Abs. 1 NStrG; § 1 Abs. 2 LStrG RP; § 2 Abs. 1 SaarlStrG; § 2 Abs. 1 SächsStrG; § 2 Abs. 1 StrG LSA; § 2 Abs. 1 StrWG SH; § 2 Abs. 1 ThürStrG. Vgl. zur bundesrechtlichen Regelung § 1 Abs. 1–3 FStrG.

17 Vgl. § 2 Abs. 2 StrG BW; Art. 2 BayStrWG; § 2 Abs. 2 BerlStrG; § 2 Abs. 2 BbgStrG; § 2 Abs. 2 BremLStrG; § 2 Abs. 2 S. 1 HambWG; § 2 Abs. 2 HessStrG; § 2 Abs. 2 StrWG MV; § 2 Abs. 2 NStrG; § 1 Abs. 3 LStrG RP; § 2 Abs. 2 SaarlStrG; § 2 Abs. 2 SächsStrG; § 2 Abs. 2 StrG LSA; § 2 Abs. 2 StrWG SH; § 2 Abs. 2 ThürStrG. Vgl. zur bundesrechtlichen Regelung § 1 Abs. 4 FStrG.

Straßenkörper, der Luftraum über dem Straßenkörper, das Zubehör und die Nebenanlagen gehören.

Durch Widmung werden die Straßen zu öffentlichen Straßen. Dies ergibt sich im Grunde bereits aus § 2 Abs. 1 StrWG NRW, wird aber in § 6 Abs. 1 S. 1 StrWG NRW[18] noch einmal ausdrücklich normiert. Nach diesem ist die Widmung die Allgemeinverfügung, durch die Straßen, Wege und Plätze die Eigenschaft einer öffentlichen Straße erhalten. Für die Einordnung einer Straße als öffentliche Straße ist es daher nicht von Bedeutung, wer ihr Eigentümer ist; entscheidend ist nur, ob die Straße nach Maßgabe des § 6 StrWG NRW[19] gewidmet wurde.[20]

Nach der herrschenden Theorie des modifizierten Privateigentums bewirkt die Widmung, dass das privatrechtliche Eigentum an der Straße mit einer öffentlichen Sachherrschaft belastet wird (sog. dualistische Konstruktion).[21] Ab diesem Zeitpunkt ist der öffentliche Sachherr – ähnlich wie bei einer Dienstbarkeit nach §§ 1018 ff. BGB – befugt, die Sache zu nutzen, zugleich aber auch verpflichtet, sie zu unterhalten.[22] Der Eigentümer kann seine Eigentümerbefugnisse

---

18 Vgl. Art. 6 Abs. 1 BayStrWG; § 3 Abs. 1 BerlStrG; § 6 Abs. 1 S. 1 BbgStrG; § 6 Abs. 1 S. 1 HambWG; § 6 Abs. 1 SaarlStrG; § 6 Abs. 1 S. 1 SächsStrG; § 6 Abs. 1 S. 1 StrG LSA; § 6 Abs. 1 S. 1 ThürStrG; § 2 Abs. 1 FStrG.

19 Vgl. § 5 StrG BW; Art. 6 BayStrWG; § 3 BerlStrG; § 6 BbgStrG; § 5 BremLStrG; § 6 HambWG; § 4 HessStrG; § 7 StrWG MV; § 6 NStrG; § 36 LStrG RP; § 6 SaarlStrG; § 6 SächsStrG; § 6 StrG LSA; § 6 StrWG SH; § 6 ThürStrG; § 2 FStrG.

20 Wenn aber der Träger der Straßenbaulast nicht auch Eigentümer des der Straße dienenden Grundstücks ist, so ist gem. § 6 Abs. 5 StrWG NRW Voraussetzung für die Widmung, „dass der Eigentümer und ein sonst zur Nutzung dinglich Berechtigter der Widmung zugestimmt oder den Besitz durch Vertrag überlassen haben oder dass der Träger der Straßenbaulast den Besitz des der Straße dienenden Grundstücks durch Einweisung […] oder in einem sonstigen gesetzlich geregelten Verfahren erlangt hat."

21 *Axer*, in: Schoch, Besonderes Verwaltungsrecht, 2018, Kap. 6, Rn. 26; *Herber*, in: Kodal, Straßenrecht, 2021, Kap. 7, Rn. 13; *Papier/Durner*, in: Ehlers/Fehling/Pünder, Besonderes Verwaltungsrecht, 2020, Bd. 2, § 43, Rn. 4 ff. Anders aber das hamburgische Wegegesetz: Vgl. dazu § 4 Abs. 1 S. 1 HambWG, nach welchem Grundflächen, „die als öffentliche Wege gewidmet sind und der Freien und Hansestadt Hamburg gehören", in deren öffentlichem Eigentum stehen, das gem. § 4 Abs. 1 S. 4 HambWG eine hoheitliche Sachherrschaft begründet. Mit „öffentlichem Eigentum" ist dabei öffentlich-rechtliches Eigentum im Gegensatz zum privatrechtlichen Eigentum gemeint, siehe dazu ausführlich *Papier*, Recht der öffentlichen Sachen, 1998, S. 5 ff.

22 *Axer*, in: Schoch, Besonderes Verwaltungsrecht, 2018, Kap. 6, Rn. 26; *ders.*, Die Widmung als Schlüsselbegriff des Rechts der öffentlichen Sachen, 1994, S. 48; *Papier*, Recht der öffentlichen Sachen, 1998, S. 10.

dann nur noch soweit ausüben, wie die öffentliche Sachherrschaft dem nicht entgegen steht.[23] Er ist verpflichtet, die Ausübung der Sachherrschaft bzw. die damit verbundenen Einschränkungen seiner Befugnisse zu dulden.[24] Im Übrigen wird die Eigentümerstellung aber nicht angetastet. Deshalb ist es auch denkbar, dass Straßen, die nicht im staatlichen Eigentum stehen, öffentliche Straßen i.S.d. Straßen- und Wegerechts sind. Umgekehrt gilt aber auch, dass Straßen, die in staatlichem Eigentum stehen, solange keine öffentlichen Straßen sind, wie sie nicht gewidmet wurden.

II. Die kommerzielle Benutzung

Unter einer kommerziellen Straßenbenutzung soll jede Benutzung verstanden werden, durch die unmittelbar oder mittelbar geschäftliche Interessen wahrgenommen werden. Erforderlich ist gerade nicht, dass die Tätigkeit unmittelbar auf Gewinnerzielung gerichtet ist. Erfasst sind vielmehr auch solche Tätigkeiten, die sich im Vorfeld der unmittelbar gewinnbringenden Handlung abspielen. Deshalb ist z.B. auch das Aufstellen von Abfallcontainern, deren Inhalt später gewinnbringend verkauft werden soll, oder das Verteilen von Werbeflyern, auf denen Werbung für ein bestimmtes Geschäft abgedruckt ist, ohne dass das Verteilen selbst vergütet würde, als kommerzielle Straßenbenutzung einzuordnen.[25] Maßgeblich ist, ob die Inanspruchnahme der Straße einen irgendwie gearteten Geschäftsbezug aufweist.

Abzugrenzen ist der Begriff der kommerziellen von dem der gewerblichen Straßenbenutzung. Auch wenn es einen einheitlichen, für die gesamte Rechtsordnung geltenden Gewerbebegriff, der an dieser Stelle als Maßstab dienen könnte, nicht gibt,[26] so greift dennoch das, was in den einzelnen Rechtsbereichen unter eine gewerblichen Tätigkeit zu verstehen ist, i.d.R. kürzer als das, was im Rahmen dieser Untersuchung als kommerzielle Tätigkeit verstanden werden soll. So wird etwa im Handelsrecht ein Gewerbe als jede selbstständige Tätigkeit definiert, die planmäßig und auf eine gewisse Dauer angelegt betrieben wird und darüber hinaus am Markt mit Gewinnerzielungsabsicht bzw. gegen Entgelt angeboten wird und keine freiberufliche Tätigkeit ist.[27] Ein ähnliches Begriffsverständnis

---

23 *Axer*, Die Widmung als Schlüsselbegriff des Rechts der öffentlichen Sachen, 1994, S. 48.

24 *Axer*, in: Schoch, Besonderes Verwaltungsrecht, 2018, Kap. 6, Rn. 62.

25 Siehe etwa VG Leipzig, Urt. v. 14.03.2018 – 1 K 1588/16, Rn. 15, juris.

26 *Merkt*, in: Baumbach/Hopt, HGB, 2021, § 1, Rn. 11; *Roth*, in: Koller u.a., HGB, 2019, § 1, Rn. 3.

27 Vgl. *Merkt*, in: Baumbach/Hopt, HGB, 2021, § 1, Rn. 12 ff., *Roth*, in: Koller u.a., HGB, 2019, § 1, Rn. 4 ff.

liegt auch der Gewerbeordnung zugrunde.[28] Für eine gewerbliche Nutzung i.S.d. Gesetze reicht ein irgendwie gearteter Geschäftsbezug also gerade nicht aus. Sie stellt sich vielmehr nur als Teilmenge einer kommerziellen Nutzung dar. So können z.B. freiberufliche Tätigkeiten keine gewerblichen, wohl aber kommerzielle Straßenbenutzungen sein. Auch das einmalige Verkaufen von Getränken oder Speisen aus einem Bauchladen heraus wäre zwar eine kommerzielle, nicht aber eine gewerbliche Tätigkeit, weil sie planmäßig nicht auf Dauer angelegt ist.

B. Die kommerzielle Straßenbenutzung im Spannungsverhältnis von Gemeingebrauch, Sondernutzung und Straßenanliegergebrauch

Ob eine Straßenbenutzung der Erlaubnis bedarf, hängt davon ab, wie sie in das straßenrechtliche Benutzungsregime einzuordnen ist. Die Straßen- und Wegegesetze der Länder sowie auch das FStrG des Bundes unterscheiden zwischen (mindestens) zwei Formen der Straßenbenutzung: dem erlaubnisfreien Gemeingebrauch und der erlaubnispflichtigen Sondernutzung. Der Gemeingebrauch umfasst das Recht, die öffentlichen Straßen im Rahmen der Widmung und der verkehrsrechtlichen Vorschriften zum Verkehr zu gebrauchen.[29] Die Benutzung der Straßen über den Gemeingebrauch hinaus ist Sondernutzung.[30] Die Sondernutzung wird also über den Begriff des Gemeingebrauchs definiert, weshalb es für die Abgrenzung dieser beiden Benutzungsformen entscheidend auf die Reichweite des Gemeingebrauchs ankommt.[31]

---

28 Siehe dazu *Pielow*, in: ders., BeckOK GewO, Stand: 01.03.2021, § 1, Rn. 135; *Winkler*, in: Ennuschat/Wank/ders., GewO, 2020, § 1, Rn. 5, 7 ff.

29 Vgl. § 14 StrWG NRW; § 13 StrG BW; Art. 14 Abs. 1–3 BayStrWG; § 10 Abs. 2, 4 BerlStrG; § 14 Abs. 1–3 BbgStrG; § 15 BremLStrG; § 16 HambWG; § 14 HessStrG; § 21 StrWG MV; § 14 NStrG; § 34 LStrG RP; § 14 SaarlStrG; § 14 Abs. 1, 2 SächsStrG; § 14 Abs. 1–3 StrG LSA; § 20 StrWG SH; § 14 Abs. 1–3 ThürStrG; § 7 FStrG.

30 Die Sondernutzung und deren Erlaubnispflichtigkeit ist normiert in § 18 Abs. 1 S. 1, 2 StrWG NRW; § 16 Abs. 1 S. 1 StrG BW; Art. 18 Abs. 1 S. 1 BayStrWG; § 11 Abs. 1 BerlStrG; § 18 Abs. 1 S. 1, 2 BbgStrG; § 18 Abs. 1 S. 1 BremLStrG; § 19 Abs. 1 S. 1, 2 HambWG; § 16 Abs. 1 S. 1 HessStrG; § 22 Abs. 1 S. 1 StrWG MV; § 18 Abs. 1 S. 1, 2 NStrG; § 41 Abs. 1 S. 1 LStrG RP; § 18 Abs. 1 S. 1 SaarlStrG; § 18 Abs. 1 S. 1, 2 SächsStrG; § 18 Abs. 1 S. 1, 2 StrG LSA; § 21 Abs. 1 S. 1 StrWG SH; § 18 Abs. 1 S. 1, 2 ThürStrG; § 8 Abs. 1 S. 1, 2 FStrG.

31 *Axer*, in: Schoch, Besonderes Verwaltungsrecht, 2018, Kap. 6, Rn. 81 („Subtraktionsmethode").

Neben dem Gemeingebrauch und der Sondernutzung kennt ein Teil der Straßen- und Wegegesetze auch noch den erlaubnisfreien Straßenanliegergebrauch.[32] Er umfasst das Recht der Straßenanlieger, innerhalb der geschlossenen Ortslage die an ihr Grundstück angrenzenden Straßenteile über den Gemeingebrauch hinaus auch für Zwecke des Grundstücks zu benutzen, soweit diese Benutzung zur Nutzung des Grundstücks erforderlich ist, den Gemeingebrauch nicht dauernd ausschließt oder erheblich beeinträchtigt oder in den Straßenkörper eingreift.[33] In den Bundesländern, in denen der Anliegergebrauch nicht gesetzlich kodifiziert wurde, wird er regelmäßig in Abgrenzung zum schlichten Gemeingebrauch als eine gesteigerte Form des Gemeingebrauchs behandelt.[34]

I. Die Abgrenzung zwischen Gemeingebrauch und Sondernutzung

Der Gemeingebrauch wird durch Widmung eröffnet, denn durch sie werden die Straßen zu öffentlichen Straßen, an denen wiederum kraft Gesetzes der Gemeingebrauch gestattet ist (vgl. § 14 Abs. 1 S. 1 StrWG NRW[35]). Auch wenn die Straßen- und Wegegesetze der Länder das Recht auf Gemeingebrauch zum Teil unterschiedlich formulieren, liegt ihnen gleichwohl dasselbe Begriffsverständnis zugrunde.[36] Erforderlich ist, dass der Gebrauch der Straße zum Verkehr erfolgt und sich im Rahmen der Widmung und der verkehrsrechtlichen Vorschriften hält.

1. Abstrakter Gemeingebrauch

Der Verkehrszweck fungiert dabei als sog. normative Gemeingebrauchsschranke. Er legt die abstrakte Zweckbestimmung der Straße fest und bestimmt damit zugleich Inhalt und Reichweite des sog. abstrakten Gemeingebrauchs.[37]

---

32 Er ist normiert in § 14a Abs. 1 StrWG NRW; § 10 Abs. 3 BerlStrG; § 14 Abs. 4 BbgStrG; § 17 S. 1 HambWG; § 14 Abs. 3 SächsStrG; § 14 Abs. 4 StrG LSA; § 14 Abs. 4 ThürStrG.

33 So die Definition in § 14a Abs. 1 StrWG NRW.

34 *Axer*, in: Schoch, Besonderes Verwaltungsrecht, 2018, Kap. 6, Rn. 128; *ders.*, DÖV 2014, 323 (325 f.); vgl. auch *Sauthoff*, Öffentliche Straßen, 2020, § 7, Rn. 356.

35 Zu den Vorschriften zum Gemeingebrauch in den übrigen Straßen- und Wegegesetzen bzw. des FStrG siehe Fn. 29.

36 *Axer*, in: Schoch, Besonderes Verwaltungsrecht, 2018, Kap. 6, Rn. 82.

37 *Axer*, in: Schoch, Besonderes Verwaltungsrecht, 2018, Kap. 6, Rn. 83; *Papier/Durner*, in: Ehlers/Fehling/Pünder, Besonderes Verwaltungsrecht, 2020, Bd. 2, § 43, Rn. 45 f.

Dabei kann der allgemeine Verkehrszweck durch die Widmung konkretisiert werden. Durch sie wird also nicht nur der öffentliche Status der Straße begründet, sondern gegebenenfalls auch der Gemeingebrauch auf bestimmte Benutzungszwecke, Benutzungsarten oder Benutzerkreise beschränkt.[38] Ist beispielsweise eine Straße als Fußgängerzone gewidmet, so ist das Befahren dieser Straße mit einem Kraftfahrzeug kein Gemeingebrauch mehr. Eine Erweiterung des Verkehrszwecks ist dagegen nicht möglich. So kann durch die Widmung der Gemeingebrauch nicht derart ausgedehnt werden, dass neben der Benutzung zum Verkehr auch die Benutzung zu anderen Zwecken gestattet sein soll.[39]

Der Gebrauch einer öffentlichen Straße, der sich im Rahmen des gegebenenfalls durch Widmung konkretisierten Verkehrszwecks hält, ist in jedem Fall (abstrakter) Gemeingebrauch. Für die Einordnung einer Benutzung als Gemeingebrauch oder Sondernutzung kommt es daher nur darauf an, ob sie (noch) diesem (ggf. durch Widmung konkretisierten) Verkehrszweck genügt oder nicht.

2. *Individueller bzw. konkreter Gemeingebrauch*

Demgegenüber bestimmen die verkehrsrechtlichen Vorschriften, welche Benutzungen, die sich im Rahmen des abstrakten Gemeingebrauchs halten, auch im Einzelfall zulässig sind. Während also die Gemeingebrauchsschranken den Gemeingebrauch von der Sondernutzung abgrenzen, ziehen die verkehrsrechtlichen Vorschriften die Grenze zwischen zulässigem und unzulässigem Gemeingebrauch.[40] Der nach diesen Vorschriften im Einzelfall zulässige Gemeingebrauch wird auch als individueller oder konkreter Gemeingebrauch bezeichnet.[41]

Zu den verkehrsrechtlichen Vorschriften zählen namentlich die Vorschriften des StVG, der StVZO und der StVO.[42] Hält sich beispielsweise der Fahrer eines Kraftfahrzeugs, der eine öffentliche Straße befährt, im Rahmen des abstrakten Gemeingebrauchs, so überschreitet er die Grenzen des individuellen bzw. konkreten Gemeingebrauchs, sobald er entgegen § 3 Abs. 3 Nr. 1 StVO innerhalb

---

38 *Axer*, in: Schoch, Besonderes Verwaltungsrecht, 2018, Kap. 6, Rn. 83; *Papier/Durner*, in: Ehlers/Fehling/Pünder, Besonderes Verwaltungsrecht, 2020, Bd. 2, § 43, Rn. 45.

39 *Papier*, Recht der öffentlichen Sachen, 1998, S. 86; *Enders*, VerwArch 83 (1992), 527 (543).

40 *Axer*, in: Schoch, Besonderes Verwaltungsrecht, 2018, Kap. 6, Rn. 83; *Papier*, Recht der öffentlichen Sachen, 1998, S. 105 f.; *Dietz*, AöR 133 (2008), 556 (559).

41 *Axer*, in: Schoch, Besonderes Verwaltungsrecht, 2018, Kap. 6, Rn. 83; *Papier/Durner*, in: Ehlers/Fehling/Pünder, Besonderes Verwaltungsrecht, 2020, Bd. 2, § 43, Rn. 47.

42 *Papier*, Recht der öffentlichen Sachen, 1998, S. 105.

einer geschlossenen Ortschaft schneller als 50 km/h fährt. In diesem Fall handelt es sich daher nicht mehr um eine zulässige Ausübung des Gemeingebrauchs, obwohl sie „zum Verkehr" und deshalb im Einklang mit der abstrakten Zweckbestimmung einer öffentlichen Straße erfolgt.

Der Vorschrift des § 1 StVO kommt dabei besondere Bedeutung zu. Sie bestimmt in Abs. 1, dass die Teilnahme am Straßenverkehr ständige Vorsicht und gegenseitige Rücksichtnahme erfordere, in Abs. 2, dass Verkehrsteilnehmer sich so zu verhalten haben, dass kein anderer geschädigt, gefährdet oder mehr, als nach den Umständen unvermeidbar, behindert oder belästigt wird. Auch vor der Normierung dieser Grundsätze in § 1 StVO war die Gemeinverträglichkeit der Straßenbenutzung als allgemeine Grenze des Gemeingebrauchs anerkannt.[43] Hierzu führte das Bundesverwaltungsgericht aus:

> *„Aus dem Wesen des Normalgebrauchs folgt […], daß nur diejenigen Gebrauchsarten zum Gemeingebrauch zählen, die nach Lage der Verhältnisse einer unbeschränkten Zahl anderer Personen gleichzeitig in gleicher Weise möglich sind, wobei vielfach unvermeidliche vorübergehende Beeinträchtigungen des Mitgebrauchs anderer außer Betracht bleiben."*[44]

Seit der Normierung des Gemeinverträglichkeitsgebots kommt ein Rückgriff auf den allgemeinen Grundsatz aber allenfalls nur noch für den Fall in Betracht, dass die jeweilige Straßenbenutzung nicht vom Anwendungsbereich der StVO erfasst wird.[45]

3. Der Verkehrszweck als maßgebliches Abgrenzungskriterium

Wenn es also für die Abgrenzung zwischen Gemeingebrauch und Sondernutzung entscheidend auf den Verkehrszweck ankommt, bedarf es einer vertieften Auseinandersetzung mit dem Verkehrsbegriff. Dessen Mehrdeutigkeit gab in der Vergangenheit und gibt nach wie vor immer wieder Anlass zu Diskussionen. Dabei besteht aber sowohl im Schrifttum als auch in der Rechtsprechung zumindest Einigkeit darüber, dass der Verkehrsbegriff den sog. Verkehr im engeren Sinne erfasst. Gegenstand der Kontroverse sind dagegen Inhalt und Reichweite des sog. Verkehrs im weiteren Sinne, der auch unter den Stichworten „kommunikativer Verkehr" diskutiert wird.

---

43 *Papier*, Recht der öffentlichen Sachen, 1998, S. 105.

44 BVerwG, Urt. v. 14.03.1957 – I C 16.55, Rn. 27, juris.

45 *Grupp*, in: Marschall, FStrG, 2012, § 7, Rn. 19.

a.) *Verkehr im engeren Sinne*

Der Begriff des Verkehrs wird in den unterschiedlichsten Zusammenhängen mit zum Teil voneinander abweichenden Bedeutungen verwendet. Im allgemeinen Sprachgebrauch wird unter Verkehr die „Gesamtheit aller Ortsveränderungen von Personen und Gütern und Nachrichten“[46] verstanden. Dieses herkömmliche Begriffsverständnis liegt auch den straßenrechtlichen Vorschriften zum Gemeingebrauch zugrunde. Nach Literatur und Rechtsprechung erfolgt der Gebrauch der Straße zum Verkehr, wenn er der Ortsveränderung dient.[47] Entscheidend ist, dass mit der Inanspruchnahme der Straße die Fortbewegung von Personen oder Sachen bezweckt wird.[48] Auf die Motive, die hinter der beabsichtigten Ortsveränderung stehen, kommt es dabei nicht an.[49]

Eine auf Ortsveränderung gerichtete Inanspruchnahme der Straße ist aber nicht nur bei Vorgängen des „fließenden“, sondern auch bei solchen des „ruhenden“ Verkehrs anzunehmen. Der Unterschied zwischen ihnen besteht darin, dass Verkehrsvorgänge des „fließenden“ Verkehrs durch eine unmittelbar auf Ortsveränderung gerichtete Straßenbenutzung gekennzeichnet sind, wohingegen sich Verkehrsvorgänge des „ruhenden“ Verkehrs als zeitweise Unterbrechung des „fließenden“ Verkehrs darstellen und deshalb zwar nicht unmittelbar, aber zumindest auf längere Sicht gesehen der Ortsveränderung dienen.[50] Verkehr im engeren Sinne kann daher z.B. nicht nur dann vorliegen, wenn öffentliche

---

46 Brockhaus Enzyklopädie Online, Stichwort: Verkehr, abrufbar unter: https://brockhaus.de/ecs/permalink/0BA0AD06E237D6A1B8C219A5CCB1E28E.pdf (letzter Abruf am 01.03.2021). Ähnlich auch die Bedeutungsübersicht des Dudens, Stichwort: Verkehr, abrufbar unter https://www.duden.de/node/194476/revision/194512 (letzter Abruf am 01.03.2021).

47 *Papier/Durner*, in: Ehlers/Fehling/Pünder, Besonderes Verwaltungsrecht, 2020, Bd. 2, § 43, Rn. 52; *Sauthoff*, in: Müller/Schulz, FStrG, 2013, § 7, Rn. 13; *Grupp*, in: Marschall, FStrG, 2012, § 7, Rn. 8; *Herber*, in: Kodal, Straßenrecht, 2021, Kap. 24, Rn. 6; *Löhr*, in: Pappermann/Löhr/Andriske, Recht der öffentlichen Sachen, 1987, S. 67 f. Vgl. aus der Rechtsprechung etwa BVerwG, Urt. v. 07.06.1978 – 7 C 5/78, Rn. 12, juris; BVerwG, Urt. v. 22.01.1971 – VII C 61.70, Rn. 12, juris; BVerwG, Urt. v. 26.06.1970 – VII C 77.68, Rn. 13, juris.

48 *Papier/Durner*, in: Ehlers/Fehling/Pünder, Besonderes Verwaltungsrecht, 2020, Bd. 2, § 43, Rn. 52; *Papier*, Recht der öffentlichen Sachen, S. 86; *Axer*, in: Schoch, Besonderes Verwaltungsrecht, 2018, Kap. 6, Rn. 85; *Grupp*, in: Marschall, FStrG, 2012, § 7, Rn. 8; *Löhr*, in: Pappermann/Löhr/Andriske, Recht der öffentlichen Sachen, 1987, S. 67 f.

49 BVerwG, Urt. v. 22.01.1971 – VII C 61.70, Rn. 12, juris.

50 Vgl. *Herber*, in: Kodal, Straßenrecht, 2021, Kap. 24, Rn. 64. Vgl. auch BVerfG, Beschl. v. 09.10.1984 – 2 BvL 10/82, Rn. 70, juris.

Straßen begangen oder mit Fahrzeugen befahren werden, sondern auch dann, wenn Personen zeitweise auf der Stelle verweilen oder Fahrzeuge im öffentlichen Straßenraum halten oder parken, solange nur ein innerer Zusammenhang mit Verkehrsvorgängen besteht.[51]

Sofern der Gebrauch der Straße nicht ausschließlich „zum Verkehr" erfolgt, sondern daneben auch anderen, etwa kommerziellen Zwecken dient, kommt es darauf an, dass der Verkehrszweck überwiegt. Weil es sich bei dem Zweck der Tätigkeit um eine innere, von außen nicht erkennbare Tatsache handelt, kann aber nur vom Erscheinungsbild der Tätigkeit auf ihn geschlossen werden. Entscheidend ist also, ob sich die fragliche Tätigkeit nach ihren äußerlich erkennbaren Merkmalen für einen objektiven Beobachter als eine Inanspruchnahme der Straße, die in erster Linie auf Ortsveränderung gerichtet ist, darstellt oder nicht.[52]

b.) Verkehr im weiteren Sinne (kommunikativer Verkehr)

Ausgehend vom Sinn und Zweck der Vorschriften zum Gemeingebrauch erfasst der straßenrechtliche Verkehrsbegriff aber nicht nur den Verkehr im engeren Sinne. Nach weit überwiegender Auffassung schließt er – zumindest im innerörtlichen Bereich und dort vor allem in Fußgängerzonen und verkehrsberuhigten Bereichen – auch den sog. kommunikativen Verkehr mit ein.[53] Darunter

51 Erforderlich ist aber, dass das Fahrzeug zum Verkehr zugelassen und betriebsbereit ist. Denn nur unter diesen Voraussetzungen kann es jederzeit wieder am „fließenden" Verkehr teilnehmen. Nur dann kann auch von einer nur vorübergehenden Unterbrechung am „fließenden" Verkehr die Rede sein, BVerfG, Beschl. v. 09.10.1984 – 2 BvL 10/82, Rn. 70, juris. Siehe auch *Herber*, in: Kodal, Straßenrecht, 2021, Kap. 24, Rn. 64; *Papier*, Recht der öffentlichen Sachen, 1998, S. 91.

52 BVerwG, Beschl. v. 28.08.2012 – 3 B 8/12 (Bierbike), Ls. 1, juris (für das Bierbike abgelehnt). Siehe auch OVG Münster, Beschl. v. 20.11.2020 – 11B 1459/20, Ls. 2, juris, nach welchem das Abstellen von Mietfahrrädern nicht vorwiegend dem Zweck der späteren Wiederinbetriebnahme der Fahrräder diene, sondern vielmehr der Zweck, den Abschluss eines Mietvertrages über die Fahrräder zu bewirken, im Vordergrund stehe.

53 So bereits *Stock*, Straßenkommunikation als Gemeingebrauch, 1979 der auf S. 62 f. ausführt: „Der gesetzliche Verkehrszweck kann nicht vorweg zwingend eng gefaßt und sodann innerörtlich-situativ, für Gehwege, Plätze, Fußgängerbereiche, doch wieder ‚erweitert' werden, sondern er muß von vornherein weit verstanden werden. [...] Straßenkommunikation als selbstständiger, u.U. Hauptzweck der Straßenbenutzung braucht hiernach nicht erst jeweils an Ort und Stelle durch besondere Setzungen legitimiert werden. [...] Sie nimmt an dem gemeingebräuchlichen Grundcharakter der Straße vermöge des weiten Verkehrsbegriffs grundsätzlich teil." Siehe auch *Sauthoff*, in: Müller/Schulz, FStrG, 2013, § 7, Rn. 22; *Grupp*, in: Marschall, FStrG, 2012, § 7,

wird in Literatur und Rechtsprechung eine Straßenbenutzung verstanden, „die den öffentlichen Straßenraum auch als Stätte der kommunikativen Begegnung, der Pflege menschlicher Kontakte und des Informations- und Meinungsaustausches begreift“[54]. Dieses weite Begriffsverständnis basiert auf der Annahme, dass öffentliche Straßen nicht nur als Medium zur Überwindung von Strecke fungieren.[55] In ihrer Eigenschaft als öffentlicher Raum kommt ihnen vielmehr auch ein besonderer Stellenwert als Kommunikationsraum zu, da sie wie kaum ein anderer Ort die für den Menschen als soziales Wesen existenzielle Kommunikation gewährleisten.[56]

Dass öffentliche Straßen weit mehr sind als nur ein „Basisinfrastrukturnetz“[57], sie vielmehr durch ihre Multifunktionalität geprägt werden, brachte *Arnold Köttgen* auf den Punkt, als er den „moderne[n] Weg“ als „Mehrzweckinstitut“ deklarierte.[58] Heute besteht weitgehend Einigkeit darüber, dass sich der Zweck der öffentlichen Straßen nicht in ihrer Fortbewegungsfunktion erschöpft.[59] Namentlich das BVerfG hat ihre Kommunikationsfunktion immer wieder besonders betont. In seiner Fraport-Entscheidung führt es dazu aus:

> *„Dieser [der öffentliche Straßenraum] ist das natürliche und geschichtlich leitbildprägende Forum, auf dem Bürger ihre Anliegen besonders wirksam in die Öffentlichkeit tragen und hierüber die Kommunikation anstoßen können. Vor allem innerörtliche Straßen und Plätze werden heute als Stätten des Informations- und Meinungsaustausches sowie der Pflege menschlicher Kontakte angesehen. In verstärktem Maß gilt dies für Fußgängerzonen*

Rn. 11; *Axer*, in: Schoch, Besonderes Verwaltungsrecht, 2018, Kap. 6, Rn. 90; alle m.w.N. Für zahlreiche Nachweise aus der obergerichtlichen Rechtsprechung siehe OVG Hamburg, Urt. v. 19.01.2012 – 4 Bf 269/10, Rn. 23, juris. A.A. allerdings *Dietz*, AöR 133 (2008), 556 (558, 560 ff.); *Laubinger*, VerwArch 81 (1990), 583 (617 ff., 626); *Steinberg*, NJW 1978, 1898 (1900 f.); siehe auch *Enders*, VerwArch 83 (1992), 527 ff.

54 BVerwG, Urt. v. 09.11.1989 – 7 C 81/88 (Scherenschnitt-Entscheidung), Rn. 7, juris.

55 Siehe dazu *Gusy*, JZ 2009, 217 (218), der den öffentlichen Raum als „Raum der Freiheit“ bezeichnet.

56 *Siehr*, Das Recht am öffentlichen Raum, 2016, S. 203 ff., S. 207 ff.

57 *Hermes*, Staatliche Infrastrukturverantwortung, 1998, S. 382.

58 *Köttgen*, Gemeindliche Daseinsvorsorge und gewerbliche Unternehmerinitiative im Bereich der Wasserversorgung und Abwässerbeseitigung, 1961, S. 28 („Die Zeiten, in denen die Wege nach ihrer Zweckbestimmung ausschließlich Verkehrsbedürfnissen dienten, sind vorüber. Der moderne Weg ist, was die Verwaltungspraxis laufend bestätigt, ein Mehrzweckinstitut.“). Ähnlich auch *Forsthoff*, Lehrbuch des Verwaltungsrechts, Bd. 1, 10. Aufl., 1973, S. 395: „Die alte Vorstellung, daß die Wege und Straßen mehr oder weniger ausschließlich dem Verkehr dienen, gehört der Geschichte an.“

59 *Gusy*, JZ 2009, 217 (217).

und verkehrsberuhigte Bereiche; die Ermöglichung des kommunikativen Verkehrs ist ein wesentliches Anliegen, das mit solchen Einrichtungen verfolgt wird [...]."[60]

aa.) Inhalt und Reichweite des kommunikativen Verkehrs

Wenngleich also der kommunikative Verkehr als im Grundsatz anerkannt bezeichnet werden kann, so bestehen doch erhebliche Unsicherheiten darüber, welche konkreten Straßenbenutzungen ihm zuzuordnen sind. Auf diesem Problemfeld hat sich in der straßenrechtlichen Literatur und Rechtsprechung eine nur noch sehr schwer zu überblickende Kasuistik herausgebildet.[61] Weitestgehend unstreitig kommunikativer Verkehr und damit erlaubnisfreier Gemeingebrauch ist nur das von Art. 5 Abs. 1 S. 1 GG geschützte Verteilen von Flugblättern.[62] Im Übrigen ist die Handhabung uneinheitlich.[63] Gleichwohl gehen die Argumentationen überwiegend auf denselben Ansatz zurück. Ausgangspunkt ist, inwieweit der öffentliche Straßenraum räumlich bzw. gegenständlich in Anspruch genommen wird und dadurch Beeinträchtigungen für die Sicherheit und Leichtigkeit des Verkehrs zu erwarten sind. Zum Teil wird weiter danach differenziert, in Ausübung welchen Grundrechts die Straßenbenutzung erfolgt.[64]

Bei der Bestimmung von Inhalt und Reichweite des kommunikativen Verkehrs geht es im Kern um die Frage, unter welchen Voraussetzungen eine enge Auslegung des Verkehrsbegriffs, die zur Folge hat, dass die fragliche Tätigkeit nicht mehr dem erlaubnisfreien Gemeingebrauch unterfällt, sondern als Sondernutzung der Erlaubnispflicht unterliegt, einen verfassungsrechtlich nicht zu rechtfertigenden Eingriff in den Schutzbereich des jeweils einschlägigen Grundrechts bedeuten würde. Entscheidend ist also, ob bereits dadurch, dass die fragliche Tätigkeit unter dem Vorbehalt der Erlaubnis stehen würde, der Freiheitsbereich eines Grundrechts in nicht zu rechtfertigender Weise verkürzt

---

60 Urt. v. 22.02.2011 – 1 BvR 699/06, Rn. 67, juris.

61 Siehe dazu eingehend *Siehr*, Das Recht am öffentlichen Raum, 2016, S. 550 ff., die einen Überblick über die vertretenen Auffassungen gibt.

62 *Siehr*, Das Recht am öffentlichen Raum, 2016, S. 552, unter Verweis für die ältere Rechtsprechung auf *Stock*, Straßenkommunikation als Gemeingebrauch, 1979 (siehe insbesondere dessen Zusammenfassung auf S. 67), und für die jüngere Rechtsprechung auf *Papier*, in: Erichsen/Ehlers, Allgemeines Verwaltungsrecht, 2010, § 41, Rn. 33, Fn. 82 f., nunmehr *Papier/Durner*, in: Ehlers/Pünder, Allgemeines Verwaltungsrecht, 2016, § 41, Rn. 33 m.w.N.

63 Dazu siehe statt aller *Siehr*, Das Recht am öffentlichen Raum, 2016, S. 550 ff. (555).

64 Dazu genauer unter § 2B.I.3.b.)bb.).

werden würde.[65] Sofern dies der Fall wäre, bedürfte es einer verfassungskonformen respektive erweiternden Auslegung des Verkehrsbegriffs.

(1) Der Erlaubnisvorbehalt als Grundrechtseingriff

Der Erlaubnisvorbehalt erschwert die Grundrechtsausübung, weil seinetwegen die grundrechtlich geschützte Straßenbenutzung nur dann formell legal ist, wenn eine entsprechende Sondernutzungserlaubnis erteilt wurde.[66] Mit der Einholung der Erlaubnis ist aber in aller Regel ein nicht unerheblicher organisatorischer und/oder zeitlicher Aufwand verbunden. Denn derjenige, der eine Sondernutzungserlaubnis begehrt, muss einen entsprechenden Antrag stellen, in dem er die Einzelheiten der beabsichtigten Straßenbenutzung darlegt. Darüber hinaus wird dessen Bearbeitung wiederum eine längere Zeit in Anspruch nehmen. In Anbetracht dessen stellt der Erlaubnisvorbehalt einen Eingriff in den Schutzbereich des jeweils betroffenen Grundrechts dar,[67] wobei dieser aber von einem Eingriff durch eine etwaig nachfolgende Versagung der Erlaubnis zu unterscheiden ist. Diese beschwert den Grundrechtsträger insofern in zusätzlicher Weise, als die fragliche Tätigkeit nicht nur von einer Erlaubnis abhängig gemacht wurde, sondern darüber hinaus sogar endgültig verboten wird. Ähnliches gilt für die Erhebung einer Sondernutzungsgebühr. Auch sie stellt einen Eingriff dar, der vom Eingriff in Form des Erlaubnisvorbehalts zu trennen ist.

---

65 Das BVerfG ist in seiner bisherigen straßenrechtlichen Rechtsprechung davon ausgegangen, dass der Erlaubnisvorbehalt einen Eingriff in den Schutzbereich des jeweils betroffenen Grundrechts darstelle (so zur Meinungsfreiheit in dem Beschl. v. 18.10.1991 – 1 BvR 1377/91, Rn. 14, juris, und zur Pressefreiheit in dem Beschl. v. 12.04.2007 – 1 BvR 78/02, Rn. 27, juris; in diesem Sinne auch *Hufen*, DÖV 1983, 353 (354 f.)). Dadurch wird deutlich, dass es die Sondernutzung öffentlicher Straßen als abwehrrechtlich geschützt ansieht (siehe dazu auch *Enders*, VerwArch 83 (1992), 527 (530)). Im Schrifttum wird demgegenüber vereinzelt die Auffassung vertreten, bei der Benutzung öffentlicher Straßen handele es sich um die Inanspruchnahme einer staatlichen Leistung (siehe etwa Krebs, VerwArch 67 (1976), 329 (332) m.w.N.). Deshalb gehe es bei ihrer Benutzung um die Teilhabe an dieser Leistung, mithin um einen grundrechtlichen Teilhabeanspruch. Dazu noch genauer unter § 3B.I.1.a.).

66 Vgl. BVerwG, Urt. v. 09.11.1989 – 7 C 81/88 (Scherenschnitt-Entscheidung), Rn. 13 m.w.N., juris; allgemein zur grundrechtlichen Relevanz von Erlaubnisvorbehalten siehe *Gusy*, JA 1981, 80 (80 f.).

67 Vgl. BVerfG, Beschl. v. 18.10.1991 – 1 BvR 1377/91, Rn. 14, juris; BVerfG, Beschl. v. 12.04.2007 – 1 BvR 78/02, Rn. 27, juris; *Sauthoff*, in: Müller/Schulz, FStrG, 2013, § 7, Rn. 23.

(2) *Verfassungsrechtliche Rechtfertigung des Eingriffs*

Ob der Eingriff verfassungsrechtlich gerechtfertigt werden kann, hängt wesentlich davon ab, ob er dem Übermaßverbot genügt. Der Erlaubnisvorbehalt dient mit dem Schutz der Sicherheit und Leichtigkeit des Verkehrs und dem Ausgleich konfligierender Nutzungsinteressen verschiedener Straßenbenutzer einem legitimen Zweck.[68] Er soll es der zuständigen Behörde ermöglichen, vor Beginn der beabsichtigten Sondernutzung ihre Auswirkungen auf die Rechtsgüter Dritter oder der Allgemeinheit prognostizieren zu können.[69] So kann sie Gefahren für die Sicherheit und Leichtigkeit des Verkehrs verhindern oder zumindest in zumutbaren Grenzen halten und die Interessen des Antragstellers mit den gegenläufigen Interessen anderer Straßenbenutzer oder -anlieger, insbesondere am störungsfreien Gemein- bzw. Anliegergebrauch, abwägen und ggf. durch eine zeitlich oder sachliche Begrenzung der Sondernutzung in Ausgleich bringen (sog. Ausgleichs- und Verteilungsfunktion der Sondernutzungserlaubnis).[70] Diesem legitimen Ziel kommt vor allem dann besondere Bedeutung zu, wenn der öffentliche Straßenraum in größerem Umfang gegenständlich, etwa durch Tische und Stühle, in Anspruch genommen werden soll.[71] In diesen Situationen ist die Wahrscheinlichkeit, dass es zu Beeinträchtigungen des Straßenverkehrs und zu Nutzungskonflikten kommt, besonders groß, woraus ein besonderes Bedürfnis nach Regulierung erwächst. Dem Ziel, Gefahren für den Straßenverkehr vorzubeugen und kollidierende Nutzungsinteressen in Ausgleich zu bringen, wird durch eine präventive Kontrolle der beabsichtigten Sondernutzung Rechnung getragen. Zudem ist sie auch geeignet und, weil mildere, trotzdem aber gleichermaßen geeignete Mittel nicht ersichtlich sind, auch erforderlich.[72]

Problematisch ist hingegen, ob sich die Beschränkung der Grundrechtsausübung in Anbetracht des mit dem Erlaubnisvorbehalt verfolgten Zwecks auch

---

68 BVerfG, Beschl. v. 18.10.1991 – 1 BvR 1377/91, Rn. 14, juris; BVerfG, Beschl. v. 12.04.2007 – 1 BvR 78/02, Rn. 30, juris; siehe auch *Sauthoff*, in: Müller/Schulz, FStrG, 2013, § 7, Rn. 23.

69 *V. Danwitz*, in: Schoch, Besonderes Verwaltungsrecht, 2013, Kap. 7, Rn. 63; siehe auch allgemein zum Zweck eines Verbots mit Erlaubnisvorbehalt *Gusy*, JA 1981, 80 (80).

70 *Sauthoff*, Öffentliche Straßen, 2020, § 8, Rn. 382; *ders.*, in: Müller/Schulz, FStrG, 2013, § 8, Rn. 6; *Herber*, in: Kodal, Straßenrecht, 2021, Kap. 26, Rn. 24 ff.; BVerfG, Beschl. v. 12.04.2007 – 1 BvR 78/02, Rn. 30, juris; BVerwG, Beschl. v. 12.08.1980 – 7 B 155/79, Ls., juris; OVG Lüneburg, Urt. v. 18.05.2017 – 7 LC 85/15, Rn. 35, juris; VGH Mannheim, Urt. v. 18.03.2014 – 5 S 348/13, Rn. 37, juris.

71 Vgl. BVerwG, Urt. v. 07.06.1978 – 7 C 5/78, Rn. 15 f., juris.

72 BVerfG, Beschl. v. 12.04.2007 – 1 BvR 78/02, Rn. 39 ff.

als angemessen erweist. In den meisten Fällen dürfte dies schon deshalb der Fall sein, weil die Antragstellung zwar eine gewisse Vorausplanung erforderlich macht, sich der Aufwand aber regelmäßig in diesem Akt erschöpft und insofern ein leicht überwindbares Hindernis darstellt.[73] Angesichts dieser geringen Eingriffsintensität steht der Erlaubnisvorbehalt daher grds. nicht außer Verhältnis zu dem mit ihm verfolgten Zweck.[74]

(aa) Spontane Grundrechtsausübung

Anderes kann hingegen gelten, wenn die Grundrechtsausübung so spontan erfolgen soll, dass die vorherige Einholung einer Erlaubnis die Grundrechtsausübung konterkarieren würde.[75] Vergleichbar mit der von Art. 8 GG geschützten Spontanversammlung, bei der die Anmeldepflicht nach § 14 VersG entfällt, muss auch bei einer anderweitigen spontanen Grundrechtsausübung im öffentlichen Straßenraum von einer Erlaubnispflicht befreit werden.[76]

(bb) Geringfügige Beeinträchtigung des Straßengebrauchs anderer

Ferner stellt sich die Frage nach der Angemessenheit des Erlaubnisvorbehalts bei solchen Straßenbenutzungen, die den Straßengebrauch anderer allenfalls geringfügig beeinträchtigen. Denn wenn es nach der Art und den Umständen der jeweiligen Benutzung zwangsläufig nur zu minimalen Einschränkungen kommen kann, erscheint der Aufwand des Einzelnen, der mit der Einholung der Erlaubnis verbunden ist, außer Verhältnis zur Abwehr der eben nur geringfügigen Beeinträchtigung zu stehen.[77]

Ob eine geringfügige Beeinträchtigung vorliegt, beurteilt sich anhand der konkreten Umstände des Einzelfalls. Zu diesen zählen vor allem die örtlichen

73 *Sauthoff*, Öffentliche Straßen, 2020, § 6, Rn. 322.

74 *Sauthoff*, Öffentliche Straßen, 2020, § 6, Rn. 322; *ders.*, in: Müller/Schulz, FStrG, 2013, § 7, Rn. 23; *v. Danwitz*, in: Schoch, Besonderes Verwaltungsrecht, 2013, Kap. 7, Rn. 65.

75 *Sauthoff*, Öffentliche Straßen, 2020, § 6, Rn. 322; *v. Danwitz*, in: Schoch, Besonderes Verwaltungsrecht, 2013, Kap. 7, Rn. 65. Zur etwaigen Erlaubnisfreiheit von Spontankunst siehe BVerwG, Urt. v. 09.11.1989 – 7 C 81/88, Rn. 17, juris.

76 Zum Entfallen der Anmeldepflicht bei Spontanversammlungen siehe *Gusy*, Polizeirecht, § 7, Rn. 426; *ders.*, in: v. Mangoldt/Klein/Starck, GG, 2018, Bd. 1, Art. 8, Rn. 67; *Ebeling*, Die organisierte Versammlung, 2017, S. 186 ff. (189 ff.); siehe auch BVerfG, Beschl. v. 14.05.1985 (Brokdorf) – 1 BvR 233/81, Rn. 71 ff, juris.

77 Vgl. *Sauthoff*, Öffentliche Straßen, 2020, § 6, Rn. 322; *ders.*, in: Müller/Schulz, FStrG, 2013, § 7, Rn. 23.

Gegebenheiten des betreffenden Straßenraums, der Zeitpunkt, die Dauer und die Art und Weise der Straßenbenutzung.

So würde es z.B. einen Unterschied machen, ob eine Fußgängerzone oder ein verkehrsberuhigter Bereich,[78] dort eine beengte Gasse oder ein weiträumiger Platz in Anspruch genommen werden soll. Ferner wäre relevant, ob die Inanspruchnahme an einem Montagmorgen, an dem die Innenstädte erfahrungsgemäß menschenleer sind, oder an einem Samstagnachmittag, an dem genau das Gegenteil der Fall ist, erfolgen soll.

Eine geringfügige Beeinträchtigung wird regelmäßig in den Fällen anzunehmen sein, in denen die Straße nur kurzzeitig und/oder kaum gegenständlich in Anspruch genommen wird.[79] Dies betrifft etwa den Straßenmusiker oder -sänger, der einen Hut oder ein Notenblatt vor sich platziert hat.[80] Durch diese Straßenbenutzung werden andere Verkehrsteilnehmer kaum behindert. Der Erlaubnisvorbehalt erscheint in diesen Fällen überzogen.

Dies gilt umso mehr, wenn man sich vor Augen führt, dass selbst durch eine Straßenbenutzung zum Verkehr im engeren Sinne der Straßengebrauch anderer beeinträchtigt werden kann. So können etwa der „koffertragende Passant" oder Personen mit Kinderwagen, Rollstuhl oder angeleinten Hunden gerade in beengten Fußgängerzonen ein erhebliches, entgegenkommende Personen zum Ausweichen zwingendes Hindernis bilden.[81] Wenn aber vom Gemeingebrauch ausgehende Beeinträchtigungen hingenommen werden müssen, so leuchtet es nicht ein, gleichermaßen oder sogar weniger störende Benutzungen einer Erlaubnispflicht zu unterwerfen, nur weil der Zweck der Benutzung nicht vordergründig auf Ortsveränderung gerichtet ist. Dies gilt jedenfalls dann, wenn die Straße zu Kommunikationszwecken in Anspruch genommen wird, weil der öffentliche Straßenraum gerade nicht nur der Fortbewegung, sondern eben auch dem kommunikativen Verkehr gewidmet ist.

---

78 Während in Fußgängerzonen nur Fußgängerverkehr gestattet ist (vgl. Nr. 21 der Anlage 2 zur StVO), dürfen innerhalb verkehrsberuhigter Bereiche auch Fahrzeuge geführt werden (vgl. Nr. 12 der Anlage 3 zur StVO). Insofern läge der Unterschied darin, dass für verkehrsberuhigte Bereiche eine geringfügige Beeinträchtigung der Sicherheit und Leichtigkeit des Verkehrs immer nur dann angenommen werden könnte, wenn es insbesondere nicht zu Konflikten mit dem motorisierten Straßenverkehr kommen kann.

79 Zum Zeitfaktor siehe *Löhr*, in: Pappermann/Löhr/Andriske, Recht der öffentlichen Sachen, 1987, S. 71.

80 Vgl. *Axer*, in: Schoch, Besonderes Verwaltungsrecht, 2018, Kap. 6, Rn. 86.

81 *Siehr*, Das Recht am öffentlichen Raum, 2016, S. 552, 558.

bb.) Differenzierung nach betroffenem Grundrecht

In der straßenrechtlichen Rechtsprechung und Literatur wird allerdings mitunter die Auffassung vertreten, dass nur die Betroffenheit bestimmter Grundrechte eine verfassungskonforme Auslegung des Verkehrsbegriffs erforderlich machen würde.

So entschied das BVerfG im Jahr 1991, dass das von Art. 5 Abs. 1 S. 1 GG geschützte Verteilen von Flugblättern und Broschüren nicht unter Erlaubnisvorbehalt stehen dürfe. Es führte aus:

> *„Wegen der grundlegenden Bedeutung der Meinungsäußerungsfreiheit ist es geboten, bei Beurteilung der Zulässigkeit des Verteilens von Flugblättern und Broschüren meinungsbildenden Inhalts auf öffentlichen Wegen diese mit dem Rechtsgut "Sicherheit und Leichtigkeit des Verkehrs" unter Berücksichtigung der konkreten Umstände abzuwägen, wonach für Fußgängerzonen und verkehrsberuhigte Bereiche das Erfordernis, vor Beginn der Meinungsäußerung eine Genehmigung einholen zu müssen, in der Regel außer Verhältnis zum angestrebten Erfolg steht [...].“*[82]

Demgegenüber entschied das Gericht im Jahr 2007, dass der von Art. 5 Abs. 1 S. 2 GG geschützte Straßenverkauf von Sonntagszeitungen von der Erteilung einer Sondernutzungserlaubnis abhängig sein dürfe.[83] Dieser Fall unterscheide sich wesentlich von dem aus dem Jahr 1991, weil der Erlaubnisvorbehalt dort unmittelbar die Meinungsäußerung (und nicht nur die Pressefreiheit) betroffen habe.[84] Insofern deutet die Argumentationslinie des Gerichts darauf hin, dass es dem Schutz politisch motivierter Kommunikation einen besonderen Stellenwert einräumt.[85]

Ähnlich grundrechtsorientiert argumentiert auch *Klaus Grupp*, wenn er ausführt, dass „die bloße Relevanz anderer Grundrechte (wie der Glaubensfreiheit, der Kunstfreiheit oder der Berufsfreiheit) für die Straßennutzung nicht eine vergleichbare extensive Auslegung zu rechtfertigen [vermag], weil deren Wahrnehmung – im Gegensatz zu der Meinungsäußerungs- und Informationsfreiheit – nicht in demselben Maße auf Öffentlichkeit angewiesen“ sei.[86] Auch *Hans-Jürgen Papier* ist der Ansicht, dass „lediglich bei einer grundrechtlich besonders legitimierten Straßenbenutzung“ eine weite Auslegung des

---

82 BVerfG, Beschl. v. 18.10.1991 – 1 BvR 1377/91, Ls. 1, juris.
83 BVerfG, Beschl. v. 12.04.2007 – 1 BvR 78/02, Rn. 35 ff., juris.
84 BVerfG, Beschl. v. 12.04.2007 – 1 BvR 78/02, Rn. 46, juris.
85 Vgl. dazu etwa BVerfG, Urt. v. 22.02.2011 – 1 BvR 699/06 (Fraport), Rn. 67, 70, juris.
86 *Grupp*, in: Marschall, FStrG, 2012, § 7, Rn. 12.

Verkehrsbegriffs in Betracht käme, „was jedoch bei der allein oder überwiegend gewerblich-kommerziellen Zweckverfolgung nicht der Fall" sei.[87]

Diese grundrechtsgeleitete Kategorisierung kann aber jedenfalls in den Fällen nicht überzeugen, in denen es sich bei allen in Rede stehenden Straßenbenutzungen zugleich auch um Kommunikation handelt.[88] Denn der öffentliche Straßenraum ist i.d.R. der Kommunikation insgesamt gewidmet.[89] Als ein Ort, der Kommunikation in besonderem Maß ermöglicht, ist er für die Ausübung einer Vielzahl von Grundrechten von immenser Bedeutung.[90] Dabei sind aber keine Gründe dafür ersichtlich, warum der kommunikative Verkehr nur auf bestimmte Kommunikationszwecke, namentlich auf politisch-kommunikative Zwecke, beschränkt werden sollte.[91] Eine Privilegierung bestimmter kommunikativer Verhaltensweisen, die sich in ihren Auswirkungen auf den Verkehr aber nicht von anderen unterscheiden, stellt vielmehr eine Ungleichbehandlung i.S.d. Art. 3 Abs. 1 GG dar, die sich sachlich aber nicht rechtfertigen lässt.[92] Deshalb leuchtet es z.B. auch nicht ein, wenn das Verteilen politischer Flugblätter oder

87 *Papier*, Recht der öffentlichen Sachen, 1998, S. 95. Dabei ist er der Ansicht, dass Art. 4 Abs. 1, Art. 5 Abs. 1 S. 1, 2 und Art. 5 Abs. 3 GG eine weite Auslegung des Verkehrsbegriffs grds. rechtfertigen könnten, *Papier*, a.a.O., S. 93 ff. Sofern allerdings im Kontext des Art. 4 Abs. 1 GG entgeltliche Leistungen beworben oder angeboten werden würden, sei eine entsprechende Auslegung ausgeschlossen, wenn die Glaubensfreiheit nur als Vorwand für die Verfolgung wirtschaftlicher Zwecke dienen würde, *Papier*, a.a.O., S. 101. Auch insofern ist er offenbar der Auffassung, dass Art. 12 Abs. 1 GG jedenfalls nicht in gleicher Weise eine verfassungskonforme Auslegung rechtfertigen könne wie etwa Art. 4 Abs. 1, 5 Abs. 1 S. 1, 2, Abs. 3 GG.

88 Zur grundrechtsgeleiteten Abgrenzung zwischen Gemeingebrauch und Sondernutzung kritisch auch *Laubinger*, VerwArch 81 (1990), 583 (621 f.).

89 *Hoffmann*, Grundrechte und straßenrechtliche Benutzungsordnung, 2005, S. 15 ff.; vgl. dazu auch *Siehr*, Das Recht am öffentlichen Raum, 2016, S.207: „Die öffentliche Straße und der Marktplatz haben […] über ihre verkehrstechnische Funktion hinaus auch eine paradigmatische Bedeutung als Versammlungsort, als Ort der Begegnung und Kommunikation, als Ort politischen Handelns und vielfältiger anderer grundrechtlich geschützter Aktivitäten von der Berufs- bis zur Bekenntnisfreiheit."

90 Dazu *Siehr*, Das Recht am öffentlichen Raum, 2016, S. 207 f.

91 In diesem Sinne auch *Joder*, NVwZ 2019, 1486 (1490).

92 *Axer*, in: Schoch, Besonderes Verwaltungsrecht, 2018, Kap. 6, Rn. 95; *Joder*, NVwZ 2019, 1486 (1490); *Laubinger*, VerwArch 81 (1990), 583 (621 f.); siehe auch *Enders*, VerwArch 83 (1992), 527 (561 f.) und *Siehr*, Das Recht am öffentlichen Raum, 2016, S. 559 f. („In der Konsequenz sollte die Ausgrenzung kommerziell-gewerblicher Zwecke aus der gemeingebräuchlichen Straßennutzung noch einmal überdacht werden.").

religiöser Schriften als Gemeingebrauch, das Verteilen von Werbeflyern, das den Straßengebrauch anderer in gleicher Weise beeinträchtigt, hingegen als Sondernutzung eingestuft werden würde.[93] Im Ergebnis ließe sich eine unterschiedliche Handhabung nur begründen, wenn man einzelnen Grundrechten einen höheren Stellenwert beimessen würde, wofür es aber (mit Ausnahme von Art. 1 Abs. 1 GG) keinen verfassungsrechtlichen Anknüpfungspunkt gibt.

Deshalb kann es insbesondere auch nicht überzeugen, wenn das Bundeverfassungsgericht und auch ein Teil der Literatur Art. 5 Abs. 1 S. 1 GG im Vergleich zu anderen Grundrechten offenbar einen besonderen Stellenwert einräumen. Zweifelsohne hat der öffentliche Straßenraum in seiner Funktion als Kommunikationsraum für die Meinungsfreiheit eine herausragende Bedeutung. Denn für eine befriedigende Ausübung dieser Freiheit ist es regelmäßig essenziell, dass die Meinung von anderen Personen wahrgenommen wird, was häufig eher in öffentlichen als in privaten Räumen gewährleistet sein dürfte. Ferner steht außer Frage, dass die Meinungsfreiheit nicht nur die politische Freiheit des Einzelnen verbürgt, sondern ihr darüber hinaus auch insofern besondere Bedeutung zukommt, als sie für die freiheitlich demokratische Grundordnung schlechthin konstituierend ist.[94] Gleichwohl rechtfertigt die Bedeutung der Meinungsfreiheit grds. keine Schlechterstellung anderer Grundrechte, zumal ja auch deren Ausübung in vielen Fällen auf Kommunikation angewiesen ist. Will etwa eine Religionsgemeinschaft in Ausübung ihrer Glaubensfreiheit Werbung für ihren Glauben machen oder will ein Gewerbetreibender in Ausübung seiner Berufsfreiheit Waren verkaufen, so ist dies im öffentlichen Straßenraum, wo Menschen zwangsläufig in Kontakt zueinander treten, am ehesten Erfolg versprechend. Deshalb kann es auch nicht überzeugen, wenn eine verfassungskonforme Auslegung des Verkehrsbegriffs im Kontext etwa der Glaubens- oder Berufsfreiheit mit der Begründung abgelehnt wird, dass sie nicht in demselben Maße wie die Meinungsfreiheit auf Öffentlichkeit angewiesen seien.[95] Immer dann, wenn es für eine befriedigende Grundrechtsausübung entscheidend darauf ankommt,

---

93 Zum Verteilen von Werbeflyern als Sondernutzung siehe *Löhr*, in: Pappermann/Löhr/Andriske, Recht der öffentlichen Sachen, 1987, S. 70.

94 Zu diesem vor allem vom BVerfG vertretenen demokratisch-funktionalen Verständnis der Meinungsfreiheit siehe *Jestaedt*, in: Merten/Papier, HdbGr, 2011, Bd. 4, § 102, Rn. 14. Siehe ferner auch m.w.N. aus der bundesverfassungsgerichtlichen Rechtsprechung *Schmidt-Jortzig*, in: Insensee/Kirchhof, Handbuch des Staatsrechts, 2009, Bd. 7, § 162, Rn. 8 ff., der in diesem Zusammenhang vom „objektiven Gehalt" der Meinungsfreiheit spricht.

95 So aber *Grupp*, in: Marschall, FStrG, 2012, § 7, Rn. 12.

ob die Tätigkeit von anderen Personen bemerkt wird, kommt dem öffentlichen Raum zentrale Bedeutung zu. Dies ist aber keineswegs nur bei der Meinungsfreiheit der Fall.

Freilich könnte man argumentieren, dass bei der Meinungsfreiheit gerade der Hauptzweck auf Kommunikation, also auf die Mitteilung von etwas, gerichtet ist. Dies dürfte nebenbei bemerkt auch für die Kunstfreiheit gelten, weil sich Kunst regelmäßig nicht auf einen ästhetischen Zweck reduzieren lässt, sondern darüber hinaus zumeist auch dazu dient, Meinungen, Haltungen, Informationen o.Ä. zu vermitteln. Demgegenüber ist Kommunikation etwa bei der Ausübung der Berufs- oder Glaubensfreiheit nicht selten eher „Mittel zum Zweck". So wird es demjenigen, der für sein Geschäft Werbeflyer verteilt, nicht um die Werbung bzw. Mitteilung um ihrer selbst willen gehen, sondern vielmehr darum, dass sein Geschäft an Kunden gewinnt. In ähnlicher Weise dürfte dies auch für jemanden gelten, der auf entsprechende Weise für seinen Glauben wirbt. Auch für ihn dürfte das eigentliche Ziel nicht schon mit der Mitteilung selbst, sondern eher dann erreicht sein, wenn sich jemand dem Glauben anschließen will. Aber auch der Umstand, dass in den letztgenannten Fällen Kommunikation nicht Selbstzweck ist, kann die pauschale grundrechtsorientierte Differenzierung nicht rechtfertigen. Denn auch solche Maßnahmen sind Grundrechtsausübung und nicht weniger schützenswert.

cc.) Zusammenfassung

Nach all dem kann der straßenrechtliche Erlaubnisvorbehalt verfassungsrechtlich nicht gerechtfertigt werden,

1. wenn die Grundrechtsausübung spontan erfolgt und der Erlaubnisvorbehalt die Grundrechtsausübung unmöglich machen würde oder
2. wenn mit der Grundrechtsausübung kaum Gefahren für die Sicherheit und Leichtigkeit des Verkehrs einhergehen und der Straßengebrauch anderer Straßenbenutzer nur minimal beeinträchtigt wird. Eine minimale Beeinträchtigung in diesem Sinne ist jedenfalls dann anzunehmen, wenn der Gemeingebrauch anderer Verkehrsteilnehmer durch die fragliche Straßenbenutzung nicht stärker eingeschränkt wird als durch eine Benutzung zum Verkehr im engeren Sinne. Dieser Maßstab bildet nicht zuletzt auch einen praxistauglichen Ansatz zur Abgrenzung von Gemeingebrauch und Sondernutzung. Ob eine übermäßige Beeinträchtigung i.d.S. vorliegt, beurteilt sich dabei anhand der Einzelfallumstände (Ort, Zeitpunkt, Dauer und Art und Weise). Sie wird vor allem durch eine umfangreiche gegenständliche Inanspruchnahme indiziert.

In diesem Fällen bedarf der Verkehrsbegriff folglich einer verfassungskonformen respektive erweiternden Auslegung.[96]

c.) Die kommerzielle Straßenbenutzung als kommunikativer Verkehr

Nach all dem stellt sich nun für die hier relevante kommerzielle Straßenbenutzung die Frage, ob bzw. unter welchen Voraussetzungen der straßenrechtliche Erlaubnisvorbehalt einen verfassungsrechtlich nicht zu rechtfertigenden Eingriff in den Schutzbereich des Art. 12 Abs. 1 GG darstellt.

aa.) Der Erlaubnisvorbehalt als Eingriff in Art. 12 Abs. 1 GG

Die Berufsfreiheit schützt jede Tätigkeit, die auf Dauer angelegt ist und der Schaffung und Aufrechterhaltung einer Lebensgrundlage dient.[97] Eine kommerzielle Straßenbenutzung, also eine Benutzung, durch die unmittelbar oder mittelbar geschäftliche Interessen wahrgenommen werden,[98] wird diese Voraussetzungen i.d.R. erfüllen. Anderes gilt hingegen, wenn die fragliche Tätigkeit planmäßig nur einmal, also gerade nicht dauerhaft ausgeübt werden soll. In diesem Fall wäre der Schutzbereich der Allgemeinen Handlungsfreiheit nach Art. 2 Abs. 1

---

96 Sofern hingegen die Auffassung vertreten wird, dass nur die Inanspruchnahme zum Zweck der Ortsveränderung Gemeingebrauch sei und dementsprechend eine kommunikative Straßenbenutzung stets Sondernutzung sei, wird versucht, die diesem engen Verkehrsbegriff gegenüberstehenden verfassungsrechtlichen Bedenken dadurch auszuräumen, dass die betroffenen Grundrechte an anderer Stelle berücksichtigt werden. So wird entweder darauf hingewiesen, dass Grundrechte dazu führen können, dass das Ermessen zur Erteilung der Sondernutzungserlaubnis auf Null reduziert ist (vgl. etwa zur Kunstfreiheit BVerwG, Urt. v. 09.11.1989 – 7 C 81/88 (Scherenschnitt-Entscheidung), Rn. 15, juris; siehe auch *Steinberg/Herbert*, JuS 1980, 108 (111)). Nach anderer Auffassung soll hingegen ausnahmsweise von der Erlaubnispflichtigkeit der Sondernutzung befreit werden müssen (OLG Düsseldorf, NJW 1975, 1288; OLG Celle, NJW 1975, 1894). Beide Ansätze können allerdings nicht überzeugen. Der erste schon deshalb nicht, weil er nicht über die Erlaubnispflichtigkeit der Straßenbenutzung, die aber gerade den Gegenstand des zu rechtfertigenden Eingriffs darstellt, hinweghelfen kann. Der zweite ist insofern problematisch, als er sich dem eindeutigen Wortlaut der Straßen- und Wegegesetze, der die Erlaubnispflichtigkeit der Sondernutzung anordnet, widersetzt. Zur kritischen Auseinandersetzung mit den vertretenen Ansichten siehe auch *Papier*, Recht der öffentlichen Sachen, 1998, S. 97.

97 BVerfG, Beschl. v. 29.11.2000 – 1 BvR 2162/93, Rn. 26, juris; BVerfG, Urt. v. 11.06.1958 – 1 BvR 596/56 (Apotheken-Urteil), Rn. 55 ff., juris.

98 Zur Definition der kommerziellen Straßenbenutzung siehe § 2A.II.

GG eröffnet, nach deren Maßgaben sich dann auch eine etwaige verfassungskonforme Auslegung des Verkehrsbegriffs richten würde.

Sofern der sachliche und persönliche Anwendungsbereich der Berufsfreiheit eröffnet ist, stellt die Auslegung der straßenrechtlichen Vorschriften, durch die die fragliche kommerzielle Straßenbenutzung einem Erlaubnisvorbehalt unterstellt wird,[99] nur dann einen Eingriff in den Schutzbereich der Berufsfreiheit dar, wenn die einschlägigen Vorschriften Berufsbezug aufweisen. Nach der Rechtsprechung des BVerfG entfalte Art. 12 Abs. 1 GG seinen Schutz nur gegenüber solchen staatlichen Maßnahmen, die entweder die berufliche Tätigkeit unmittelbar zum Gegenstand haben oder zumindest eine objektiv berufsregelnde Tendenz erkennen lassen.[100] Ohne dieses einschränkende Erfordernis würde der Gewährleistungsgehalt des Art. 12 Abs. 1 GG konturenlos werden, weil nahezu jede Rechtsnorm bzw. deren Anwendung unter bestimmten Voraussetzungen Rückwirkungen auf die Berufswahl oder -ausübung haben kann.[101]

Einen unmittelbaren Berufsbezug weisen die einschlägigen straßenrechtlichen Vorschriften nicht auf. Sie betreffen ganz generell die Straßenbenutzung bzw. deren Ordnung, ohne dass sie unmittelbar darauf abzielen würden, auf die Wahl oder Ausübung eines oder mehrerer Berufe Einfluss zu nehmen. Am Maßstab des Art. 12 Abs 1 GG sind aber eben nicht nur solche Rechtsnormen zu messen, die unmittelbar die Regelung eines oder mehrerer bestimmter Berufe bezwecken. In die Berufsfreiheit kann vielmehr auch durch solche Normen eingegriffen werden, die infolge ihrer tatsächlichen Auswirkungen geeignet sind, die Berufsfreiheit zu beeinträchtigen.[102] In diesen Fällen verlangt das BVerfG,

---

99 Die in diesem Zusammenhang relevanten straßenrechtlichen Normen sind die Vorschriften zum Gemeingebrauch und zur Sondernutzung. Dies sind z.B. in NRW § 14 Abs. 1 S. 1, Abs. 3 S. 1 und § 18 Abs. 1 S. 1, 2 StrWG NRW. Dabei legt § 14 Abs. 1 S. 1, Abs. 3 S. 1 StrWG NRW die Reichweite des Gemeingebrauchs fest, wodurch wegen § 18 Abs. 1 S. 1 StrWG NRW auch bestimmt wird, welche Benutzungen Sondernutzung sind. Die eigentliche Erlaubnispflichtigkeit von Sondernutzungen ergibt sich dagegen erst aus § 18 Abs. 1 S. 2 StrWG NRW. Insofern bedarf es einer Zusammenschau dieser Vorschriften.

100 BVerfG, Beschl. v. 12.10.2011 – 2 BvR 236/08 (TKÜ-Neuregelung), Rn. 270, juris; BVerfG, Urt. v. 08.04.1997 – 1 BvR 48/94 (Altschulden), Rn. 135 f., juris; BVerfG, Beschl. v. 30.10.1961 – 1 BvR 833/59 (Schankerlaubnissteuer), Rn. 21 ff., juris. Vgl. auch *Manssen*, in: v. Mangoldt/Klein/Starck, GG, 2018, Bd. 1, Art. 12, Rn. 74; *Jarass*, in: ders./Pieroth, GG, 2020, Art. 12, Rn. 14 ff.

101 BVerfG, Urt. v. 17.02.1998 – 1 BvF 1/91, Rn. 93, juris; BVerfG, Urt. v. 08.04.1997 – 1 BvR 48/94 (Altschulden), Rn. 135, juris.

102 BVerfG, Beschl. v. 30.10.1961 – 1 BvR 833/59 (Schankerlaubnissteuer), Rn. 22, juris.

dass die Norm infolge ihrer Gestaltung in einem engen Zusammenhang mit der Ausübung eines Berufes steht und objektiv eine berufsregelnde Tendenz deutlich erkennen lässt, wobei es den Begriff der „objektiv berufsregelnden Tendenz" nicht weiter konkretisiert.[103] Relevant sei insbesondere auch, ob die Norm die berufliche Tätigkeit „nennenswert behindert".[104] Die demnach erforderliche Verknüpfung zwischen den relevanten straßenrechtlichen Vorschriften und der Berufsausübung besteht darin, dass die Reglementierung der Straßenbenutzung zugleich eine Reglementierung aller beruflichen Tätigkeiten bedeutet, die auf die Straßenbenutzung angewiesen sind. Durch den Erlaubnisvorbehalt werden sie einer behördlichen Vorabkontrolle unterstellt, weshalb die Rahmenbedingungen der Berufsausübung im Vergleich zu einer erlaubnisfreien Berufsausübung grundlegend anders sind. Die entsprechenden straßenrechtlichen Vorschriften verkürzen den Freiheitsbereich der Berufsfreiheit dadurch, dass mit der Einholung der Erlaubnis organisatorischer und zeitlicher Aufwand verbunden ist.[105]

bb.) Verfassungsrechtliche Rechtfertigung des Eingriffs

Ob dieser Eingriff verfassungsrechtlich gerechtfertigt werden kann, hängt wesentlich davon ab, ob er dem Grundsatz der Verhältnismäßigkeit genügt. Im Kontext der Berufsfreiheit wird dieser durch die vom BVerfG entwickelte Drei-Stufen-Theorie konkretisiert.[106] Nach dieser ist danach zu differenzieren, ob es sich bei der betreffenden Vorschrift um eine Berufsausübungsregelung oder um eine subjektive oder objektive Berufswahlregelung handelt.[107] Während

---

103 BVerfG, Beschl. v. 13.07.2004 – 1 BvR 1298/94 (Notarkassensatzung), Rn. 138, juris; BVerfG, Urt. v. 08.04.1997 – 1 BvR 48/94 (Altschulden), Rn. 136, juris; BVerfG, Beschl. v. 30.10.1961 – 1 BvR 833/59 (Schankerlaubnissteuer), Rn. 23, juris. Siehe auch *Manssen*, in: v. Mangoldt/Klein/Starck, GG, 2018, Bd. 1, Art. 12, Rn. 74, Fn. 323 mit zahlreichen weiteren Nachweisen aus der bundesverfassungsgerichtlichen Rechtsprechung.

104 BVerfG, Beschl. v. 18.05.2004 – 2 BvR 2374/99 (Klärschlamm-Entschädigungsfonds), Rn. 111, juris; BVerfG, Beschl. v. 29.11.1989 – 1 BvR 1402/87, Rn. 47, juris.

105 Dazu siehe § 2B.I.3.b.)aa.)(1).

106 Grundlegend BVerfG, Urt. v. 11.06.1958 – 1 BvR 596/56 (Apotheken-Urteil), juris. Im Kern geht es bei der Drei-Stufen-Theorie darum, dass mit steigender Intensität des Eingriffs auch die Anforderungen an seine Rechtfertigung steigen. Dies ergibt sich aber bereits aus dem Verhältnismäßigkeitsgrundsatz, sodass der Mehrwert der Drei-Stufen-Theorie allenfalls in dessen Konkretisierung gesehen werden kann. Zu den Schwächen der Drei-Stufen-Theorie siehe *Gusy*, JA 1992, 257 (263 f.).

107 Zu den nachfolgenden Kernaussagen der Drei-Stufen-Theorie siehe *Mann*, in: Sachs, GG, Art. 12, 2021, Rn. 126 ff.; *Jarass*, in: ders./Pieroth, GG, 2020, Art. 12, Rn. 33 ff.; jeweils m.w.N. aus der Rechtsprechung.

Berufsausübungsregelungen die Art und Weise der Berufsausübung betreffen, reglementieren Berufswahlregelungen die Berufswahl, indem sie die Aufnahme oder Beendigung eines Berufes von bestimmten Voraussetzungen abhängig machen. Dabei handelt es sich um eine subjektive Berufswahlregelung, wenn die Voraussetzungen an die persönlichen Eigenschaften, Fähigkeiten, Kenntnisse usw. der betroffenen Person anknüpfen, hingegen um objektive Berufswahlregelungen, wenn sie sich auf Gegebenheiten beziehen, die nicht (mehr) dem Einflussbereich der betroffenen Person unterliegen. Wird die Inanspruchnahme des Straßenraums von einer Erlaubnis abhängig gemacht, so wird dadurch die Inanspruchnahme eines potenziellen Ortes der Berufsausübung reglementiert. Die Vorschrift, die den Erlaubnisvorbehalt normiert, betrifft also die Modalitäten der Berufsausübung, weshalb es sich bei ihr um eine Berufswahlregelung handelt. Diese Regelungen können die Freiheit der Berufsausübung soweit begrenzen, wie vernünftige Erwägungen des Gemeinwohls es als zweckmäßig erscheinen lassen.[108] Der Schutz der Sicherheit und Leichtigkeit des Verkehrs und der Ausgleich gegenläufiger Nutzungsinteressen stellen solche Erwägungen dar. Der Erlaubnisvorbehalt ist ferner zur Zweckerreichung geeignet, erforderlich und vor allem angesichts seiner geringen Eingriffsintensität i.d.R. auch angemessen.[109]

Wie bei allen kommunikativen Straßenbenutzungen kann auch bei kommerziellen Benutzungen der Erlaubnisvorbehalt unverhältnismäßig sein, wenn entweder – dies dürfte der weniger relevante Fall sein – die Grundrechtsausübung so spontan erfolgt, dass der Erlaubnisvorbehalt sie konterkarieren würde, oder wenn durch die Grundrechtsausübung die Sicherheit und Leichtigkeit des Verkehrs und der Straßengebrauch anderer Verkehrsteilnehmer nur minimal beeinträchtigt werden würde,[110] wobei sich dies anhand der konkreten Umstände des Einzelfalls (örtlichen Gegebenheiten, der Zeitpunkt, die Dauer und die Art und Weise der Benutzung) beurteilt.[111] Soll die kommerzielle Straßenbenutzung auf einer weiträumigen Fläche oder zu einem Zeitpunkt stattfinden, zu dem der betreffende Straßenraum üblicherweise nicht von vielen Personen

---

108 BVerfG, Urt. v. 11.06.1958 – 1 BvR 596/56 (Apotheken-Urteil), Rn. 74, juris; *Manssen*, in: v. Mangoldt/Klein/Starck, GG, 2018, Bd. 1, Art. 12, Rn. 146; *Mann*, in: Sachs, GG, 2021, Art. 12, Rn. 126; beide mit zahlreichen weiteren Nachweisen aus der Rechtsprechung des BVerfG.

109 Dazu siehe bereits allgemein oben § 2B.I.3.b.)aa.)(2).

110 § 2B.I.3.b.)aa.)(2)(aa) und (bb).

111 § 2B.I.3.b.)aa.)(2)(bb).

in Anspruch genommen wird, so indizieren diese Umstände eine nur geringfügige Beeinträchtigung der Sicherheit und Leichtigkeit des Verkehrs. Dasselbe gilt für eine nur kurzzeitige und eine kaum gegenständliche Inanspruchnahme des Straßenraums. Vor diesem Hintergrund kann es namentlich beim Verteilen von Werbeprospekten oder beim Verkauf von Waren oder Dienstleistungen, etwa aus einem Bauchladen heraus, zu nur geringfügigen Behinderungen des Straßengebrauchs anderer Straßenbenutzer kommen. Denn dadurch wird der Straßenraum jedenfalls räumlich nicht übermäßig in Anspruch genommen. In diesen Fällen muss der Verkehrsbegriff verfassungskonform dahingehend ausgelegt werden, dass die betreffenden Tätigkeiten ihm unterfallen und deshalb als Gemeingebrauch erlaubnisfrei sind.

Dabei ist aber zu berücksichtigen, dass sich die erweiternde Auslegung des Verkehrsbegriff gerade vor dem Hintergrund der Kommunikationsfunktion des öffentlichen Straßenraums rechtfertigt.[112] Diese Funktion kommt dem Straßenraum aber nur dort zu, wo sich die Menschen in einer Weise begegnen, die eine unmittelbare und intensive Kommunikation ermöglicht. Denkbar ist dies vor allem in Fußgängerzonen und verkehrsberuhigten Bereichen, in denen entweder ausschließlich Fußgängerverkehr gestattet ist oder aber zumindest Priorität hat.[113] Dasselbe dürfte auch für Gehwege gelten, die ebenfalls grds. nur durch Fußgänger genutzt werden dürfen.[114] Gerade in diesen Bereichen nehmen sich Menschen aus nächster Nähe wahr. Dadurch kann zum einen eine eingehende non-verbale Kommunikation stattfinden, insbesondere weil Mimik und Gestik in besonderem Maße wahrgenommen werden können. Zum anderen ist dort auch die für die Grundrechtsausübung eher relevante verbale Kommunikation möglich, welche beispielsweise auf Autobahnen oder Kraftfahrstraßen, die gem. § 18 Abs. 1 S. 1 StVO nur mit Kraftfahrzeugen benutzt werden dürfen, kaum vorstellbar ist. Wenn aber nur auf bestimmten Straßen ein kommunikativer Zweck verfolgt werden kann, dann kann eine erweiternde Auslegung des Verkehrsbegriffs auch nur dort in Frage kommen. Eine kommunikative Grundrechtsausübung außerhalb dieser Bereiche wird aber ohnehin nur selten gewollt sein,

---

112 § 2B.I.3.b.).

113 Vgl. Nr. 21 der Anlage 2 zur StVO und Nr. 12 der Anlage 3 zur StVO.

114 Vgl. Nr. 18 der Anlage 2 zur StVO. Bei Gehwegen ist allerdings zu beachten, dass es wegen ihrer räumlichen Nähe zu Straßen, die auch mit höherer Geschwindigkeit befahren werden dürfen, eher zu einer Gefährdung der Sicherheit und Leichtigkeit des Verkehrs kommen kann mit der Folge, dass in diesen Fällen der kommunikative Verkehr i.S.d. Straßenrechts zu verneinen wäre.

weil es den Grundrechtsträgern meistens darauf ankommt, mit einer möglichst großen Anzahl von Personen kommunizieren zu können. Voraussetzung ist natürlich weiter, dass die in Rede stehende kommerzielle Tätigkeit zugleich auch Kommunikation ist. Nur soweit dies der Fall ist, ist sie vom Kommunikationszweck des öffentlichen Straßenraums und damit vom Gemeingebrauch gedeckt.

d.) Zusammenfassung

Verkehr im straßenrechtlichen Sinne erfasst unstreitig den Verkehr i.S.v. Ortsveränderung und nach verfassungskonformer Auslegung auch den sog. kommunikativen Verkehr. Über die konkrete Reichweite des kommunikativen Verkehrs herrscht in Literatur und Rechtsprechung Uneinigkeit. Für die Bestimmung der Reichweite kommt es maßgeblich darauf an, unter welchen Voraussetzungen der Erlaubnisvorbehalt einen verfassungsrechtlich nicht zu rechtfertigenden Eingriff in das jeweils betroffene Grundrecht darstellen würde und der Verkehrsbegriff aus diesem Grund einer verfassungskonformen Auslegung bedarf. Nach hier vertretener Auffassung ist dies der Fall, wenn (1.) die Grundrechtsausübung so spontan erfolgt, dass die vorherige Einholung einer Erlaubnis die Grundrechtsausübung vereiteln würde, oder (2.) mit der Straßenbenutzung kaum Gefahren für die Sicherheit und Leichtigkeit des Verkehrs verbunden wären und der Straßengebrauch anderer allenfalls minimal beeinträchtigt werden würde. Sofern dies der Fall ist und sich die Erlaubnispflichtigkeit auch vor dem Hintergrund der jeweiligen Einzelfallumstände als unverhältnismäßig erweist, muss die in Rede stehende Straßenbenutzung als kommunikativer Verkehr respektive als Gemeingebrauch erlaubnisfrei sein. Grds. unerheblich ist dabei, in Ausübung welchen Grundrechts die Straßenbenutzung erfolgt. Eine unterschiedliche Handhabung ist jedenfalls dann nicht i.S.d. Art. 3 Abs. 1 GG sachlich gerechtfertigt, wenn die Benutzungen in ihren Auswirkungen auf den Straßenverkehr gleich sind. Dementsprechend können auch kommerzielle Straßenbenutzungen unter den genannten Voraussetzungen dem kommunikativen Verkehr zuzuordnen sein.

4. Zwischenergebnis

Sofern es sich bei der kommerziellen Straßenbenutzung um kommunikativen Verkehr handelt, bedarf sie als Gemeingebrauch keiner Erlaubnis. Im Übrigen ist sie als Sondernutzung erlaubnispflichtig (§ 18 StrWG NRW[115]), wenn sie nicht gerade dem erlaubnisfreien Straßenanliegergebrauch unterfällt.

---

115 Zu den Sondernutzungs-Vorschriften der übrigen Straßen- und Wegegesetze bzw. des

II. Anliegergebrauch

Ein Teil der Straßen- und Wegegesetze der Länder kennt neben dem Gemeingebrauch und der Sondernutzung noch eine dritte Benutzungskategorie: den Straßenanliegergebrauch.[116] In den Bundesländern, in denen das jeweilige Straßenrecht den Anliegergebrauch nicht explizit regelt, wird er im Vergleich zum schlichten Gemeingebrauch (Verkehrsgebrauch) als eine gesteigerte Form des Gemeingebrauchs behandelt.[117] Er umfasst das Recht der Straßenanlieger, die an ihr Grundstück angrenzenden Straßenteile über den Gemeingebrauch hinaus auch für Zwecke des Grundstücks zu benutzen (vgl. § 14a StrWG NRW).[118] Die Einholung einer Erlaubnis ist gerade nicht erforderlich, was insofern eine Besonderheit darstellt, als verkehrsfremde Benutzungen eigentlich als Sondernutzungen unter dem Vorbehalt der Erlaubnis stehen. Die Privilegierung der Straßenanlieger ist aber deshalb gerechtfertigt, weil sie ein besonderes Bedürfnis danach haben, die vor ihrem Grundstück befindlichen öffentlichen Straßenflächen auch zu anderen Zwecken als zum Verkehr zu benutzen (etwa für das Aufstellen von Abfallbehältnissen oder die zwischenzeitliche Lagerung von Gegenständen).[119] Der Anliegergebrauch ist allerdings nur dort gestattet, wo sich das betreffende Grundstück innerhalb der geschlossenen Ortslage befindet. Er setzt weiter voraus, dass die beabsichtigte Benutzung zur Nutzung des Grundstücks erforderlich ist, den Gemeingebrauch nicht dauernd ausschließt

---

FStrG siehe Fn. 30.

116 Zu den Vorschriften siehe Fn. 32.

117 In diesen Fällen müssen die Gemeingebrauchsvorschriften anknüpfend an Art. 14 Abs. 1 GG ggf. zugunsten der Straßenanlieger so ausgelegt werden, dass auch der Anliegergebrauch erlaubnisfrei ist. Zwar bestimmen sich Inhalt und Schranken des Eigentums nach einfachgesetzlichem Recht. Gleichwohl ist der Anliegergebrauch aber in seinem Kerngehalt von Art. 14 Abs. 1 GG geschützt. Hinter diesem verfassungsrechtlichen Mindeststandard dürfen die Straßengesetze nicht zurückbleiben, weshalb insoweit eine entsprechende verfassungskonforme Auslegung geboten sein kann. Siehe dazu *Papier/Shirvani*, in: Maunz/Dürig, GG, Stand: 2020, Art. 14, Rn. 225; *Sauthoff*, Öffentliche Straßen, 2020, § 7, Rn. 351 ff.

118 Dabei ist der Anliegergebrauch vom (selbstständigen) Recht des Anliegers darauf, dass die Zugangsmöglichkeit vom Grundstück zur öffentlichen Straße und dass die Zutrittsmöglichkeit von Licht und Luft zu an den Straßen befindlichen Gebäuden erhalten bleibt, zu trennen. Siehe dazu *Papier/Durner*, in: Ehlers/Fehling/Pünder, 2020, Bd. 2, § 43, Rn. 63; *Axer*, DÖV 2014, 323 (324).

119 BVerwG, Beschl. v. 11.05.1999 – 4 VR 7/99, Rn. 5; BVerwG, Urt. v. 25.09.1968 – IV C 195.65, Rn. 27, juris; siehe auch *Hobe*, DÖV 1997, 323 (323).

oder erheblich beeinträchtigt und sie nicht in den Straßenkörper eingreift. Diese Voraussetzungen sind z.B. in § 14a StrWG NRW ausdrücklich geregelt. Sie gelten aber auch für die Straßengesetze, in denen der Anliegergebrauch nicht normiert ist.[120]

Kommerzielle Straßenbenutzungen kommen vor allem dann als Anliegergebrauch in Frage, wenn sie der kommerziellen Nutzung eines Anliegergrundstücks zuzuordnen sind. Voraussetzung für die Einstufung als Anliegergebrauch ist, dass die Benutzung des öffentlichen Straßenraums für die kommerzielle Nutzung des Grundstücks erforderlich ist. Dabei ist die Erforderlichkeit i.d.S. nicht schon dann anzunehmen, wenn der Gebrauch des Straßenraums für die Grundstücksnutzung nützlich ist.[121] Sie setzt aber auch nicht voraus, dass das Grundstück – im Sinne eines „Angewiesenseins" – nur sinnvoll genutzt werden kann, wenn auch der vor dem Grundstück befindliche Straßenraum in Anspruch genommen werden darf.[122] Die Benutzung ist vielmehr dann erforderlich, wenn sie bei objektiver Betrachtung und unter Berücksichtigung insbesondere der konkreten örtlichen Gegebenheiten als zweckmäßige und angemessene Folge der Grundstücksnutzung zu bewerten ist.[123] Für Gewerbebetriebe und auch sonstige kommerzielle Nutzungen ist der durch den öffentlichen Straßenraum vermittelte „Kontakt nach außen" von existenzieller Bedeutung.[124] Sofern sie auf Kundschaft angewiesen sind, kommt es entscheidend darauf an, dass sie von einer möglichst großen Anzahl potenzieller Kunden wahrgenommen werden. Wird der Straßenraum deshalb etwa zu Zwecken der Eigenwerbung in Anspruch genommen, ist dies eine zweckmäßige und angemessene Folge der gewerblichen bzw. kommerziellen Grundstücksnutzung. Es handelt sich daher grds. um erlaubnisfreien Anliegergebrauch, solange nur der Gemeingebrauch anderer nicht dauernd ausgeschlossen oder erheblich beeinträchtigt und nicht in

---

120 Siehe dazu ausführlich *Sauthoff*, Öffentliche Straßen, 2020, § 7, Rn. 359.

121 *Axer*, in: Schoch, Besonderes Verwaltungsrecht, 2018, Kap. 6, Rn. 126.

122 *Axer*, in: Schoch, Besonderes Verwaltungsrecht, 2018, Kap. 6, Rn. 126.

123 *Axer*, in: Schoch, Besonderes Verwaltungsrecht, 2018, Kap. 6, Rn. 126.

124 *Papier*, Recht der öffentlichen Sachen, 1998, S. 88; *Sauthoff*, Öffentliche Straßen, 2020, § 7, Rn. 370 ff. Zur Unterscheidung von gewerblicher und kommerzieller Straßenbenutzung siehe oben § 2A.II. Siehe *Papier/Shirvani*, in: Maunz/Dürig, GG, Stand: 2020, Art. 14, Rn. 202 f., dazu, dass sich nicht nur Gewerbebetriebe, sondern auch sonstige auf Erwerb ausgerichtete Unternehmen auf den gesteigerten Gemeingebrauch berufen können.

den Straßenkörper eingegriffen wird.[125] Dies ist z.B. bei Eigenwerbung in Form von Hinweis- oder Werbetafeln oder Lichtzeichen o.Ä. der Fall, die etwa an der Hauswand angebracht sind und dadurch die Grenze der Gemeinverträglichkeit nicht überschreiten.[126] Eine entsprechende Straßenbenutzung steht in gewisser Weise doppelt, nämlich auch als Bestandteil des Rechts am eingerichteten und ausgeübten Gewerbebetrieb, unter dem Schutz von Art. 14 GG, jedenfalls sofern man dieses als von Art. 14 GG erfasst ansieht.[127] Des Weiteren wird Anliegergebrauch i.d.R. auch dann vorliegen, wenn – wie bei nicht kommerziell genutzten Grundstücken auch – der Straßenraum kurzzeitig in Anspruch genommen wird, um dort etwa für die gewerbliche bzw. kommerzielle Nutzung des Grundstücks erforderliche Gegenstände zu lagern oder zu verladen.[128]

Um Anliegergebrauch handelt es sich dagegen nicht mehr, wenn der Gewerbebetrieb bzw. die kommerzielle Tätigkeit selbst auf den öffentlichen Straßenraum ausgedehnt wird.[129] Dies ist etwa dann der Fall, wenn ein Gastronom vor seinem Lokal Tische und Stühle aufstellt, um dort in Erweiterung seines Betriebs eine Außengastronomie zu betreiben, oder wenn ein Händler vor seinem Ladenlokal Warenauslagen aufstellt. In diesen Fällen handelt es sich nicht mehr um eine Benutzung, die zur Nutzung des Grundstücks erforderlich ist. Im Übrigen wird der Gemeingebrauch an den entsprechenden Straßenteilen auch dauerhaft ausgeschlossen, wodurch die Grenze der Gemeinverträglichkeit überschritten wird. Derartige Benutzungen bedürfen einer Sondernutzungserlaubnis.[130]

---

125 Um Anliegergebrauch handelt es sich dagegen nicht bei Anlagen mit Fremdwerbung, weil sie nicht dem Gewerbebetrieb des Anliegergrundstücks dienen, *v. Mannstein*, Die Nutzung der öffentlichen Straßen, 2008, S. 303 f.; *Papier/Shirvani*, in: Maunz/Dürig, GG, Stand: 2020, Art. 14, Rn. 228.

126 *Fickert*, Straßenrecht in NRW, 1989, § 14a, Rn. 15; *Papier*, Recht der öffentlichen Sachen, 1998, S. 89; *Papier/Shirvani*, in: Maunz/Dürig, GG, Stand: 2020, Art. 14, Rn. 202.

127 *Papier/Shirvani*, in: Maunz/Dürig, GG, Stand: 2020, Art. 14, Rn. 201.

128 *Papier*, Recht der öffentlichen Sachen, 1998, S. 89; *Papier/Shirvani*, in: Maunz/Dürig, GG, Stand: 2020, Art. 14, Rn. 226.

129 *Fickert*, Straßenrecht in NRW, 1989, § 14a, Rn. 14; *Papier*, Recht der öffentlichen Sachen, 1998, S. 89 f.; *Papier/Shirvani*, in: Maunz/Dürig, GG, Stand: 2020, Art. 14, Rn. 227.

130 Siehe dazu auch *Scheidler*, GewArch 2012, 285 (285).

§ 3 Konkurrierende Sondernutzungsbegehren im Kontext kommerzieller Nutzungsabsichten

Das dritte Kapitel beschäftigt sich nun mit der Situation, in der mehrere Personen darum konkurrieren, den öffentlichen Straßenraum zu einer kommerziellen Sondernutzung in Anspruch nehmen zu dürfen. Dabei geht es in diesem Kapitel zunächst nur um solche Sondernutzungen, die nicht im Zusammenhang mit einem Beschaffungsvorgang stehen. Die hier relevanten Sondernutzungsbegehren sind also gerade dadurch gekennzeichnet, dass die an der Sondernutzung interessierten Personen diese nicht für einen öffentlichen Auftraggeber, sondern nur für sich selbst erbringen wollen. Kommerzielle Sondernutzungsbegehren im Kontext von Beschaffungen werden im vierten Kapitel (§ 4) behandelt.

Zu Beginn dieses Kapitels soll erörtert werden, wann die Erteilung einer Sondernutzungserlaubnis überhaupt erst zum Verteilungsproblem wird (A.). Anschließend soll der rechtliche Rahmen der Verteilung ermittelt werden (B.). Darauf folgend soll untersucht werden, ob sich Besonderheiten ergeben, wenn auch ein öffentliches Unternehmen um die Sondernutzungserlaubnis konkurriert (C.). Zum Schluss sollen dann etwaige Rechtsschutzmöglichkeiten der unterlegenen Bewerber dargestellt werden (D.).

A. Die Erteilung von Sondernutzungserlaubnissen als Verteilungsproblem

Im Rahmen dieses Abschnitts gilt es zunächst zu ermitteln, unter welchen Voraussetzungen es überhaupt erst zu einer Verteilungssituation kommt (I.). Denn nur dann ist auch eine Verteilung anhand der noch zu ermittelnden rechtlichen Maßgaben geboten.[131] Anschließend soll dargestellt werden, welche Auswirkungen die Verteilungssituation auf die Erlaubniserteilung hat, d.h. welche Besonderheiten sich mit Blick auf die Verfahrensgestaltung und die Ermessensausübung ergeben (II.).

---

131 Zum rechtlichen Rahmen der Verteilung siehe § 3B.

I. Konkurrierende Sondernutzungsbegehren als Ausgangspunkt einer Verteilungssituation

Im Allgemeinen ist die typische Verteilungssituation dadurch gekennzeichnet, dass mehrere Personen die Zuteilung eines knappen Gutes begehren, wegen seiner Knappheit aber nicht alle Bewerber berücksichtigt werden können. In der Folge entsteht eine Konkurrenzsituation, die die Verwaltung in die Lage versetzt, unter allen Bewerbern einen auswählen zu müssen, dem das knappe Gut zugeteilt werden soll.[132] Ist dabei nicht von einer Konkurrenz-, sondern von einer Verteilungssituation die Rede, so wird dadurch lediglich der Umstand, dass in diesen Fällen zwingend auch eine Auswahlentscheidung vorzunehmen ist, besonders betont.

Auch der öffentliche Straßenraum kann im Mittelpunkt einer solchen Verteilungssituation stehen. Gerade im Zusammenhang mit dessen kommerzieller Nutzung, die – sofern sie über den Gemeingebrauch hinausgeht – als Sondernutzung der Erlaubnis bedarf, kommt es – in einigen Bereichen sogar tendenziell zunehmend – dazu, dass mehrere Personen eine bestimmte Fläche nutzen wollen, eine Nutzung durch alle Bewerber aber nicht möglich ist, sie insofern auch nur einem von ihnen gestattet werden kann und infolgedessen eine Auswahl vorgenommen werden muss.

Denkbar – und in der Praxis auch gelegentlich vorzufinden – ist eine solche Konkurrenzsituation etwa dann, wenn mehrere Gastronomen darum konkurrieren, die vor ihren Lokalen befindliche Fläche zum Betrieb einer Außengastronomie nutzen zu dürfen. Diese Flächen sind besonders begehrt, weil sie ein enormes wirtschaftliches Potenzial bergen, ohne aber weitere Kosten, wie etwa durch die Anmietung zusätzlicher Räumlichkeiten, zu verursachen. In ähnlicher Weise kann diese Konkurrenzsituation auch dann entstehen, wenn Geschäftsinhaber ihre Verkaufsfläche, etwa durch Warenauslagen oder -ständer, in den öffentlichen Straßenraum hinein erweitern wollen. Und auch bei mobilen Verkaufsständen (wie z.B. „Foodtrucks“, Eiswagen oder mobilen Kaffeebars) kann diese Problematik virulent werden, denn i.d.R. gibt es bestimmte Standorte, vor allem solche, wo sich erfahrungsgemäß viele Menschen aufhalten, die für diese Art der kommerziellen Straßenbenutzung besonders attraktiv sind.

Eine weitere Form der kommerziellen Straßenbenutzung, in deren Zusammenhang es zu einer Konkurrenzsituation kommen kann, betrifft die

---

132 *Wollenschläger*, Verteilungsverfahren, 2010, S. 2. Siehe auch *Röhl*, in: Hoffmann-Riem/Schmidt-Aßmann/Voßkuhle, GVwR, 2012, Bd. 2, § 30, Rn. 11.

Veranstaltung von Märkten und Festen. Mittlerweile reicht die Bandbreite solcher Veranstaltungen von klassischen Wochenmärkten über Auto-Messen bis hin zu sogenannten Street-Food-Festivals. Vor allem Märkte und Feste mit Unterhaltungscharakter sind in der Vergangenheit zunehmend auf Anklang in der Bevölkerung gestoßen. In größeren Städten Deutschlands besteht mittlerweile die Möglichkeit, fast jedes Wochenende eine entsprechende Veranstaltung zu besuchen.[133] Mit Blick auf eine etwaige Konkurrenzsituation müssen dabei aber zwingend zwei verschiedene Ausgangslagen unterschieden werden: Zum einen die Situation, in der mehrere Personen darum konkurrieren, den öffentlichen Straßenraum zur Veranstaltung eines Marktes oder Festes benutzen zu dürfen, und zum anderen der Fall, in dem die Beschicker um einen Standplatz auf einem solchen Markt bzw. Fest in Konkurrenz zueinander treten. Im Rahmen dieser Untersuchung ist nur die erste Konkurrenzsituation von Bedeutung, weil für die Verteilung der Standplätze speziellere Verteilungsregime (§ 70 GewO, § 8 Abs. 2 GO NRW) greifen und insofern das Straßenrecht nicht den richtigen Anknüpfungspunkt bildet.[134]

Ferner hat der öffentliche Straßenraum auch für die Vorhaltung von gemeinschaftlich genutzten Fahrzeugen deutlich an Relevanz gewonnen. Vor allem als Ausdruck eines allgemeinen „sharing-economy"-Trends finden sich dort immer häufiger Carsharing- und Fahrradmietstationen, um deren Stellflächen die Personen, die dieses Angebot betreiben wollen, konkurrieren. Die von staatlicher Seite aus immer mehr geförderte Nutzung dieser Fahrzeuge soll zum einen Bestandteil einer klima- und umweltfreundlicheren Verkehrspolitik sein, was der Bundesgesetzgeber für das Carsharing ausdrücklich in § 1 CsgG normiert hat, zum anderen soll sie aber auch dazu beitragen, das Problem des knappen Parkraums im innerstädtischen Bereich zu entschärfen. Die Verteilung von Carsharing-Stellflächen ist dabei in rechtlicher Hinsicht insofern besonders, als sie auf Bundesebene durch das CsgG (§ 5) und auch von einigen Ländern in ihren jeweiligen Straßen- und Wegegesetzen einfachgesetzlich kodifiziert wurde. Der Bundesgesetzgeber wollte das Carsharing umfänglich (also auch in straßenverkehrsrechtlicher Hinsicht) regeln und hat bei dieser Gelegenheit auch die Vorgehensweise bei der Zurverfügungstellung der Stellflächen normiert. Ein Teil der Länder hat diese Regelung dann zum Anlass und Anknüpfungspunkt

---

133 Dazu kritisch *Siehr*, Das Recht am öffentlichen Raum, 2016, S. 20 f.

134 Dazu noch genauer unter § 5C.I.

genommen, um eine entsprechende Vorschrift in ihre jeweiligen Straßen- und Wegegesetze zu implementieren.[135]

Aber nicht nur das Carsharing, sondern auch die Elektromobilität wird derzeit staatlicherseits gefördert.[136] Damit verbunden ist auch der Aufbau einer öffentlichen Ladeinfrastruktur, weshalb gerade auch im öffentlichen Straßenraum immer mehr Ladestationen errichtet und betrieben werden sollen. Allerdings sind die geeigneten Flächen, vor allem im unmittelbaren Bereich von Bundesautobahnen, sehr begrenzt. Denn die Ladestationen können nur dort installiert werden, wo auch Parkraum besteht, der aber gerade in Autobahnnähe äußerst knapp ist.[137] Dementsprechend kommt es dazu, dass die potenziellen Betreiber einer Ladestation um die geeigneten Flächen in Konkurrenz zueinander treten.[138] Auch in diesem Zusammenhang entsteht also eine Situation, in der mehrere Personen darum konkurrieren, den öffentlichen Straßenraum zu einem bestimmten Zweck benutzen zu dürfen. Mittlerweile scheint sich diese Problematik auch im städtischen Bereich verschärft zu haben. So hat sich das Bundeskartellamt dazu veranlasst gesehen, eine Sektoruntersuchung zur Bereitstellung und Vermarktung öffentlich zugänglicher Ladeinfrastruktur für Elektrofahrzeuge einzuleiten.[139] „Gegenstand der Untersuchung sollen auch die verschiedenen Vorgehensweisen der Städte und Kommunen bei der Bereitstellung geeigneter Standorte und deren Auswirkungen auf den Wettbewerb zwischen den Betreibern von Ladestationen sein."[140]

Mit einer weiteren, speziell abfallrechtlich relevanten Form der kommerziellen Straßenbenutzung musste sich in letzter Zeit insbesondere auch die

---

135 § 18a StrWG NRW; § 16a StrG BW; Art. 18a BayStrWG; § 18a NStrG; § 42a LStrG RP; § 18a SächsStrG; § 18a ThürStrG. Bremen hat mit dem BremLCsgG ein eigenes Carsharinggesetz.

136 So etwa durch das Elektromobilitätsgesetz (EmoG) vom 05.06.2015, BGBl. I 2015, S. 898, oder das Gebäude-Elektromobilitätsinfrastruktur-Gesetz (GEIG), das bereits beschlossen, aber noch nicht im Bundesgesetzblatt veröffentlicht wurde.

137 Die Errichtung von Ladestationen auf den Nebenbetrieben (wozu z.B. Tankstellen oder Raststätten zählen, § 15 Abs. 1 FStrG) kommt i.d.R. nicht in Frage, siehe dazu *Hartwig/Sterniczuk*, NVwZ 2016, 1375 (1375).

138 Siehe dazu ausführlich *Hartwig/Sterniczuk*, NVwZ 2016, 1375.

139 Pressemitteilung des BKartA vom 09.07.2020, Sektoruntersuchung im Bereich öffentlich zugänglicher Ladeinfrastruktur für Elektrofahrzeuge. Siehe dazu auch *Säcker*, NZKart 2020, 569 (Teil 1) und NZKart 2020, 652 (Teil 2).

140 Pressemitteilung des BKartA vom 09.07.2020, Sektoruntersuchung im Bereich öffentlich zugänglicher Ladeinfrastruktur für Elektrofahrzeuge, S. 2.

Rechtsprechung auseinandersetzen. Der Sachverhalt, der den betreffenden Entscheidungen zugrunde liegt, ist dadurch gekennzeichnet, dass private Abfallsammler – oft auch mit dem öffentlich-rechtlichen Entsorgungsträger – um öffentliche Stellflächen zum Aufstellen von Abfallcontainern konkurrieren. Die Fülle der dazu ergangenen Entscheidungen lässt erahnen, welches wirtschaftliche Potenzial sich hinter dem Geschäft mit Alttextilien verbergen muss. Keine andere Form der kommerziellen Straßenbenutzung war so oft Gegenstand gerichtlicher Verfahren wie das Sammeln von Alttextilien mithilfe von Containern.

Schlussendlich zu nennen ist die kommerzielle Werbung im öffentlichen Straßenraum, z.B. mit freistehenden Werbeanlagen, wie etwa Plakattafeln, Litfaßsäulen oder City-Lightboards, oder solchen, die an Stadtmobiliar angebracht sind. Sie ist eine weitere Form der kommerziellen Straßenbenutzung, bei der eine Konkurrenzsituation entstehen kann. In diesem Fall konkurrieren Werbeunternehmen darum, bestimmte Flächen im öffentlichen Straßenraum zu kommerziellen Werbezwecken nutzen zu dürfen.

All diese Ausprägungen kommerzieller Straßenbenutzung zeigen, inwiefern es in diesem Zusammenhang zu einer Konkurrenzsituation kommen kann, wobei es sich bei diesen Beispielen aber nicht um eine abschließende Aufzählung handelt. Nachfolgend sollen nun die typischen Merkmale dieser Verteilungssituationen erläutert werden.

1. Verteilungsobjekt und Verteilungssubjekte

Die im Rahmen dieser Untersuchung relevanten Sachverhalte zeichnen sich dadurch aus, dass mehrere Personen darum konkurrieren, den öffentlichen Straßenraum zu einem kommerziellen Zweck benutzen zu dürfen. Gegenstand der Konkurrenz ist also genau genommen das Recht zur Benutzung. Handelt es sich bei der beabsichtigten kommerziellen Straßenbenutzung um eine Sondernutzung, konkurrieren die beteiligten Personen um das Recht zur Sondernutzung. Der zuständigen Behörde kommt dann in diesen Konkurrenzsituationen die Aufgabe zu, das Sondernutzungsrecht sachgerecht zu verteilen. Insoweit kann es also auch als Verteilungsobjekt bezeichnet werden.

Das Sondernutzungsrecht kann dabei entweder durch die Erteilung einer Sondernutzungserlaubnis oder aber auch im Rahmen eines entsprechenden öffentlich-rechtlichen Vertrags vermittelt werden. Letztere Variante ist namentlich bei der Gestattung kommerzieller Werbung im öffentlichen Straßenraum (etwa mittels freistehender oder an Stadtmobiliar angebrachter Werbeflächen) gängige Praxis.[141] Für die rechtlichen Rahmenbedingungen der Verteilung macht es dabei grds. keinen Unterschied, ob das Sondernutzungsrecht durch Sondernutzungserlaubnis (also Verwaltungsakt) oder durch öffentlich-rechtlichen Vertrag gewährt wird. Denn nicht nur das Verfahren richtet sich in beiden Fällen nach §§ 9 ff. VwVfG NRW. Sowohl die Erteilung der Erlaubnis als auch der Abschluss des Vertrags stehen beide im pflichtgemäßen Ermessen der zuständigen Behörde.[142]

Zwingend von diesem Fall zu unterscheiden ist indes die Situation, in der nicht, wie hier, um das Sondernutzungsrecht konkurriert wird, sondern darum, für die Kommune eine bestimmte Dienstleistung, zu welcher die Inanspruchnahme des öffentlichen Straßenraums erforderlich ist, ausführen zu dürfen.[143] Dann ist das Verteilungsobjekt nicht das Sondernutzungsrecht, sondern – sofern die weiteren Voraussetzungen erfüllt sind – eine Dienstleistungskonzession, durch die dann zwar i.d.R. auch das erforderliche Sondernutzungsrecht vermittelt wird, die darüber hinaus aber auch noch weitere Rechte und Pflichten begründet. Dabei sind es die sich aus der Konzession ergebenden Rechte des Konzessionärs, die die Konzession für die Bewerber so attraktiv macht. Insofern wäre es verkürzt, auch in diesem Fall „nur“ das Sondernutzungsrecht als Verteilungsobjekt anzusehen. Konkurrieren z.B. mehrere Personen darum, für eine Gemeinde einen Weihnachtsmarkt im öffentlichen Straßenraum veranstalten zu dürfen, so müssten sie, um dies tun zu können, zwar auch den Straßenraum in Anspruch nehmen, schwerpunktmäßig geht es aber doch darum, dass der Konzessionär mit der Veranstaltung des Marktes betraut wird und als Gegenleistung diese Dienstleistung verwerten darf (vgl. § 105 Abs. 1 Nr. 2 GWB).[144]

Als Subjekte an jeder Verteilung beteiligt sind, auf der einen Seite das verteilende Rechtssubjekt und auf der anderen Seite die konkurrierenden Rechtssubjekte. Die Verteilung von Sondernutzungsrechten erfolgt durch die für die Erteilung von Sondernutzungserlaubnissen zuständige Straßenbaubehörde (§ 18 Abs. 1 S. 2 StrWG NRW). Die Straßenbaubehörde handelt dabei für den Träger der Straßenbaulast. Verteilendes Rechtssubjekt ist also der Straßenbaulastträger, welcher – abhängig von der jeweils betroffenen Straßenklasse – der Bund, das Land, der Kreis bzw. die kreisfreie Stadt oder die Gemeinde sein kann

141 Dazu noch genauer unter § 5D.I.

142 Zur Erteilung der Sondernutzungserlaubnis als Ermessensentscheidung siehe *Herber*, in: Kodal, Straßenrecht, 2021, Kap. 26, Rn. 24 ff.

143 Siehe dazu § 4.

144 Dazu noch genauer unter § 4A.

(§§ 43 ff. StrWG NRW, § 5 FStrG), wobei es in den hier näher untersuchten Fallgestaltungen i.d.R. die Gemeinde ist.

Als konkurrierende Rechtssubjekte kommen zum einen Private zum anderen aber auch öffentliche Unternehmen in Betracht. Sofern sich ein öffentliches Unternehmen an dem Wettbewerb beteiligt, ist die tatsächliche Ausgangssituation insofern anders, als dieses Unternehmen typischerweise in einer wirtschaftlichen Nähebeziehung zum verteilenden Hoheitsträger steht. Dieser könnte deshalb geneigt sein, das öffentliche Unternehmen bei der Verteilung zu privilegieren. Ob bzw. inwiefern sich vor diesem Hintergrund durch die Beteiligung eines öffentlichen Unternehmens auch die rechtlichen Rahmenbedingungen der Verteilung verändern, soll unter C. genauer untersucht werden.

2. *Knappheit und knappheitsbedingte Konkurrenzsituation*

Konstitutives Merkmal einer Verteilungssituation ist die knappheitsbedingte Konkurrenzsituation.[145] Voraussetzung ist also zum einen die Knappheit des Verteilungsobjekts und zum anderen, dass daraus eine Konkurrenzsituation entsteht, die die Verwaltung zur Auswahl eines Bewerbers zwingt.

Knapp ist ein Gut immer dann, wenn es nicht in ausreichender Menge vorhanden ist, wenn also m.a.W. die verfügbare Menge nicht ausreicht, um allen interessierten Personen das Gut zuzuteilen.[146] Erforderlich ist demnach, dass die Verfügbarkeit des Gutes begrenzt ist. Nur dann kann es dazu kommen, dass die verfügbare Menge nicht ausreicht, um den Bedarf zu decken. Dabei lassen sich anknüpfend an den Grund der begrenzten Verfügbarkeit zwei Formen von Knappheit unterscheiden: Einerseits die natürliche und andererseits die gewillkürte Knappheit.[147]

Im Falle der natürlichen Knappheit ist das Gut schon seiner Natur nach nur in begrenztem Maße vorhanden.[148] Bleibt die verfügbare Menge hinter dem Bedarf zurück, so kommt es zur Knappheit, die eben vor dem Hintergrund der

---

145 *Wollenschläger*, Verteilungsverfahren, 2010, S. 2.

146 Zum Knappheitsbegriff siehe auch *Kloepfer/Reinert*, in: Gethmann/ders./dies., Verteilungsgerechtigkeit im Umweltstaat, 1995, S. 23 (25 ff.).

147 Ausführlich *Kupfer*, Die Verteilung knapper Ressourcen im Wirtschaftsverwaltungsrecht, 2005, S. 103 ff.; siehe auch *Zuck*, Auswahl- und Verteilungsentscheidungen beim Bewerberüberhang, 1994, S. 9.

148 *Kupfer*, Die Verteilung knapper Ressourcen im Wirtschaftsverwaltungsrecht, 2005, S. 105; *Zuck*, Auswahl- und Verteilungsentscheidungen beim Bewerberüberhang, 1994, S. 9.

natürlich begrenzten Verfügbarkeit des Gutes auch als „natürliche Knappheit" bezeichnet wird.

Im Gegensatz dazu wird bei der gewillkürten Knappheit die Anzahl der verfügbaren Güter ganz gezielt durch den Staat beschränkt.[149] Dies kann Güter betreffen, deren Verfügbarkeit schon der Natur nach begrenzt ist und insofern ihre verfügbare Menge nur noch weiter verringert wird, ggf. sogar auch Güter, die bereits natürlich knapp sind, also deren verfügbare Menge auch schon ohne staatliche Begrenzung nicht ausreichen würde, um den Bedarf zu decken, und deren Knappheit dann also nur noch weiter verschärft wird. Darüber hinaus kann sich die Beschränkung aber auch auf solche Güter beziehen, die grds. unendlich verfügbar oder zumindest vermehrbar sind. Reicht in all diesen Fällen die hoheitlich festgelegte Zahl der verfügbaren Güter nicht aus, handelt es sich um gewillkürte Knappheit.

Der entscheidende Unterschied zwischen natürlicher und gewillkürter Knappheit liegt demnach darin, dass im Falle der natürlichen Knappheit die verfügbare Menge schon aus sich heraus nicht ausreichend ist, bei der gewillkürten Knappheit dagegen die konkrete Verfügbarkeit des betreffenden Gutes durch eine staatliche Maßnahme festgelegt wird und insofern die daraus resultierende Knappheit staatlich verursacht ist. Im Falle der gewillkürten Knappheit ist deshalb nicht nur die Verteilung des knappen Gutes, sondern grds. auch die Maßnahme, die die Verfügbarkeit (weiter) begrenzt, rechtlich überprüfbar. Bei der natürlichen Knappheit fehlt es dagegen an einem diesbezüglichen staatlichen Verhalten, das überhaupt erst Gegenstand einer solchen Überprüfung sein könnte.

Nimmt man nun den öffentlichen Straßenraum in den Blick, so müssen zwei Konstellationen unterschieden werden: Konkurrieren mehrere Bewerber um einen bestimmten oder mehrere bestimmte Räume, die in ihrer Anzahl bereits ohne staatliches Zutun nicht ausreichen, um den Bedarf zu decken, so handelt es sich um einen Fall der natürlichen Knappheit. Wird dagegen die Anzahl der Räume, die aufgrund ihrer spezifischen Eigenheiten in Frage kämen, durch eine staatliche Maßnahme (weiter) begrenzt, ist die daraus resultierende Knappheit gewillkürt.

Konkurrieren beispielsweise zwei Gastronomen um eine vor ihren Restaurants befindliche Straßenfläche, so ist diese Fläche, weil sie naturgemäß nur

---

149 Vgl. *Kupfer*, Die Verteilung knapper Ressourcen im Wirtschaftsverwaltungsrecht, 2005, S. 105; *Zuck*, Auswahl- und Verteilungsentscheidungen beim Bewerberüberhang, 1994, S. 10 f.

einmal vorhanden ist, natürlich knapp. Etwa für Werbeanlagen oder Abfallcontainer kommt dagegen oftmals eine Vielzahl an Flächen im Gemeindegebiet in Frage. Um eine Übermöblierung des öffentlichen Straßenraums durch diese Gegenstände zu verhindern, werden aber die Flächen, die auch tatsächlich in Anspruch genommen werden dürfen, i.d.R. durch die Gemeinde zahlenmäßig begrenzt. Während dies für Werbeanlagen üblicherweise im Rahmen der Sondernutzungssatzung geschieht,[150] werden die Flächen für Alttextilcontainer vielerorts durch eine ermessenslenkende Verwaltungsvorschrift (sog. Standortkonzept) beschränkt.

Gegen die Satzung kann dabei im Wege einer Normenkontrolle nach § 47 Abs. 1 Nr. 2 VwGO vorgegangen werden, sofern das jeweilige Landesrecht dies bestimmt (z.B. in NRW durch § 109a JustG NRW). Dabei setzt die Antragsbefugnis voraus, dass die Möglichkeit der (drohenden) Verletzung eines subjektiven Rechts besteht, welches hier in Art. 12 Abs. 1 GG zu sehen ist. Rechtsschutz gegen Verwaltungsvorschriften ist dagegen grds. nicht möglich. Bei ihnen handelt es sich um verwaltungsinterne Regelungen, die keine unmittelbare Außenwirkung im Verhältnis zum Bürger entfalten.[151] Ihre mittelbare Außenwirkung wird nach herrschender Auffassung nur über den Allgemeinen Gleichheitssatz hergestellt, dessen Verletzung aber hinsichtlich der Beschränkung der Stellflächen nicht in Frage kommt, da durch diese die Bewerber nicht ungleich behandelt werden.[152] Die Begrenzung der Stellflächen kann daher nur gerügt werden, wenn gegen die versagte oder nicht wie beantragt erteilte Sondernutzungserlaubnis vorgegangen werden soll.

Sofern die Zahl der verfügbaren Straßenflächen nicht ausreicht, um den Bedarf zu decken, und infolgedessen nicht alle Bewerber bei der Zuteilung berücksichtigt werden können, kommt es zur knappheitsbedingten Konkurrenzsituation. Dabei entsteht die Konkurrenz, die die Behörde tatsächlich auch zu einer Auswahlentscheidung zwingt, aber nur dann, wenn mehrere Personen auch einen Anspruch auf die Erteilung der Erlaubnis haben. Nur dann kann die Verwaltung nicht auch aus anderen Gründen die Zuteilung verweigern mit der Folge, dass sie tatsächlich auch eine Auswahl unter mehreren gleichberechtigten Bewerbern treffen muss. Dies ist hier insofern nicht unproblematisch, als die Erteilung von Sondernutzungserlaubnissen grds. im behördlichen Ermessen

---

150 Siehe etwa § 5 Abs. 2 der Sondernutzungs-Mustersatzung des Städte- und Gemeindebunds NRW, abgedruckt in Städte- und Gemeinderat 3/2008, 17 (18).

151 *Maurer/Waldhoff*, Allgemeines Verwaltungsrecht, 2020, § 24, Rn. 22.

152 *Maurer/Waldhoff*, Allgemeines Verwaltungsrecht, 2020, § 24, Rn. 26 ff.

steht. Zu einer Verteilungssituation kann es daher im Grunde nur dann kommen, wenn für mehrere gleichgerichtete Anträge das Ermessen auf Null reduziert ist.[153]

3. *Abgrenzung zur schlichten Zuteilung*

Dabei ist die Verteilung von Sondernutzungsrechten von ihrer schlichten Zuteilung zu unterscheiden.[154] Auch nur zuzuteilende Güter können in nur begrenztem Umfang vorhanden sein und daher ebenfalls mit fortschreitender Auskehr knapp werden. Im Falle der schlichten Zuteilung von Gütern werden die nacheinander gestellten Anträge in der Reihenfolge ihres Eingangs bearbeitet, solange bis das Gut erschöpfend zugewiesen wurde. Der Unterschied zur Verteilungssituation besteht darin, dass im Zeitpunkt der Zuteilung keine (knappheitsbedingte) Konkurrenzsituation vorlag.[155] Das zuteilende Rechtssubjekt war deshalb auch nicht gezwungen, eine Auswahl unter mehreren konkurrierenden Bewerbern zu treffen. Die Zuteilung des Gutes hing vielmehr nur davon ab, ob die einschlägigen Voraussetzungen erfüllt waren oder nicht. Und auch wenn sich später, also nachdem das Gut erschöpfend zugewiesen wurde, herausstellt, dass es nicht in ausreichender Menge vorhanden ist und deshalb gewissermaßen von Anfang an knapp war, so ändert dies nichts daran, dass im Zeitpunkt der Zuteilung eben nicht mehrere Personen um das Gut konkurriert haben. Im maßgeblichen Zeitpunkt musste die zuständige Behörde nicht i.S.e. „Entweder-Oder" entscheiden, sondern bezogen auf den jeweiligen Antrag nur, ob sie ihm stattgibt oder nicht, und zwar ohne, dass dabei andere Anträge in irgendeiner Weise auf die Entscheidung Einfluss gehabt hätten. Mit der Bearbeitung der Anträge nach ihrem Eingang geht unterdessen zwangsläufig einher, dass die „zu spät" gekommenen Bewerber leer ausgehen müssen. Mangels Verteilungssituation war aber eine Verteilung des betreffenden Gutes nicht geboten.

Beispielsweise handelt es sich bei der Auskehr von Subventionen, für die üblicherweise nur eine bestimmte Summe aus dem Staatshaushalt zur Verfügung

153 Dazu noch genauer unter § 3A.II.2.b.)aa.).

154 Zur Abgrenzung von Ver- und Zuteilung siehe *Röhl*, in: Hoffmann-Riem/Schmidt-Aßmann/Voßkuhle, GVwR, 2012, Bd. 2, § 30, Rn. 11; *Wollenschläger*, Verteilungsverfahren, 2010, S. 4. Siehe auch *Hoffmann-Riem*, in: ders./Schmidt-Aßmann, Verwaltungsverfahren und Verwaltungsverfahrensgesetz, 2002, S. 9 (36); *Voßkuhle*, DV 32 (1999), 21 (26), der in diesem Zusammenhang von einer „verdeckten Umverteilungskonstellation" spricht.

155 *Wollenschläger*, Verteilungsverfahren, 2010, S. 4.

gestellt wird, um einen Zuteilungsvorgang, solange es nur im Zeitpunkt der Zuteilung an einer direkten Konkurrenzsituation fehlt.[156] Stellt sich, nachdem die bereit gestellten Gelder erschöpfend zugewiesen wurden, heraus, dass noch weitere Personen an ihr interessiert gewesen wären, war gleichwohl keine Verteilung erforderlich, weil im Zeitpunkt der Zuteilung keine knappheitsbedingte Konkurrenzsituation vorlag. Freilich gebietet Art. 3 Abs. 1 GG aber die Bekanntmachung ihrer Vergabe, wenn zu erwarten ist, dass die zur Verfügung gestellte Summe knapp werden wird. Ist dann die Bewerberanzahl so groß, dass nicht alle von ihnen begünstigt werden können, ist eine Verteilung vorzunehmen.

Im Hinblick auf Sondernutzungsrechte handelt es sich demnach um eine Zuteilung, wenn hinsichtlich einer oder mehrerer bestimmter Straßenflächen keine konkurrierenden Sondernutzungsbegehren an die zuständige Straßenbaubehörde herangetragen wurden. Maßgeblicher Beurteilungszeitpunkt ist dabei der Zeitpunkt, in dem die Sondernutzungserlaubnis erteilt wurde. Wurden bis dahin keine konkurrierenden Sondernutzungsanträge gestellt, bestand auch keine Verteilungssituation. Denkbar ist aber z.B., dass nach einer Erlaubniserteilung entsprechende Anträge gestellt werden. Für die bereits erteilte Erlaubnis hat dies aber deshalb keine Auswirkungen, weil sie gemessen an der im Zeitpunkt ihrer Erteilung geltenden Sach- und Rechtslage, die für die Beurteilung ihrer Rechtmäßigkeit maßgeblich ist,[157] rechtmäßig ergangen ist.[158] Zu diesem Zeitpunkt bestand ja gerade (noch) keine Verteilungssituation, weshalb auch keine Verteilung erfolgen musste. Die Erlaubnis kann daher auch nicht von Dritten angegriffen werden. Auch eine Rücknahme nach § 48 VwVfG NRW durch die Behörde selbst kommt insoweit nicht in Frage. Bei einer erneuten Erteilung der Erlaubnis, die vor dem Hintergrund, dass Sondernutzungserlaubnisse nur befristet oder auf Widerruf erteilt werden dürfen (§ 18 Abs. 2 S. 1 StrWG NRW), mit einiger Regelmäßigkeit zur Entscheidung anstehen dürfte, muss das konkurrierende Sondernutzungsbegehren aber, vorausgesetzt es besteht bis dahin fort,

---

156 Vgl. *Hoffmann-Riem*, in: ders./Schmidt-Aßmann, Verwaltungsverfahren und Verwaltungsverfahrensgesetz, 2002, S. 9 (36); *Röhl*, in: Hoffmann-Riem/Schmidt-Aßmann/Voßkuhle, GVwR, 2012, Bd. 2, § 30, Rn. 11.

157 Zur im Zeitpunkt des Erlasses eines Verwaltungsaktes geltenden Sach- und Rechtslage als maßgebliche Beurteilungsgrundlage für seine Rechtmäßigkeit siehe *Abel*, in: Bader/Ronellenfitsch, BeckOK VwVfG, Stand: 01.01.2021, § 49, Rn. 1.

158 Sie wird auch nicht durch die nachträgliche Veränderung der Sachlage rechtswidrig. Dies wäre nur der Fall, wenn die nachträgliche Veränderung zur Folge hätte, dass eine Aufhebungspflicht ausgelöst werden würde, siehe dazu *Schenke*, JuS 2019, 833 (837).

berücksichtigt werden, weil dann eine Verteilungssituation besteht, deren Auflösung den noch zu erörternden rechtlichen Maßgaben unterliegt.

II. Die Erlaubniserteilung als Verteilungsentscheidung

1. Erlaubnisverfahren

Für das Verfahren zur Erteilung einer Sondernutzungserlaubnis bzw. zum Abschluss eines entsprechenden öffentlich-rechtlichen Vertrags halten die Straßen- und Wegegesetze nur wenige Regelungen bereit.[159] Soweit es daher an speziellen straßenrechtlichen Vorgaben fehlt, kommen die allgemeinen Vorschriften zum Verwaltungsverfahren des jeweils einschlägigen VwVfG zur Anwendung (z.B. §§ 9 ff. VwVfG NRW). Dabei gilt gem. § 10 S. 1 VwVfG NRW, dass das Verfahren an bestimmte Formen nicht gebunden ist (Grundsatz der Nichtförmlichkeit des Verwaltungsverfahrens). Gem. § 10 S. 2 VwVfG NRW ist es ferner einfach, zweckmäßig und zügig durchzuführen. Im Übrigen aber steht die konkrete Verfahrensgestaltung im allgemeinen Verfahrensermessen der zuständigen Behörde, bei dessen Ausübung sie nach Maßgabe des § 40 VwVfG NRW die gesetzlichen Grenzen des Ermessens einzuhalten hat.[160]

Wenn aber nun mehrere Personen um ein Sondernutzungsrecht konkurrieren, so zeigt sich, dass das Standardverfahren der Verwaltungsverfahrensgesetze offensichtlich nicht auf solche mehrpoligen Rechtsverhältnisse zugeschnitten ist.[161] Dem Verfahren liegt vielmehr das Bild von der klassischen Eingriffsverwaltung zugrunde, das herkömmlicherweise von einer belastenden Maßnahme der Verwaltung ausgeht, gegen die sich ggf. der Bürger, in dessen Rechtssphäre eingegriffen wird, zur Wehr setzen will.[162] Ausgangspunkt des Standardverfahrens

---

159 Zu nennen sind hier z.B. das Zustimmungserfordernis der Straßenbaubehörde nach § 18 Abs. 1 S. 3 StrWG NRW oder die Verfahrensvorschriften zur Erteilung von Sondernutzungserlaubnissen für (stationsbasiertes) Carsharing (zu den Carsharing-Vorschriften siehe Fn. 135).

160 *Schmitz*, in: Stelkens/Bonk/Sachs, VwVfG, 2018, § 10, Rn. 16 f.; *Sennekamp*, in: Mann/ders./Uechtritz, VwVfG, 2019, § 10, Rn. 14.

161 *Gusy*, NJW 1988, 2505 (2510); siehe auch *Röhl*, in Hoffmann-Riem/Schmidt-Aßmann/ Voßkuhle, GVwR, 2012, Bd. 2, § 30, Rn. 11, 22.

162 *Malaviya*, Verteilungsentscheidungen und Verteilungsverfahren, 2009, S. 254; *Schneider*, in: Hoffmann-Riem/Schmidt-Aßmann/Voßkuhle, GVwR, 2012, Bd. 2, § 28, Rn. 163. Vgl. auch *Schmidt-Aßmann*, Das allgemeine Verwaltungsrecht als Ordnungsidee, 2006, Kap. 6, Rn. 139 f. („Insgesamt ist das zugrundegelegte Verfahrenskonzept des Verwaltungsverfahrensgesetzes das der klassischen gesetzesvollziehenden

ist also typischerweise das Bestehen einer bipolaren Beziehung zwischen Verwaltung und Bürger.[163] An dieser fehlt es aber gerade, wenn mehrere Personen um ein Sondernutzungsrecht konkurrieren, denn in diesen Fällen wird die Situation ja gerade dadurch geprägt, dass die Begünstigung des einen Bewerbers zwangsläufig auch die Benachteiligung aller anderen zur Folge hat. Dadurch wird die ursprünglich zweipolige Beziehung zwischen Verwaltung und Begünstigtem zu einem mindestens dreipoligen Beziehungsgeflecht zwischen Verwaltung, begünstigtem und benachteiligtem Bewerber. Diese Reflexwirkung aber lässt das Standardverfahren unberücksichtigt, denn nach seiner Konzeption bestehen die rechtlichen Beziehungen vielmehr nur zwischen der Verwaltung und dem jeweiligen Bewerber, also einerseits zwischen der Verwaltung und dem begünstigten und andererseits zwischen ihr und dem abgelehnten Bewerber.[164] Spezielle Regelungen, die ganz gezielt die Rückwirkungen des einen Verfahrens auf das jeweils andere aufgreifen, bestehen gerade nicht.

Fraglich ist daher, ob bzw. inwiefern die Belange der Konkurrenten auch in den parallel laufenden Verfahren, namentlich in dem des später begünstigten Bewerbers, Berücksichtigung finden können oder sogar müssen.

a.) Konkurrenten als Verfahrensbeteiligte?

Denkbar ist, dass den Konkurrenten als Verfahrensbeteiligte i.S.d. § 13 Abs. 1 VwVfG NRW bestimmte Verfahrensrechte, wie das Anhörungsrecht nach § 28 VwVfG NRW und das Akteneinsichtsrecht nach § 29 VwVfG NRW, zustehen.

Als Antragsgegner i.S.d. § 13 Abs. 1 Nr. 1 VwVfG NRW kommen sie zunächst nicht in Frage, weil diese Eigenschaft grds. nur diejenigen Personen erfüllen, in dessen Rechte nach dem Antrag des Antragstellers durch den von ihm begehrten Verwaltungsakt eingegriffen werden soll bzw. dessen Rechtsstellung er verändern soll (wie z.B., wenn der Eigentümer eines Grundstücks gegen seinen Nachbarn den Erlass einer Abrissverfügung erwirken will).[165] Die beantragte Sondernutzungserlaubnis ist aber gerade nicht darauf gerichtet, die Rechtsstellung der

---

Verwaltung.“, Rn. 140); *ders.*, in: Hoffmann-Riem/ders./Voßkuhle, GVwR, 2012, Bd. 2, § 27, Rn. 13 f.

163 *Gusy*, NJW 1988, 2505 (2510); *Malaviya*, Verteilungsentscheidungen und Verteilungsverfahren, 2009, S. 254; *Röhl*, in: Hoffmann-Riem/Schmidt-Aßmann/Voßkuhle, GVwR, 2012, Bd. 2, § 30, Rn. 10.

164 *Malaviya*, Verteilungsentscheidungen und Verteilungsverfahren, 2009, S. 255 f.

165 *Ramsauer*, in: Kopp/ders., VwVfG, 2020, § 13, Rn. 19; *Schmitz*, in: Stelkens/Bonk/Sachs, VwVfG, 2018, § 13, Rn. 19.

Konkurrenten zu beeinträchtigen, weshalb ihnen jedenfalls insofern kein Beteiligtenstatus zukommt.[166]

Denkbar ist aber weiter, dass sie Beteiligte i.S.d. § 13 Abs. 1 Nr. 4 VwVfG NRW sind, weil die zuständige Behörde sie nach § 13 Abs. 2 S. 2 VwVfG NRW auf ihre Anträge hin zum Verfahren hinzuziehen muss. Diese sog. notwendige Hinzuziehung setzt voraus, dass der Ausgang des Verfahrens für sie rechtsgestaltende Wirkung hätte, die im Allgemeinen immer dann anzunehmen ist, wenn durch die in Betracht kommende Entscheidung unmittelbar auch Rechte eines Dritten begründet, aufgehoben oder geändert werden würden (Hauptanwendungsfall ist der begünstigende Verwaltungsakt mit belastender Drittwirkung)[167].[168] Dagegen, dass die beantragte Sondernutzungserlaubnis für die Konkurrenten rechtsgestaltende Wirkung hat, spricht zunächst, dass die geforderte Unmittelbarkeit zumindest nicht in dem Sinne besteht, dass sich mit der Erteilung der Erlaubnis ihre Rechtsstellung automatisch, d.h. ohne, dass eine weitere behördliche Handlung erforderlich wäre, verändern würde. Deutlich wird dies vor allem dadurch, dass die nachträgliche Aufhebung der Erlaubnis nicht etwa bewirken würde, dass ursprünglich bestehende Rechte des Konkurrenten wiederaufleben würden. Hinzu kommt, dass § 13 Abs. 2 S. 1 VwVfG NRW eine fakultative Hinzuziehung für diejenigen vorsieht, deren „rechtliche Interessen“ durch den Ausgang des Verfahrens berührt werden können, was darauf hindeutet, dass bei Abs. 2 S. 2 eine qualifizierte Betroffenheit vorliegen muss. Gleichwohl führt die Erteilung der Erlaubnis aber dazu, dass die auf die Erteilung einer entsprechenden Erlaubnis gerichteten Anträge der Konkurrenten ab diesem Zeitpunkt auf etwas Unmögliches gerichtet sind, mit der Folge, dass ihre Anträge zwangsläufig abgelehnt werden müssten. Die Rechtsstellung der Konkurrenten würde sich zwar erst durch die Ablehnung ihrer Anträge verändern. Weil aber die Behörde angesichts der begrenzten Kapazität keine Entscheidungsalternative hat, kann auch schon der Erlaubniserteilung eine rechtsgestaltende Wirkung beigemessen werden. Mit dieser Argumentation müsste die zuständige Behörde

---

166 Vereinzelt wird vertreten, dass Antragsgegner auch der Konkurrent sei, dessen Position der Antragsteller begehrt, so *Ramsauer*, in: Kopp/ders., VwVfG, 2020, § 13, Rn. 20. Damit dürfte aber wohl nur die Situation gemeint sein, in der der Konkurrent schon die begehrte Rechtsposition innehat, die ihm nach dem Antrag des Antragstellers dann wieder entzogen werden soll. Die Ausgangslage ist hier also insofern anders, als die Bewerber noch um die Zuteilung des Sondernutzungsrechts konkurrieren.

167 *Schmitz*, in: Stelkens/Bonk/Sachs, VwVfG, 2018, § 13, Rn. 42.

168 *Ramsauer*, in: Kopp/ders., VwVfG, 2020, § 13, Rn. 39; *Schmitz*, in: Stelkens/Bonk/Sachs, VwVfG, 2018, § 13, Rn. 40.

die Konkurrenten auf ihre Anträge hin nach § 13 Abs. 2 S. 2 VwVfG NRW zum Verfahren hinzuziehen, wodurch sie Beteiligte i.S.d. § 13 Abs. 1 Nr. 4 VwVfG NRW werden würden.

Möglich bleibt zudem die Hinzuziehung nach Abs. 2 S. 1, die ebenfalls eine Beteiligtenstellung nach § 13 Abs. 1 Nr. 4 VwVfG NRW begründen würde, denn der Ausgang des Verfahrens berührt zweifelsohne auch die rechtlichen Interessen der Konkurrenten (sog. einfache Hinzuziehung). In diesem Fall steht die Hinzuziehung aber im Ermessen der Behörde.

Zu beachten ist allerdings, dass die mit einer Beteiligtenstellung verbundenen Verfahrensrechte nicht besonders weitreichend sind. So dürften das Anhörungsrecht und das Akteneinsichtsrecht nur unwesentlich zu einem effektiven Schutz der Konkurrenten beitragen.[169] Denn sie machen weder eine besondere Strukturierung oder Formalisierung des Verfahrens erforderlich, wodurch tendenziell eher sichergestellt wäre, dass den Belangen der Konkurrenten hinreichend Rechnung getragen werden würde, noch erzeugen sie bei der zuständigen Behörde einen erhöhten Rechtfertigungsdruck hinsichtlich der Auswahlentscheidung.

b.) Verfahrensermessen

Die Konkurrenzsituation bzw. die Belange der Konkurrenten sind aber bei der Ausübung des Verfahrensermessens zu berücksichtigen. Denn die bei der Erteilung einer Sondernutzungserlaubnis vorzunehmende Auswahlentscheidung berührt den aus Art. 3 Abs. 1 GG abzuleitenden Anspruch der Konkurrenten auf eine sachgerechte Bewerberauswahl.[170] Aus Art. 3 Abs. 1 GG und bei binnenmarktrelevanten Sachverhalten auch aus Art. 56 AEUV ergeben sich bestimmte Anforderungen, denen das Auswahlverfahren genügen muss.[171]

Soweit also die Gestaltung des Verfahrens im Ermessen der zuständigen Behörde steht und sie dabei nach Maßgabe des § 40 VwVfG NRW die gesetzlichen Grenzen des Ermessens einzuhalten hat, gilt dies auch mit Blick auf die Grenzen, die namentlich durch Art. 3 Abs. 1 GG gezogen werden. Die zuständige Behörde muss das Verfahren so durchführen, dass den Verfahrensanforderungen aus Art. 3 Abs. 1 GG hinreichend Rechnung getragen wird.[172] Andernfalls würde sie ihr Verfahrensermessen fehlerhaft ausüben, wodurch die Sondernutzungserlaubnis formell rechtswidrig werden würde – jedenfalls soweit keine Heilung

169 Vgl. *Huber*, Konkurrenzschutz im Verwaltungsrecht, 1991, S. 77.
170 Ausführlich dazu später unter § 3B.I.
171 Zu den unionsrechtlichen Maßgaben siehe § 3B.II.
172 Dazu im Einzelnen § 3B.I.2.a.)bb.)(2).

nach § 45 VwVfG NRW in Betracht käme.[173] Das Verfahrensermessen dient hier also als Einfallstor für die grundrechtlichen Belange der Konkurrenten. Auch im eigentlich nicht auf mehrpolige Konkurrenzsituationen ausgerichteten Standardverfahren kann daher den gleichheitsrechtlich fundierten Ansprüchen der Bewerber Rechnung getragen werden, wenngleich die Kodifizierung bestimmter Verfahrensanforderungen für Verteilungsverfahren durch den Gesetzgeber jedenfalls wünschenswert wäre.[174]

2. *Materielles Ermessen*

Aber nicht nur die Gestaltung des Verfahrens, sondern auch die eigentliche Entscheidung über die Erteilung der Sondernutzungserlaubnis steht im pflichtgemäßen Ermessen der zuständigen Behörde.[175] Insofern haben die Antragsteller grds. einen Anspruch auf ermessensfehlerfreie Entscheidung. Die Erteilung der Erlaubnis können sie demgegenüber nur verlangen, wenn das Ermessen auch auf Null reduziert ist.

a.) Zulässige Ermessenserwägungen

Eine fehlerfreie Ermessenausübung setzt dabei nach Maßgabe des § 40 VwVfG NRW voraus, dass die zuständige Behörde ihr Ermessen entsprechend dem Zweck der Ermächtigung ausübt und die gesetzlichen Grenzen des Ermessens einhält. Die Ermessensentscheidung muss ihre Rechtfertigung im Gesetzeszweck

---

173 Vgl. *Hill*, NVwZ 1985, 449 (452).

174 Zur Erforderlichkeit gesetzlicher Ausgestaltung siehe *Wollenschläger*, Verteilungsverfahren, 2010, S. 96 ff.

175 Dass die Erteilung einer straßenrechtlichen Sondernutzungserlaubnis im Ermessen der zuständigen Behörde steht, ergibt sich bei der bundesrechtlichen sowie bei den meisten landesrechtlichen Vorschriften nicht explizit aus dem Wortlaut. So enthält beispielsweise weder § 8 Abs. 1 S. 1, 2 FStrG noch § 18 Abs. 1 S. 1, 2 StrWG NRW das für eine Ermessensvorschrift typische „kann“. Dennoch folgt aus dem Sinn und Zweck dieser Vorschriften, dass die Erteilung einer Sondernutzungserlaubnis im Ermessen der zuständigen Behörde stehen muss. Durch den beispielsweise in § 8 Abs. 1 S. 2 FStrG und § 18 Abs. 1 S. 2 StrWG NRW normierten Erlaubnisvorbehalt soll es der zuständigen Behörde ermöglicht werden, unter Berücksichtigung der Umstände des Einzelfalls die beabsichtigte Sondernutzung bewerten und auf der Grundlage dieser Bewertung die Sondernutzung legalisieren zu können oder nicht. Hätte der Antragsteller einen Anspruch auf die Erteilung der Erlaubnis, könnte eine Bewertung im Einzelfall nicht stattfinden. So auch *Grupp*, in: Marschall, FStrG, 2012, § 8, Rn. 8.

und der vom Gesetzgeber gewollten Ordnung finden.[176] Speziell für die Erteilung einer straßenrechtlichen Sondernutzungserlaubnis bedeutet dies, dass die zuständige Behörde nur solche Belange in ihr Ermessen einstellen darf, die einen sachlichen Bezug zur Straße haben.[177] In diesem Zusammenhang differenzieren Rechtsprechung und Literatur zwischen straßenrechtlichen Belangen im engeren und solchen im weiteren Sinne.

Zu den straßenrechtlichen Belangen im engeren Sinne zählen in erster Linie diejenigen Gesichtspunkte, die den Straßenverkehr oder den Straßenzustand betreffen. Dazu gehören namentlich der Schutz der Sicherheit und Leichtigkeit des Verkehrs, die Gewährleistung eines störungsfreien Gemeingebrauchs sowie der Schutz des Straßengrundes und sonstiger Straßenanlagen.[178]

Straßenrechtliche Belange im weiteren Sinne sind städtebauliche i.S.v. baugestalterischen und baupflegerischen Aspekten, solange sie noch einen Bezug zur Straße erkennen lassen,[179] wie etwa der Schutz eines bestimmten Straßen- oder Platzbildes oder die Verhinderung einer sog. Übermöblierung des

---

176 Vgl. BVerwG, Urt. v. 15.12.1981 – 1 C 145/80, Rn. 15, juris; *Ramsauer*, in: Kopp/ders., VwVfG, 2020, § 40, Rn. 77.

177 Statt vieler siehe dazu *Axer*, in: Schoch, Besonderes Verwaltungsrecht, 2018, Kap. 6, Rn. 115; *Dietz*, AöR 133 (2008), 556 (574). Siehe auch *Ramsauer*, in: Kopp/ders., VwVfG, 2020, § 40, Rn. 79: „Zulässig und geboten ist danach zB bei der Entscheidung über die Erteilung einer Sondernutzungserlaubnis nach Straßen- und Wegerecht die Berücksichtigung aller verkehrsbezogenen Gesichtspunkte […], nicht dagegen auch von sonstigen öffentlichen oder privaten Interessen […].“ Aus der Rechtsprechung siehe beispielhaft OVG Münster, Beschl. v. 01.07.2014 – 11 A 1081/12, Rn. 8, juris: „Die behördliche Ermessensausübung bei der Erteilung einer Sondernutzungserlaubnis hat sich nach der ständigen Rechtsprechung des Senats an Gründen zu orientieren, die einen sachlichen Bezug zur Straße haben. Zu diesen Gründen können insbesondere zählen ein einwandfreier Straßenzustand (Schutz des Straßengrundes und des Zubehörs), die Sicherheit und Leichtigkeit des Verkehrs, der Ausgleich zeitlich und örtlich gegenläufiger Interessen verschiedener Straßenbenutzer und Straßenanlieger (etwa Schutz vor Abgasen, Lärm oder sonstigen Störungen) oder Belange des Straßen- und Stadtbildes, d. h. baugestalterische oder städtebauliche Vorstellungen mit Bezug zur Straße und auf Grund eines konkreten Gestaltungskonzeptes (Vermeidung einer “Übermöblierung” des öffentlichen Straßenraumes, Schutz eines bestimmten Straßen- oder Platzbildes und Ähnliches).“

178 *Axer*, in: Schoch, Besonderes Verwaltungsrecht, 2018, Kap. 6, Rn. 114; *Dietz*, AöR 133 (2008), 556 (575 ff.).

179 *Axer*, in: Schoch, Besonderes Verwaltungsrecht, 2018, Kap. 6, Rn. 115; *Dietz*, AöR 133 (2008), 556 (576 f.).

Straßenraums. Auf solche Belange kann sich die zuständige Behörde aber nur dann stützen, wenn ihre städtebauliche Argumentation mit den planerischen Vorstellungen der Gemeinde vereinbar ist. Erforderlich ist dabei, dass die Gemeinde ihre Vorstellungen zuvor in einem konkreten Gestaltungskonzept (etwa einer vom Gemeinderat beschlossenen Satzung oder Richtlinie) zum Ausdruck gebracht hat.[180] Denn ohne dieses Erfordernis wäre die städtebauliche Argumentation der Behörde nicht überprüfbar. Das Gestaltungskonzept dient also als Prüfungsmaßstab.

Grds. keinen sachlichen Bezug zur Straße haben dagegen etwa rein bauordnungsrechtliche, gaststättenrechtliche, gewerberechtliche oder fiskalische Belange.[181] Dasselbe gilt für Belange des Umweltrechts, namentlich des Immissionsschutz- oder Abfallrechts.[182] Gegen die Einbeziehung derartiger Erwägungen

---

180 Siehe etwa OVG Münster, Beschl. v. 01.07.2014 – 11 A 1081/12, Rn. 8 m.w.N., juris; VGH Mannheim, Urt. v. 18.03.2014 – 5 S 348/13, Rn. 36 m.w.N., juris; *Axer*, in: Schoch, Besonderes Verwaltungsrecht, 2018, Kap. 6, Rn. 115; *Schoch*, Jura 2013, 911 (919).

181 Siehe dazu *Dietz*, AöR 133 (2008), 556 (575): „Ausgehend von der Zielsetzung des Straßenrechts […] können in die straßenrechtliche Beurteilung der Verträglichkeit einer Sondernutzung nur Belange mit Bezug zur Straße eingestellt werden. Weitere berührte Bereiche des öffentlichen Rechts […] sind gesondert zu prüfen und verwaltungstechnisch umzusetzen." Zur Einbeziehung presserechtlicher Erwägungen siehe VG Hamburg, Beschl. v. 02.04.2001 – 7 VG 1186/01, Rn. 3, juris, nach dessen Auffassung solche Erwägungen eine ablehnende Entscheidung über die Erlaubniserteilung nicht tragen können, weil sie in keinem Zusammenhang mit wegerechtlichen Überlegungen stehen.

182 *Dietz*, AöR 133 (2008), 556 (575); *Axer*, in: Schoch, Besonderes Verwaltungsrecht, 2018, Kap. 6, Rn. 115. A.A. aber das VG Berlin, Urt. v. 14.05.2009 – 1 A 417.08, Rn. 14, 20, juris, und in Bestätigung dieses Urteils auch das OVG Berlin-Brandenburg, Urt. v. 03.11.2011 – OVG 1 B 65.10, Rn. 18 ff., juris. Nach § 11 Abs. 2 S. 1 BerlStrG, um dessen Auslegung es in diesen Entscheidungen geht, soll die Sondernutzungserlaubnis i.d.R. erteilt werden, wenn überwiegende öffentliche Interessen der Sondernutzung nicht entgegenstehen oder ihnen durch Nebenbestimmungen zur Erlaubnis entsprochen werden kann. Sowohl das VG Berlin als auch das OVG Berlin-Brandenburg sind der Auffassung, dass zu den öffentlichen Interessen im Sinne dieser Vorschrift auch der Klimaschutz zählt. Diese Auffassung kann allerdings nicht überzeugen. Auch bei § 11 Abs. 2 S. 1 BerlStrG hat sich die zuständige Behörde nach Maßgabe des § 1 Abs. 1 BerlVwVfG i.V.m. § 40 VwVfG am straßenrechtlichen Zweck der Vorschrift zu orientieren. Dieser steht der Einbeziehung von Erwägungen des Klimaschutzes aber gerade entgegen. Ihnen fehlt nämlich der erforderliche straßenrechtliche Bezug. So auch *Ingold*, GewArch 2010, 89 (92 f.).

spricht aber nicht nur der straßenrechtliche Zweck der Ermessensvorschrift. Vielmehr stehen ihr regelmäßig auch kompetenzrechtliche Gründe entgegen. So dürfen die für die Erteilung einer Sondernutzungserlaubnis zuständigen Straßenbaubehörden z.B. keine ordnungsrechtlichen Gesichtspunkte berücksichtigen, weil deren Beurteilung nicht in ihren, sondern in den Aufgabenbereich der Ordnungsbehörden fällt.[183] In ordnungsrechtlich relevanten Sachverhalten ist die Straßenbaubehörde daher gehalten, die zuständige Ordnungsbehörde zu informieren, damit diese ggf. die notwendigen Maßnahmen ergreifen kann.[184]

Darf demnach der Antrag auf Erteilung einer Sondernutzungserlaubnis nur mit straßenrechtlichen Erwägungen abgelehnt werden, so gilt dies selbstverständlich auch für die Anträge, die auf die Legalisierung einer kommerziellen Straßenbenutzung gerichtet sind.[185]

b.) Ermessensausübung in straßenrechtlichen Verteilungssituationen

aa.) Ermessensreduzierung auf Null als Voraussetzung für die Entstehung der Verteilungssituation

Dass die Sondernutzungsanträge nur mit straßenrechtlichen Erwägungen abgelehnt werden dürfen, bedeutet aber noch nicht, dass auch bei einer straßenrechtlichen Verteilungsentscheidung nur straßenrechtliche Belange zugrunde gelegt werden dürfen. Denn der Umstand, dass die Erlaubniserteilung im Ermessen der zuständigen Straßenbaubehörde steht, hat zunächst einmal Auswirkungen auf die Frage, ob es überhaupt zu einer Verteilungssituation kommt. Eine

---

183 *Axer*, in: Schoch, Besonderes Verwaltungsrecht, 2018, Kap. 6, Rn. 116; *Herber*, in: Kodal, Straßenrecht, 2021, Kap. 26, Rn. 36.

184 *Herber*, in: Kodal, Straßenrecht, 2021, Kap. 26, Rn. 36; *Schoch*, Jura 2013, 911 (919) mit Verweis auf OVG Münster, Beschl. v. 08.06.2012 – 11 B 694/12, Rn. 8, juris; VG Hamburg, Beschl. v. 02.04.2001 – 7 VG 1186/01, Rn. 6, juris; siehe auch *Schmidt*, NVwZ 1985, 167 (169 f.).

185 Deshalb kann die zuständige Behörde einen entsprechenden Antrag zwar z.B. mit der Begründung ablehnen, dass mit der kommerziellen Tätigkeit Gefahren für die Sicherheit und Leichtigkeit des Verkehrs verbunden wären oder dass sie sich nicht in das gewünschte Straßen- oder Platzbild einfügen würde. Unzulässig ist es hingegen, wenn die Behörde den Antrag abschlägig bescheidet, weil sie einem kommunalen Unternehmen die Durchführung der Tätigkeit überlassen will, denn dies ist kein straßenrechtlicher Belang. In diesem Fall stellt sich die Situation vielmehr als Konkurrenzsituation zwischen einem privaten Antragsteller und einem kommunalen Unternehmen dar, die nach den dafür geltenden Maßgaben aufgelöst werden muss. Siehe dazu § 3C.

Verteilungssituation entsteht nämlich immer erst dann, wenn mehrere Bewerber konkurrierende Ansprüche auf die Zuteilung eines Gutes geltend machen. Mehrere gleich gerichtete Ansprüche auf ermessensfehlerfreie Entscheidungen, wie sie grds. bei der Erteilung einer Sondernutzungserlaubnis bestehen, reichen hingegen nicht aus.[186] Wer schon unter „normalen" Umständen keinen Anspruch auf die Erlaubniserteilung hat, kann die Zuteilung auch nicht in einer Konkurrenzsituation verlangen.[187] Dementsprechend dürfen bei der Bewerberauswahl grds. immer nur diejenigen Personen berücksichtigt werden, denen auch ein Anspruch auf die Erteilung der Erlaubnis zustehen würde.

Liegt aber die Erteilung im Ermessen der Straßenbaubehörde, so kann ein entsprechender Anspruch nur entstehen, wenn das Ermessen derart auf Null reduziert ist, dass als einzige ermessensfehlerfreie Entscheidung die Erlaubniserteilung verbleibt.[188] Entscheidend ist also, dass ein auf Erlaubniserteilung gerichteter Antrag nicht ermessensfehlerfrei abgelehnt werden kann. Dabei darf die Ermessensausübung entsprechend § 40 VwVfG NRW nur auf solchen Erwägungen beruhen, die einen straßenrechtlichen Bezug aufweisen. Das Ermessen ist deshalb grds. immer dann auf Null reduziert, wenn kein straßenrechtlicher Belang eine Ablehnung tragen kann, die beabsichtigte Straßenbenutzung also sowohl für den Straßenverkehr und -zustand als auch aus städtebaulicher Sicht unbedenklich ist.[189]

I.d.R. ist es aber so, dass das Ermessen, das – im Falle konkurrierender Anträge – zunächst für jeden einzelnen Antrag gesondert und ohne Rücksicht auf die anderen Anträge ausgeübt werden muss (die gegenseitige Inbezugnahme bzw. der Vergleich der einzelnen Anträge untereinander würde nämlich erst bei der Verteilung relevant werden), nicht auf Null reduziert ist.

Allerdings sind die einzelnen Anträge häufig inhaltlich (nahezu) identisch, sodass, wenn die Straßenbaubehörde einen der Anträge als straßenrechtlich unbedenklich einstufen und ihm stattgeben wollte, sie wegen Art. 3 Abs. 1 GG auch den übrigen inhaltlich gleichen Anträgen stattgeben müsste. Wollen alle Bewerber den betreffenden Straßenraum in derselben Art und Weise und zum

186 Siehe § 3A.I.2 a.E.

187 Dazu siehe bereits oben unter § 3A.I.2.

188 Vgl. *Aschke*, in: Bader/Ronellenfitsch, BeckOK VwVfG, Stand: 01.01.2021, § 40, Rn. 72; *Ramsauer*, in: Kopp/ders., VwVfG, 2020, § 40, Rn. 61; *Sachs*, in: Stelkens/Bonk/ders., VwVfG, 2018, § 40, Rn. 137.

189 Vgl. *Ramsauer*, in: Kopp/ders., VwVfG, 2020, § 40, Rn. 63 („Ermessensreduzierung bei Alternativlosigkeit"); *Sachs*, in: Stelkens/Bonk/ders., VwVfG, 2018, § 40, Rn. 102a.

selben kommerziellen Zweck nutzen (entweder weil gerade nur diese Flächen für die jeweilige kommerzielle Benutzung besonders geeignet sind oder weil nur sie behördlicherseits für eine entsprechende Nutzung freigegeben wurden), sind auch die Auswirkungen der beabsichtigten Nutzungen auf die Sicherheit und Leichtigkeit des Verkehrs oder auf das Straßen- bzw. Platzbild für jeden Antrag gleich zu prognostizieren. Art. 3 Abs. 1 GG verbietet es der Straßenbaubehörde, die Anträge, die eine identische Sondernutzung zum Gegenstand haben, straßenrechtlich unterschiedlich zu behandeln. Wollen z.B. mehrere Abfallsammler an denselben Orten ihre Abfallcontainer aufstellen, so macht es aus straßenrechtlicher Sicht keinen Unterschied, ob dies durch Bewerber A oder durch Bewerber B geschehen würde. Die Straßenbaubehörde darf deshalb auch das hinsichtlich dieser Anträge bestehende Ermessen nicht unterschiedlich ausüben. In diesen Fällen unterscheiden sich die Anträge nur in der Person des Antragstellers, die aber grds. nicht von straßenrechtlicher Relevanz und dementsprechend auch nicht bei der Ermessensausübung zu berücksichtigen ist.[190] Das bedeutet, dass in dem Moment, in dem die Straßenbaubehörde einem der Bewerber die Sondernutzungserlaubnis erteilen würde, das Ermessen hinsichtlich der übrigen inhaltlich gleichen Anträge wegen Art. 3 Abs. 1 GG auf Null reduziert wäre. Dies hätte zur Folge, dass die übrigen Bewerber einen Anspruch auf Erlaubniserteilung hätten, dessen Durchsetzung nur die begrenzte Kapazität (bzw. der Umstand, dass die fraglichen Flächen schon einem anderen Bewerber zugewiesen wurden) entgegenstehen würde. Insofern handelt es sich gewissermaßen um eine vorgelagerte Verteilungssituation, die aber nicht anders behandelt werden kann als eine Verteilungssituation, bei der die konkurrierenden Ansprüche bereits entstanden sind. Denn auch in diesen Fällen ist die Straßenbaubehörde gezwungen, unter mehreren gleichberechtigten Bewerbern die für eine Verteilungssituation charakteristische Auswahlentscheidung zu treffen.

---

190 So ist z.B. die Zuverlässigkeit des Antragstellers grds. kein straßenrechtlicher Belang, OVG Münster, Urt. v. 16 06.2015 – 11 A 1131/13, Rn. 44, juris („Etwas anderes kann im Einzelfall ausnahmsweise dann gelten, wenn die Behörde die Ablehnung der Erteilung einer Sondernutzungserlaubnis etwa auf den straßenbezogenen Gesichtspunkt stützt, die Sicherheit des Straßenverkehrs sei im Falle der Erteilung der Erlaubnis an den betreffenden Antragsteller mit Blick auf dessen Verhalten nicht gewährleistet. Allerdings ist eine Berufung darauf in der Regel nur dann gerechtfertigt, wenn konkrete Anhaltspunkte dafür vorliegen, dass der betreffende Antragsteller sich nicht an etwaige mit der Sondernutzungserlaubnis verbundene Auflagen oder Bedingungen halten wird.“).

Wenn nun in diesen Situationen die Straßenbaubehörde entscheidet, wie es häufig der Fall ist, dass derjenige, der zuerst den Antrag gestellt hat, die Sondernutzungserlaubnis erhalten soll, so ist dies nicht mehr Teil der straßenrechtlichen Bewertung der Sondernutzungen, sondern betrifft dann schon die Verteilung der Erlaubnis (in diesem Fall nach Priorität).

Grds. denkbar, wenngleich aber die absolute Ausnahme, ist auch der Fall, dass die getrennt voneinander zu prüfenden Anträge, die zwar auf die Sondernutzung derselben Fläche gerichtet, inhaltlich aber nicht identisch sind, unabhängig voneinander nicht ermessensfehlerfrei abgelehnt werden können. In dieser Situation bestehen ebenfalls mehrere konkurrierende Ansprüche auf Erlaubniserteilung, sodass sich auch in diesen Fällen die Straßenbaubehörde entscheiden muss, wem unter allen anspruchsberechtigten Bewerbern sie das Sondernutzungsrecht zuteilt.

bb.) Auswahlermessen

Befindet sich die Straßenbaubehörde nun also in der Lage, unter allen gleich- bzw. anspruchsberechtigten Bewerbern eine Auswahl treffen zu müssen, so können diese von ihr verlangen, dass die Auswahl frei von Ermessensfehlern erfolgt. Wie bei jeder Ermessensentscheidung müssen auch bei dieser Auswahlentscheidung die gesetzlichen Grenzen des Ermessens eingehalten werden. Dabei sei an dieser Stelle aber noch einmal betont, dass es nun nicht mehr um die isolierte straßenrechtliche Bewertung der einzelnen Sondernutzungsbegehren, sondern nur noch um die Auswahl eines unter mehreren gleich- bzw. anspruchsberechtigten Bewerbern geht, die allesamt eine nach Einschätzung der Straßenbaubehörde straßenrechtlich vertretbare Sondernutzung begehren.

Die Straßenbaubehörde ist nun also gehalten, im Rahmen des ihr zustehenden Ermessens ein Kriterium zu bestimmen, auf dessen Grundlage die Auswahl vorgenommen werden soll. In Betracht kommen dabei einerseits formale und andererseits materielle Verteilungskriterien.[191] Während formale Verteilungskriterien sach- und wertneutral sind (so z.B. bei einer Verteilung nach Priorität oder Zufall oder auch einer abwechselnden Verteilung), knüpfen materielle Verteilungskriterien an sachlich-inhaltliche Aspekte an, wie etwa die Interessen und Bedürfnisse der Allgemeinheit oder die Geeignetheit zur Ausübung einer bestimmten Tätigkeit.[192] Im Unterschied zu formalen Verteilungskriterien, die

---

191 Siehe dazu ausführlich *Malaviya*, Verteilungsentscheidungen und Verteilungsverfahren, 2009, S. 134 ff. und *Wollenschläger*, Verteilungsverfahren, 2010, S. 554 ff.

192 *Malaviya*, Verteilungsentscheidungen und Verteilungsverfahren, 2009, S. 136.

keinen inhaltlichen Spielraum lassen, ist über materielle Verteilungskriterien eine Rückbindung an das Verteilungsthema möglich.[193] Über sie kann daher auch eine Verteilung der Sondernutzungsrechte mittels spezifisch straßenrechtlicher Kriterien erfolgen. So wird z.B. die Vergabe von Standplätzen für Abfallcontainer teilweise danach vorgenommen, wer von den Bewerbern in der Lage ist, sämtliche Abfallfraktionen zu sammeln (sog. Entsorgung aus einer Hand). Auf diese Weise könne der Überwachungsaufwand minimiert werden, weil es nur einen Verantwortlichen gebe. Dadurch sei auch die Sauberkeit der Straßen, ein straßenrechtlicher Belang, eher gewährleistet. Insoweit werden die einzelnen Anträge also nicht nur für sich genommen straßenrechtlich bewertet, sondern auch im Rahmen der daran anschließenden Auswahlentscheidung in straßenrechtlicher Hinsicht miteinander verglichen.

Dabei ist aber kein Grund dafür ersichtlich, warum das Verteilungskriterium zwingend auch straßenrechtlichen Bezug haben muss.[194] Denn bei der Verteilung werden ja ohnehin schon nur diejenigen Bewerber berücksichtigt, deren beabsichtigte Straßenbenutzung aus straßenrechtlicher Perspektive unbedenklich ist. Insofern fand also schon im Vorhinein eine straßenrechtliche Filterung statt, durch welche in gewisser Weise die Vorgaben des § 40 VwVfG NRW abgegolten wurden. Die endgültige Verteilungsentscheidung ist daher auch dann mit dem Zweck des § 18 Abs. 1 S. 1, 2 StrWG NRW vereinbar, wenn die eigentliche Verteilung nicht an ein (rein) straßenrechtliches Kriterium anknüpft. Im Übrigen muss sich die durch das Verteilungskriterium bewirkte Ungleichbehandlung ja auch immer noch am Maßstab des Art. 3 Abs. 1 GG messen lassen. Das bedeutet, dass das Kriterium zwar nicht unbedingt spezifisch straßenrechtlich sein muss, gleichwohl muss es aber doch auf einem sachlichen Grund beruhen und insoweit auch mit der betroffenen Materie verknüpft sein. Dementsprechend kann das Verteilungskriterium z.B. auch an tätigkeits- oder umweltbezogene Aspekte anknüpfen.

cc.) Zusammenfassung: Struktur der materiellen Ermessensentscheidung

Die von der Straßenbaubehörde zu treffende Entscheidung ist also in gewisser Weise zweistufig angelegt: Zuerst muss sie jedes Sondernutzungsbegehren für sich genommen straßenrechtlich bewerten, d.h. ohne sie dabei mit anderen zu vergleichen. Denn der Vergleich ist vielmehr erst Teil des Auswahlprozesses.

---

193 *Kupfer*, Die Verteilung knapper Ressourcen im Wirtschaftsverwaltungsrecht, 2005, S. 423.

194 A.A. OVG Münster, Urt. v. 16.06.2015 – 11 A 1131/13, Rn. 59, juris.

Sind auf der Basis dieser straßenrechtlichen Bewertung mehrere Bewerber gleich- oder anspruchsberechtigt, entsteht eine Verteilungssituation: Dann muss die Straßenbaubehörde einen Bewerber auswählen, dem sie das Sondernutzungsrecht zuteilen will. Bei dieser Auswahl hat sie das ihr zustehende Ermessen fehlerfrei auszuüben. Sofern ursprünglich – weil das Ermessen in mehreren Fällen auf Null reduziert war – mehrere Bewerber einen Anspruch auf Erlaubniserteilung hatten, wandelt sich dieser in einer Verteilungssituation wiederum zu einem Anspruch auf ermessensfehlerfreie Bewerberauswahl.

Vor diesem Hintergrund lässt sich dann auch die vielfach diskutierte Frage beantworten, ob bzw. inwieweit andere als straßenrechtliche Erwägungen der Ermessensentscheidung zugrunde gelegt werden dürfen. Bei der zunächst vorzunehmenden straßenrechtlichen Bewertung der Anträge, die auch für die Entstehung der Verteilungssituation entscheidend ist, dürfen gem. § 40 VwVfG NRW nur Erwägungen einbezogen werden, die einen Bezug zur Straße aufweisen. Geht es anschließend dann um die Auswahl eines Bewerbers, dürfen auch straßenferne Kriterien herangezogen werden, deren Anwendung aber namentlich verfassungsrechtlichen und ggf. auch unionsrechtlichen Anforderungen genügen muss.[195]

c.) Ermessensausübung im Falle eines öffentlichen Unternehmens als konkurrierendes Verteilungssubjekt

Nichts anderes gilt in der Situation, in der mindestens ein privates und ein öffentliches Unternehmen um das Sondernutzungsrecht konkurrieren. Auch in diesen Fällen muss die Straßenbaubehörde zweistufig vorgehen, also erst alle Anträge straßenrechtlich bewerten und dann im Falle mehrerer gleich- oder anspruchsberechtigter Bewerber eine Verteilung vornehmen. Das bedeutet, dass die Entstehung einer Verteilungssituation nicht schon dadurch verhindert wird, dass sie die Anträge privater Unternehmen mit der Begründung ablehnt, die betreffende Tätigkeit solle öffentlichen Unternehmen vorbehalten sein. Dies ist kein straßenrechtlicher Belang. Insofern ist es ihr nicht möglich, von vornherein bestimmte Sondernutzungen für öffentliche Unternehmen zu reservieren.

Anders ist die Situation hingegen zu beurteilen, wenn das Sondernutzungsrecht Teil einer Dienstleistungskonzession und damit eines Beschaffungsvorgangs ist. Denn bei der Vergabe einer Konzession kann die Kommune unter den Voraussetzungen des § 108 GWB ihre Eigengesellschaften privilegieren (sog. In-house-Geschäft im weiteren Sinne).[196] Im Übrigen ist sie aber auch

---

195 Dazu genauer § 3B.I.2.a.)bb.)(1) und § 3B.II.1.a.).

196 Siehe dazu § 4C.I.3.

nicht verpflichtet, bestimmte Leistungen am Markt zu beschaffen.[197] Vielmehr kann sie die ihr obliegenden Aufgaben auch mithilfe eigener Mittel erfüllen (Inhouse-Geschäft im engeren Sinne).[198]

Insoweit kann die Kommune also bestimmte Dienstleistungen, zu deren Ausführung die Sondernutzung des öffentlichen Straßenraums erforderlich ist, einem öffentlichen Unternehmen oder sich selbst vorbehalten. Dagegen ist die Frage, ob ein Sondernutzungsrecht ohne Beschaffungsbezug einem privaten oder öffentlichen Unternehmen zuzuteilen ist, die – weil sie den öffentlichen Straßenraum in derselben Weise nutzen wollen – grds. gleichberechtigt sind, vergaberechtlich irrelevant. Die Verteilung der Sondernutzungsrechte ist dann nur am Maßstab des Art. 3 Abs. 1 GG (ggf. noch am einschlägigen Unionsrecht) zu messen.[199] Das gewählte Verteilungskriterium muss den daraus abzuleitenden Anforderungen genügen. Wird also z.B. in einer Verteilungssituation einem öffentlichen Unternehmen das Sondernutzungsrecht mit der Begründung zugeteilt, es würde die betreffende Tätigkeit besser als alle anderen Bewerber ausüben, betrifft dies die Frage, ob dieses Kriterium Art. 3 Abs. 1 GG genügt und ob das öffentliche Unternehmen es tatsächlich am besten erfüllt.

d.) Unterschied zur klassischen Verteilungssituation und -entscheidung

Von der klassischen unterscheidet sich die straßenrechtliche Verteilungssituation dadurch, dass, anders als z.B. bei der Vergabe von Standplätzen auf Märkten oder Messen (§ 70 Abs. 1 GewO) oder beim Zugang zu öffentlichen Einrichtungen (§ 8 Abs. 2 GO NRW), auf die Erteilung einer Sondernutzungserlaubnis kein Anspruch besteht. Dort entsteht eine Verteilungssituation schon dann, wenn die Zahl der anspruchsberechtigten Bewerber die verfügbare Kapazität übersteigt. Hier hingegen muss die Straßenbaubehörde eine Auswahlentscheidung unter allen an der Sondernutzung interessierten Personen erst dann treffen, wenn sie entweder eine bestimmte Straßenfläche in der gleichen Weise benutzen wollen, diese Begehren deshalb wegen Art. 3 Abs. 1 GG auch gleich behandelt werden müssen und die Behörde aber in jedem Fall einen von ihnen begünstigen will, oder für mehrere inhaltlich verschiedene Anträge das Ermessen aus unterschiedlichen Gründen auf Null reduziert ist.

Zudem ist es bei den meisten Verteilungsentscheidungen so, dass sie offenkundig aus zwei verschiedenen Entscheidungen, der „generellen Eignungsprüfung“

---

197 § 4C.I.

198 § 4C.I.

199 § 3C.

und der daran anschließenden „eigentlichen Auswahlentscheidung", bestehen.[200] So wird z.B. bei der Vergabe von Standplätzen auf Märkten und Messen die „generelle Eignungsprüfung" durch § 70 Abs. 1 GewO vorgenommen, die eigentliche Auswahl erfolgt dann durch eine davon zu trennende behördliche Entscheidung. Hier hingegen ist diese Zweistufigkeit i.d.R. nicht sofort erkennbar, weil die Grenzen der „Vorprüfung" und der eigentlichen Auswahl miteinander verschwimmen. Dies hängt vor allem damit zusammen, dass es für die Vorauswahl keine gesetzlich festgelegten Parameter gibt und sie deshalb am Ende mit der eigentlichen Auswahlentscheidung in einer einheitlichen behördlichen Entscheidung zusammenfällt. Den nicht begünstigten Bewerbern dürfte diese Entscheidung daher zuweilen weniger transparent erscheinen, was u.U. auch zu weniger Akzeptanz führen kann.[201]

3. Zusammenfassung

Nach all dem bleibt nun festzuhalten, dass überall dort, wo der Straßenbaubehörde bei der Erteilung einer Sondernutzungserlaubnis Ermessen zusteht, auch die Frage nach den rechtlichen Anforderungen an ihre Verteilung virulent werden kann. Das Verfahrens- und das materielle Ermessen fungieren gewissermaßen als Einfallstore für die Rechte der konkurrierenden Bewerber, die auf diese Weise den Ermessensspielraum hinsichtlich der Ausgestaltung des Verteilungsverfahrens und der Wahl des Verteilungskriteriums begrenzen können. Das Ermessen muss so ausgeübt werden, dass das Recht der Konkurrenten auf sachgerechte Bewerberauswahl nicht verletzt wird. Gleichwohl verbleibt der Straßenbaubehörde bei der Auswahl aber immer noch ein gewisser Spielraum, dessen Grenzen im nächsten Abschnitt ermittelt werden sollen. Dabei wird dieser Spielraum als „Verteilungsermessen" bezeichnet, womit freilich nicht eine eigene Ermessenskategorie neben dem „normalen" behördlichen Ermessen gemeint

---

200 So die Terminologie bei *Voßkuhle*, in: Hoffmann-Riem/Schmidt-Aßmann, Verwaltungsverfahren und Verwaltungsverfahrensgesetz, 2002, S. 277 (290 ff., 308). *Malaviya*, Verteilungsentscheidungen und Verteilungsverfahren, 2009, S. 51 ff., spricht in diesem Zusammenhang von der abstrakt-generellen Auswahlentscheidung, durch welche zunächst der „Kreis derjenigen, die für eine Zuteilung überhaupt in Betracht kommen" bestimmt wird, und der konkret-individuellen Auswahlentscheidung, durch die bestimmt wird, „welchem oder welchen der nach den Zugangsvoraussetzungen grundsätzlich qualifizierten Interessenten das Gut zugeteilt wird."

201 Vgl. *Voßkuhle*, in: Hoffmann-Riem/Schmidt-Aßmann, Verwaltungsverfahren und Verwaltungsverfahrensgesetz, 2002, S. 277 (290 ff., 308).

ist, sondern vielmehr nur zum Ausdruck gebracht werden soll, dass sich das zu erörternde Ermessen gerade auf die Auswahl eines Bewerbers in der straßenrechtlichen Verteilungssituation bezieht. Dennoch kann es von der auf die rein straßenrechtliche Bewertung eines Sondernutzungsbegehrens gerichtete Ermessensausübung, das nachfolgend auch als „straßenrechtliches Ermessen" bezeichnet wird, unterschieden werden.

B. Rechtlicher Rahmen der Verteilung

Der geschilderte Verteilungskonflikt muss nun überwunden werden, indem sich die zuständige Behörde für einen Sondernutzungskandidaten entscheidet. Bei der Auswahl steht ihr, wie bereits erwähnt, Ermessen zu, welches aber durch das Verfassungsrecht und u.U. auch durch das Unions- und einfachgesetzliche Recht begrenzt wird.

Im Folgenden soll nun der rechtliche Rahmen, innerhalb welchem die Straßenbaubehörde ihr Verteilungsermessen auszuüben hat, genauer dargestellt werden. Es soll aufgezeigt werden, welchen Anforderungen die Gestaltung des Verteilungsverfahrens und die Wahl des Verteilungskriteriums unterliegen.

I. Verfassungsrechtlicher Rahmen

Im Allgemeinen wird die Frage, wie knappe Güter in einer Konkurrenzsituation zu verteilen sind, in erster Linie am gleichheitsrechtlichen Maßstab des Art. 3 Abs. 1 GG beurteilt. Dessen Anwendung ist nahe liegend, weil es sich bei der Begünstigung eines Bewerbers im Verhältnis zu allen anderen, nicht begünstigten Bewerbern um eine Ungleichbehandlung handelt, die deshalb nach Maßgabe des Art. 3 Abs. 1 GG der Rechtfertigung durch einen sachlichen Grund bedarf. Dementsprechend lässt sich aus dem Allgemeinen Gleichheitssatz der Anspruch aller Bewerber auf eine sachgerechte Bewerberauswahl ableiten. Sie können verlangen, dass die vorgenommene Differenzierung auf einem hinreichend tragfähigen sachlichen Grund beruht, wodurch namentlich entsprechende Anforderungen an das Verteilungskriterium und -verfahren statuiert werden.[202] Gleichheitsrechtlich unproblematisch ist indes, dass das Verteilungsobjekt angesichts seiner begrenzten Verfügbarkeit nicht allen Bewerbern zugeteilt werden kann, denn Art. 3 Abs. 1 GG gebietet ohnehin nicht die Gleichbehandlung aller einer Vergleichsgruppe angehörigen Personen, sondern vielmehr nur, dass ihre Ungleichbehandlung sachlich gerechtfertigt werden kann.

---

202 Dazu genauer unter § 3B.I.2.a.)bb.).

Aber auch wenn die Verteilung eines knappen Gutes vornehmlich am Maßstab des Art. 3 Abs. 1 GG zu messen ist, so bedeutet dies nicht, dass in diesem Zusammenhang nicht auch Freiheitsrechte betroffen sein könnten. Namentlich das sog. Kapazitätserschöpfungsgebot wird überwiegend aus dem betroffenen Freiheitsrecht abgeleitet.[203] So wird z.B. nach der Rechtsprechung des BVerfG ein hochschulreifer Bewerber, der keinen Studienplatz erhalten hat, in seinem Recht aus Art. 12 Abs. 1 GG verletzt, wenn dabei gleichzeitig freie Studienplätze ungenutzt bleiben.[204]

1. *Betroffene Grundrechtsfunktionen*

Typischerweise wird die Frage nach der sachgerechten Verteilung knapper Güter im Zusammenhang mit staatlichen Leistungen thematisiert. Dies dürfte vor allem darauf zurückzuführen sein, dass sich für sie diese Problematik in der Praxis besonders häufig stellt: So sind z.B. die öffentlichen Aufträge, öffentlichen Einrichtungen, Hochschulzulassungen oder auch die Standplätze auf den Märkten und Festen aus grundrechtsfunktionaler Sicht allesamt als staatliche Leistungen einzuordnen. Gleichwohl gibt es aber auch Verteilungsobjekte, wie z.B. die Taxikonzessionen, deren Vorenthaltung sich als Eingriff in den Schutzbereich der Berufsfreiheit darstellt und insofern abwehrrechtliche Relevanz entfaltet.[205]

Ausgehend von einer vorstaatlich gedachten Freiheitssphäre des Bürgers sind staatliche Leistungen auf die Erweiterung dieses Freiheitsbereichs gerichtet.[206] Während Freiheitsgrundrechte in ihrer Abwehrfunktion den natürlichen Freiheitsraum vor staatlichen Eingriffen schützen, tragen sie in ihrer Leistungsfunktion der Erkenntnis Rechnung, dass der Bürger die ihm gewährte Freiheit bisweilen nur dann ausüben kann, wenn der Staat die entsprechenden Voraussetzungen dafür schafft.[207] Freiheitsgrundrechte in ihrer Abwehrfunktion gewährleisten also die „Freiheit vom Staat“, während sie in ihrer Leistungsfunktion

---

203 BVerfG, Beschl. v. 09.04.1975 – 1 BvR 344/73 (Kapazitätsausnutzung (Studienplätze)), juris. Siehe auch *Kupfer*, Die Verteilung knapper Ressourcen im Wirtschaftsverwaltungsrecht, 2005, S. 343; *Malaviya*, Verteilungsentscheidungen und Verteilungsverfahren, 2009, S. 225 ff.

204 BVerfG, Beschl. v. 09.04.1975 – 1 BvR 344/73 (Kapazitätsausnutzung (Studienplätze)), juris.

205 Bei der Verteilung von Taxikonzessionen liegt das Hauptaugenmerk allerdings i.d.R. nicht auf den verfassungsrechtlichen Maßgaben, weil sie einfachgesetzlich geregelt ist.

206 *Murswiek*, in: Isensee/Kirchhof, HbdStR, 2011, Bd. 9, § 192, Rn. 28 ff.

207 *Rüfner*, in: Merten/Papier, HdbGr, 2006, Bd. 2, § 40, Rn. 3.

die „Freiheit durch den Staat" oder m.a.W. die „Freiheit mit Hilfe des Staates" garantieren.[208]

Innerhalb der Leistungsfunktion wird dabei weiter zwischen den sog. originären Leistungsrechten und den derivativen Teilhaberechten differenziert.[209] Originäre Leistungsansprüche, deren Bestehen bisher nur in äußerst wenigen Fällen angenommen wurde, zielen auf die (erstmalige) Schaffung bzw. Gewährung oder Erweiterung einer staatlichen Leistung.[210] Sie sind originär, weil sie sich nicht auf eine bereits bestehende Leistung beziehen, sondern aus sich heraus einen selbstständigen Anspruch auf Leistung begründen. Die derivativen Teilhabeansprüche sind demgegenüber auf die Partizipation an einer bereits vorhandenen staatlichen Leistung gerichtet.[211] Im Unterschied zu den originären Leistungsansprüchen setzen sie also eine vorangegangene staatliche Leistung voraus, auf welche sich dann der Teilhabeanspruch bezieht. In Konkurrenzsituationen gewähren sie einen Anspruch auf chancengleiche Teilhabe an der Leistung, der insofern also die Verteilungsproblematik aus grundrechtsfunktionaler Sicht aufgreift. Verortet wird er korrespondierend mit den Ausführungen zu den betroffenen Grundrechten bei Art. 3 Abs. 1 GG (ggf. i.V.m. dem einschlägigen Freiheitsrecht).[212]

Wenn aber die Teilhaberechte typischerweise nur im Zusammenhang mit staatlichen Leistungen gesehen werden, so stellt sich hier die Frage, ob sich die Benutzung bzw. die Sondernutzung des öffentlichen Straßenraums als Ausübung natürlicher Freiheit oder als Inanspruchnahme einer staatlichen Leistung darstellt. Für den Fall, dass ersteres zu bejahen wäre, müsste weiter untersucht werden, welche Auswirkungen diese Einordnung auf die rechtlichen Rahmenbedingungen der Verteilung der Sondernutzungsrechte hätte und welche

208 *Jarass*, in: Merten/Papier, HdbGr, 2006, Bd. 2, § 38, Rn. 16, 22. Der Schutzbereich eines Freiheitsgrundrechts gewährleistet also einerseits einen abwehrrechtlich abgesicherten Bereich, der vor staatlichen Beschränkungen der natürlichen Freiheit schützt, zugleich ist er auch Anknüpfungspunkt von Leistungsansprüchen. Siehe dazu *Hillgruber*, in: Isensee/Kirchhof, HbdStR, 2011, Bd. 9, § 200, Rn. 1.

209 *Jarass*, in: Merten/Papier, HdbGr, 2006, Bd. 2, § 38, Rn. 25, 26. Siehe dazu mit etwas anderer Terminologie auch *Murswiek*, in: Isensee/Kirchhof, HbdStR, 2011, Bd. 9, § 192, Rn. 5 ff. (12).

210 *Jarass*, in: Merten/Papier, HdbGr, 2006, Bd. 2, § 38, Rn. 26.

211 *Jarass*, in: Merten/Papier, HdbGr, 2006, Bd. 2, § 38, Rn. 26, 25.

212 *Wollenschläger*, in: v. Mangoldt/Klein/Starck, GG, 2018, Bd. 1, Art. 3, Rn. 178 ff. (182) m.w.N.

Unterschiede sich namentlich im Vergleich zur Verteilung staatlicher Leistungen ergeben würden.

a.) Sondernutzung: Freiheit oder Teilhabe?

Den Ausgangspunkt für die Frage, ob die Sondernutzung öffentlicher Straßen abwehrrechtlich oder teilhaberechtlich zu interpretieren ist, bildet die Prämisse, dass das Grundgesetz, namentlich durch die Allgemeine Handlungsfreiheit, einen umfassenden abwehrrechtlich abgesicherten Freiheitsbereich gewährleistet.

Die Allgemeine Handlungsfreiheit aus Art. 2 Abs. 1 GG schützt die Handlungsfreiheit in einem umfassenden Sinne, d.h. jegliches menschliche Verhalten, und zwar unabhängig davon, welche Bedeutung es für die Persönlichkeitsentfaltung hat.[213] Immer dann, wenn die Schutzbereiche der speziellen Freiheitsgrundrechte nicht eröffnet sind, kommt sie in ihrer Funktion als Auffanggrundrecht zum Tragen und gewährleistet so einen lückenlosen Grundrechtsschutz.

Dabei umfasst die natürliche Handlungsfreiheit grds. auch die Nutzung öffentlicher Einrichtungen und Sachen, sofern sie nur auf weitere staatliche Handlungen nicht angewiesen ist.[214] Dies gilt auch dann, wenn die Nutzung, wie bei der straßenrechtlichen Sondernutzung, von einer Zulassung oder Erlaubnis abhängig ist.[215] Denn in diesen Fällen stellt sich die Nutzungsbeschränkung vielmehr als Begrenzung der natürlichen Freiheit dar, die es deshalb von staatlicher Seite aus zu rechtfertigen gilt. Soweit also die Benutzung des öffentlichen Straßenraums im Rahmen der natürlich gegebenen Handlungsmöglichkeiten erfolgt, ist sie durch die Allgemeine Handlungsfreiheit in ihrer abwehrrechtlichen Dimension geschützt. Grds. keinen Unterschied macht es dabei, ob es sich bei der Benutzung um Gemeingebrauch oder Sondernutzung handelt.[216] Denn beide Formen der Straßenbenutzung sind auf eine staatliche Handlung nicht angewiesen und insofern Ausdruck natürlicher Handlungsoptionen. Eine grundrechtsfunktionale Einordnung der Straßenbenutzung, die sich ausschließlich an den

---

213 Siehe etwa BVerfG, Beschl. v. 06.06.1989 – 1 BvR 921/85 (Reiten im Walde), juris.

214 *Sachs*, in: Stern, Das Staatsrecht der Bundesrepublik Deutschland, 1988, Bd. III/1, § 67, S. 701 ff.; *Wollenschläger*, Verteilungsverfahren, 2010, S. 55. Hinsichtlich natürlicher Ressourcen siehe dazu *Martini*, Der Markt als Instrument hoheitlicher Verteilungslenkung, 2008, S. 27 ff. (28).

215 *Schröder*, Genehmigungsverwaltungsrecht, 2016, S. 437 f. Siehe auch *Sachs*, in: Stern, Das Staatsrecht der Bundesrepublik Deutschland, 1988, Bd. III/1, § 67, S. 703 f.

216 Vgl. *Schröder*, Genehmigungsverwaltungsrecht, 2016, S. 297.

Kategorien von Gemeingebrauch und Sondernutzung orientierte, wäre sogar insofern bedenklich, als dann einfaches Gesetzesrecht die verfassungsrechtliche Dimension und Reichweite des Grundrechtsschutzes determinieren würde.

Eine teilhaberechtliche Lesart der Straßenbenutzung käme demgegenüber nur dann in Frage, wenn sie sich als Inanspruchnahme einer staatlichen Leistung darstellen würde. Von der Inanspruchnahme einer staatlichen Leistung kann aber immer erst dann die Rede sein, wenn der Zugriff auf das potenzielle Leistungsobjekt im Rahmen der natürlich gegebenen Handlungsoptionen gerade nicht (mehr) möglich ist oder wenn speziell bei öffentlichen Einrichtungen oder Sachen, deren Benutzung beschränkt ist, mit einer entsprechenden Zulassung nicht lediglich die Wiederherstellung von Freiheitsoptionen verbunden ist, sondern darüber hinaus weitere staatliche Leistungen gewährt werden (wie z.B. bei der Hochschulzulassung).[217] Bei der Sondernutzung des öffentlichen Straßenraums ist dies aber gerade nicht der Fall.

Vor diesem Hintergrund kann auch die vereinzelt, vor allem in der älteren Literatur vertretene Auffassung nicht überzeugen, dass es sich bei den öffentlichen Straßen um eine staatliche Leistung handeln und es dementsprechend beim Gemeingebrauch um die Teilhabe an der staatlichen Leistung „Straße" gehen würde.[218] Ein derart weiter Leistungsbegriff, nach dem all das, was irgendwann einmal vom Staat geschaffen wurde, als Leistung anzusehen wäre, bewirkte, dass der von der Allgemeinen Handlungsfreiheit abwehrrechtlich abgesicherte Freiheitsbereich soweit reduziert werden würde, dass von einer umfassenden Handlungsfreiheit nicht mehr die Rede sein könnte.[219] Denn in Anbetracht des Umstands, dass wir in einer künstlich geschaffenen Umwelt leben, ist der Rückgriff auf staatlich Erschaffenes (freilich außerhalb von privaten Räumen) im Grunde unumgänglich.[220] Im Übrigen geht mit diesem Standpunkt einher, dass die auf die Inanspruchnahme von Straßen angewiesene Grundrechtsausübung im öffentlichen Straßenraum stets teilhaberechtlich zu beurteilen wäre. Dies hätte wiederum zur Folge, dass etwa das Verteilen politischer Flugblätter in Fußgängerzonen nicht mehr vom abwehrrechtlich abgesicherten Freiheitsbereich der hier spezielleren Meinungsfreiheit aus Art. 5 Abs. 1 GG erfasst wäre und dementsprechend ihre Untersagung auch keinen grundrechtlichen Abwehranspruch

217 Vgl. *Sachs*, in: Stern, Das Staatsrecht der Bundesrepublik Deutschland, 1988, Bd. III/1, § 67, S. 701–704; *Schröder*, Genehmigungsverwaltungsrecht, 2016, S. 436 f.

218 *Krebs*, VerwArch 67 (1976), 329 (332 ff.) m.w.N. aus dem Schrifttum.

219 Vgl. *Siehr*, in: Bultmann u.a., FS Battis, 2014, S. 615 (632).

220 Vgl. *Siehr*, in: Bultmann u.a., FS Battis, 2014, S. 615 (632).

auslösen würde. Vor dem Hintergrund aber, dass das Verteilen von Flugblättern eine der klassischsten Formen der Meinungsverbreitung ist, erscheint dieses Ergebnis allerdings sehr fragwürdig, weshalb auch insofern von einem engeren Leistungsbegriff in dem bereits beschriebenen Sinne auszugehen ist.

Demgegenüber wird von *Dietrich Murswiek* die Auffassung vertreten, dass die Benutzung öffentlicher Sachen zwar abwehrrechtlich konstruiert werden könne, dadurch aber verkannt werden würde, „dass es materiell in allen Fällen um die Nutzung oder Benutzung von Gemeinschaftsgütern geht, die dem Einzelnen nicht kraft seiner Freiheit zugeordnet sind."[221] Mit der Institutsgarantie erkenne das Grundgesetz das Eigentum als Rechtsinstitut an, was aber voraussetze, dass der Zugriff auf fremdes Eigentum und insoweit auch die natürliche Handlungsfreiheit durch entsprechende Rechtsnormen begrenzt werden könne.[222] „Deshalb sind alle Rechtsnormen, die Eingriffe in das Eigentum Dritter (oder des Staates) verbieten, zwar Freiheitseinschränkungen, aber *sie sind prinzipiell nicht rechtfertigungsbedürftig*, bedürfen insbesondere keiner Überprüfung anhand des Verhältnismäßigkeitsprinzips, weil sich die Rechtfertigung der die – private oder öffentliche – Sachherrschaft begründenden Einschränkungen der ‚natürlichen Freiheit' bereits aus der verfassungsrechtlichen Institutsgarantie ergibt."[223] Aus diesem Grund komme ein abwehrrechtlicher Anspruch auf Benutzung öffentlicher Sachen nicht in Betracht, allenfalls ließe sich ein entsprechender Anspruch teilhaberechtlich begründen.[224]

Dieser Auffassung ist zuzugeben, dass sicherlich in vielen Fällen die Beschränkung des Zugriffs auf fremdes Eigentum verhältnismäßig und damit auch verfassungsrechtlich gerechtfertigt sein dürfte. Dennoch darf der Umstand, dass die Nutzungsbeschränkung regelmäßig einer Rechtfertigung zugänglich ist, nicht über das generelle Rechtfertigungserfordernis hinwegtäuschen.[225] Wie jeder Eingriff in ein Freiheitsgrundrecht muss auch die Nutzungsbeschränkung verfassungsrechtlich gerechtfertigt werden können.[226] „Nicht der Zugriff des

---

221 *Murswiek*, in: Isensee/Kirchhof, HbdStR, 2011, Bd. 9, § 192, Rn. 72. Krit. dazu *Martini*, Der Markt als Instrument hoheitlicher Verteilungslenkung, 2008, S. 27 ff.; *Siehr*, in: Bultmann u.a., FS Battis, 2014, S. 615 (631 ff.).

222 *Murswiek*, in: Isensee/Kirchhof, HbdStR, 2011, Bd. 9, § 192, Rn. 72.

223 *Murswiek*, in: Isensee/Kirchhof, HbdStR, 2011, Bd. 9, § 192, Rn. 72 (kursive Hervorhebung nicht im Original).

224 *Murswiek*, in: Isensee/Kirchhof, HbdStR, 2011, Bd. 9, § 192, Rn. 72.

225 *Martini*, Der Markt als Instrument hoheitlicher Verteilungslenkung, 2008, S. 28.

226 Siehe dazu auch *Schröder*, Genehmigungsverwaltungsrecht, 2016, S. 435: „Rechte und insbesondere das Eigentum Dritter bilden [...] keine selbstverständliche, immanente Grenze der natürlichen Freiheit".

Einzelnen, sondern die staatliche Vorenthaltung und Abwehr des Zugriffs auf Güter ist in dem Freiheitssystem der Verfassung rechtfertigungsbedürftig."[227] Dabei ist die Rechtfertigung nicht schon deshalb entbehrlich, weil die Respektierung des Eigentums zwingend voraussetzt, dass es vor dem Zugriff durch Dritte geschützt wird. Dies gilt vor allem deshalb, weil es – insbesondere mit Blick auf die Intensität – eine Vielzahl an Möglichkeiten gibt, wie der Eigentumsschutz ausgestaltet werden kann.[228] Es ist dann wesentliches Verfassungsgebot, dass der vom Gesetzgeber gewählte Ausgleich zwischen der Eigentumsfreiheit und der mit ihr kollidierenden Freiheit den Anforderungen an die Verhältnismäßigkeit genügt. Die verfassungsrechtliche Rechtfertigung des Freiheitseingriffs (einschließlich einer Verhältnismäßigkeitsprüfung) ist insofern aber nicht entbehrlich.

Nach all dem ist also festzuhalten, dass es sich bei der Sondernutzung öffentlicher Straßen grds. um die Ausübung natürlicher Freiheit handelt, die durch einen grundrechtlichen Abwehranspruch vor staatlichen Eingriffen geschützt wird.[229] Sofern kein spezielles Freiheitsgrundrecht betroffen ist, wird dieser durch die Allgemeine Handlungsfreiheit aus Art. 2 Abs. 1 GG vermittelt. In den hier zugrunde liegenden Fallgestaltungen ist regelmäßig der Schutzbereich der Berufsfreiheit eröffnet, sodass die Sondernutzung durch ihren Freiheitsbereich abwehrrechtlich abgesichert wird.

b.) Verteilung im Lichte einer abwehrrechtlichen Betroffenheit

Ist aber die Sondernutzung abwehrrechtlich geschützt, so stellt sich die Frage, wie sich dieser Umstand auf die Verteilung der Sondernutzungsrechte auswirkt, wenn doch bei der Verteilung knapper Güter im Allgemeinen ein teilhaberechtlicher Maßstab angelegt wird.

Vergleichsweise einfach darzustellen ist die abwehrrechtliche Handhabung der Verknappung von Sondernutzungsrechten. Wird im Vorfeld der Verteilung die Zahl der zu vergebenden Sondernutzungsrechte begrenzt, so liegt darin hinsichtlich der hier relevanten Fallkonstellationen ein Eingriff in die Berufsfreiheit, weil das Sondernutzungsrecht Voraussetzung für die beabsichtigte Berufsausübung ist. Durch die Kontingentierung verringert sich für den einzelnen Bewerber die Wahrscheinlichkeit, das Sondernutzungsrecht zugeteilt zu bekommen, und damit auch die Wahrscheinlichkeit, die Freiheit in der beabsichtigten Weise

227 *Martini*, Der Markt als Instrument hoheitlicher Verteilungslenkung, 2008, S. 28.
228 *Martini*, Der Markt als Instrument hoheitlicher Verteilungslenkung, 2008, S. 29.
229 A.A. *Burgi*, NVwZ 2017, 257 (263).

ausüben zu dürfen. Die Verknappung ist daher immer nur dann verfassungskonform, wenn sie am Maßstab der Drei-Stufen-Theorie gerechtfertigt werden kann. Da es sich bei der Kontingentierung von Sondernutzungsrechten grds. um eine Beschränkung der Berufsausübung handelt, ist diese bereits dann gerechtfertigt, wenn vernünftige Erwägungen des Gemeinwohls sie als zweckmäßig erscheinen lassen.[230] Als (objektive) Berufszulassungsbeschränkung kommt sie i.d.R. schon deshalb nicht in Frage, weil durch sie nicht die Ausübung eines gesamten Berufs in nur noch zahlenmäßig begrenztem Umfang gestattet wird. Im Übrigen ist die Berufsausübung auch weiterhin noch auf privaten Flächen möglich. Gleichheitsrechtlich ist die Verknappung hingegen grds. irrelevant, denn i.d.R. hat sie für alle Bewerber die gleichen Auswirkungen.

Anderes gilt unterdessen für die von der Verknappung zu trennende Verteilung von Sondernutzungsrechten.[231] Sie ist vordergründig am Maßstab des Art. 3 Abs. 1 GG zu messen ist.[232] Zwar liegt in der versagten Zuteilung des Sondernutzungsrechts auch ein Eingriff in die Berufsfreiheit, weil mit ihr zugleich auch die Untersagung der beabsichtigten Tätigkeit und deshalb auch die Verkürzung des Freiheitsbereichs verbunden ist. Dass aber in einer Konkurrenzsituation nicht allen unterlegenen Bewerbern auch ein grundrechtlicher Abwehranspruch zustehen kann, ergibt sich im Grunde schon daraus, dass diese ja schon wegen der begrenzten Kapazität nicht alle erfüllt werden könnten. Insofern zeigt sich, dass die Berufsfreiheit hier nicht imstande wäre, den Verteilungskonflikt zu lösen. Durch die begrenzte Verfügbarkeit wird vielmehr eine Differenzierung erforderlich, für deren verfassungsrechtliche Rechtfertigung der Maßstab des Allgemeinen Gleichheitssatzes prädestiniert ist.

In Anbetracht dessen ist aber die Frage nach der sachgerechten Verteilung eines Objekts keine Problematik, die sich nur im Zusammenhang mit staatlichen Leistungen stellt und insofern ausschließlich teilhaberechtlich zu deuten ist. Vielmehr können auch abwehrrechtlich gesicherte Positionen Gegenstand von Verteilungskonflikten sein.[233] Dies wird, soweit ersichtlich, zwar auch nicht

---

230 Vgl. BVerfG, Urt. v. 11.06.1958 – 1 BvR 596/56 (Apotheken-Urteil), Rn. 74, 76, juris; BVerfG, Urt. v. 09.06.2004 – 1 BvR 636/02 (Ladenschluss), Rn. 114, juris.

231 Vgl. zur Trennung dieser Vorgänge auch Hermes, JZ 1997, 909 (913); *Pöcker*, DÖV 2003, 193 (194 Fn. 12); *Wollenschläger*, Verteilungsverfahren, 2010, S. 57.

232 Vgl. *Hermes*, JZ 1997, 909 (913); *Pöcker*, DÖV 2003, 193 (194 Fn. 12).

233 So auch *Pitschas*, Berufsfreiheit und Berufslenkung, 1983, S. 334, hinsichtlich der „Vergabe verknappter Berechtigungen auf der Grundlage der zuvor getroffenen abwehrrechtlichen (Lenkungs-)Entscheidungen“: „Die Verteilungsfrage ist daher nicht nur

bestritten, oft aber wird auf diese Konstellation nicht näher eingegangen. Sofern die im abwehrrechtlichen Bereich anzusiedelnden Verteilungskonflikte überhaupt thematisiert werden, wird indes deutlich, dass die grundrechtsfunktionale Einordnung nicht ganz einfach ist. Während einerseits von einer einheitlichen abwehrrechtlichen Konzeptionalisierung von Verknappung und Verteilung ausgegangen wird,[234] plädiert *Ferdinand Wollenschläger* für eine Trennung dieser Vorgänge, wobei die Verknappung abwehrrechtlich und die Verteilung teilhaberechtlich zu konstruieren sei.[235]

Geht man aber davon aus, dass – wie bereits vorstehend angenommen und insoweit auch mit zuletzt genannter Auffassung übereinstimmend – die Verknappung, die unproblematisch abwehrrechtlich gehandhabt werden kann, von der anschließenden Verteilung zu trennen ist, und darüber hinaus sowohl die Teilhabe an staatlichen Leistungen als auch die Verteilung von abwehrrechtlich geschützten Positionen gleichheitsrechtlich zu fundieren ist, kommt es auf die genaue Einordnung des Verteilungsvorgangs nicht an, da er in beiden Fällen am Maßstab des Art. 3 Abs. 1 GG zu messen ist.

Eine abwehr- oder teilhaberechtliche Verortung der Verteilung ist nur insofern von Bedeutung, als sich mit der Intensität der Betroffenheit des Freiheitsrechts die Rechtfertigungsanforderungen im Rahmen des Art. 3 Abs. 1 GG erhöhen. Die Rechtfertigungshürden liegen bei einer abwehrrechtlichen Betroffenheit grds. höher als bei einer „nur" gewährenden Staatstätigkeit.[236] Und auch eine unterlassene Kapazitätserschöpfung unterliegt bei einer abwehrrechtlichen Handhabung einem stärkeren Rechtfertigungsdruck, weil sie sich anders als bei

---

in die Konzeption der Teilhabegrundrechte eingebettet, sondern ebenso ein Problem des Eingriffsstaates".

234 Vgl. *Kupfer*, Die Verteilung knapper Ressourcen im Wirtschaftsverwaltungsrecht, 2005, S. 304 ff.

235 *Wollenschläger*, Verteilungsverfahren, 2010, S. 57. Für eine teilhaberechtliche Konstruktion wohl auch *Malaviya*, Verteilungsentscheidungen und Verteilungsverfahren, 2009, S. 242, die aber darauf hinweist, dass „Abwehr- und Leistungsfunktion […] in diesem Zusammenhang […] kaum mehr auseinander zu halten [sind]." In diesem Sinne auch *Pitschas*, Berufsfreiheit und Berufslenkung, 1983, S. 334 f.: „Bei Auftreten der Verteilungssituation wandelt sich die zunächst abwehrrechtlich motivierte (Lenkungs-)Beschränkung durch Höchstzahlfestsetzung etc. zu einem ‚teilhabegleichen' Berücksichtigungsanspruch des Einzelnen bezüglich der Vergabe der Berechtigung um." (Hervorhebung im Original).

236 So *Heun*, in: Dreier, GG, 2013, Art. 3, Rn. 38; *Jarass*, in: ders./Pieroth, GG, 2020, Art. 3, Rn. 28.

einer teilhaberechtlichen Konstruktion nicht am Untermaßverbot, sondern am Übermaßverbot messen lassen muss.[237]

Im Ergebnis gelangt man aber zu ähnlichen Rechtfertigungsstandards, wenn man bei einer teilhaberechtlichen Konstruktion die abwehrrechtliche Relevanz der Verknappung zum Anlass nimmt, bei dem auf sachgerechte Verteilung gerichteten Teilhabeanspruch einen erhöhten Rechtfertigungsmaßstab anzulegen.[238] Gleichwohl ist es irreführend, in diesem Zusammenhang von einem Teilhabeanspruch zu sprechen, weil es nach wie vor nicht um die Teilhabe an einer staatlichen Leistung geht, sondern immer noch darum, dass eine abwehrrechtlich geschützte Position vorenthalten wird. Anders ist nur, dass hier der Freiheitseingriff in Form der unterlassenen Gestattung auf eine Konkurrenzsituation zurückgeht, weshalb ein vornehmlich gleichheitsrechtlicher Umgang geboten ist.

c.) Querschnittsfunktion: Grundrechtsschutz durch Verfahren

Eine weitere Grundrechtsfunktion, die hier zwar auch relevant, dabei aber weniger von eigenständiger Bedeutung ist, ist der Grundrechtsschutz durch Verfahren. Dieser Funktion liegt der Gedanke zugrunde, dass effektiver Grundrechtsschutz nur möglich ist, wenn die materiellen Verbürgungen auch durch geeignete Verfahrens- und Organisationsvorkehrungen abgesichert werden. Die materiellen Grundrechtsgehalte würden leerlaufen, wenn ihnen nicht auf prozedural-organisatorischer Ebene zur Geltung verholfen werden würde.[239] Freilich gelten diese Anforderungen auch für Verteilungsverfahren. Bei der Verteilung knapper Güter besteht sogar die Besonderheit, dass das aus Art. 3 Abs. 1 GG abzuleitende Recht auf sachgerechte Bewerberauswahl in erster Linie auf eine gleichheitskonforme Verfahrensgestaltung zielt.[240] Gleichwohl lassen sich aus dieser Funktion eher weniger konkrete Rechtsfolgen ableiten. Sie garantiert vor allem einen Mindeststandard, aus dem weniger positiv bestimmte

---

237 Vgl. *Jarass*, in: Merten/Papier, HdbGr, 2006, Bd. 2, § 38, Rn. 32.

238 So *Wollenschläger*, Verteilungsverfahren, 2010, S. 57: „Ein Schutzverlust geht damit [mit einer teilhaberechtlichen Konstruktion der Verteilung] nicht einher, wenn und weil die der Verteilung vorausgehende, in Freiheitsrechte eingreifende Verknappung als Grund für die Geltung strenger Rechtfertigungsstandards und des Gesetzesvorbehalts anzuerkennen ist."

239 Sie ergänzt und stützt die übrigen Grundrechtsfunktionen, weshalb sie auch als quer liegende Funktion bezeichnet wird, *Jarass*, in: Merten/Papier, HdbGr, 2006, Bd. 2, § 38, Rn. 55.

240 Siehe dazu auch *Gusy*, NJW 1988, 2505 (2510).

Verfahrensvorgaben hergeleitet werden können, als mit dessen Hilfe negativ bestimmt werden kann, wann ein Verfahren unzureichend ausgestaltet ist.[241]

2. *Betroffene Grundrechte*

Im Folgenden soll nun dargestellt werden, welche Grundrechte im Zusammenhang mit der Verteilung von Sondernutzungsrechten betroffen sein können und welche Anforderungen sich aus ihnen an das Verteilungskriterium und -verfahren ableiten lassen.

a.) Art. 3 Abs. 1 GG

Weil diejenigen, die die begehrte Erlaubnis nicht erhalten, im Vergleich zu den begünstigten Bewerbern offensichtlich ungleich behandelt werden, ist die Verteilung der Erlaubnisse zunächst am Maßstab des Allgemeinen Gleichheitssatzes zu messen. Dieser verbietet indes nicht per se die Ungleichbehandlung von Personen oder Sachverhalten durch die öffentliche Gewalt; sie bedürfen aber der Rechtfertigung durch einen sachlichen, in der jeweils betroffenen Materie wurzelnden Grund.

aa.) Rechtfertigungsmaßstab

Das BVerfG hatte den Allgemeinen Gleichheitssatz zunächst nur im Sinne eines Willkürverbots interpretiert.[242] Dementsprechend hatte es eine Verletzung von Art. 3 Abs. 1 GG auch immer erst dann angenommen, „wenn sich ein vernünftiger, sich aus der Natur der Sache ergebender oder sonst wie sachlich einleuchtender Grund für die gesetzliche Differenzierung oder Gleichbehandlung nicht finden lässt, kurzum, wenn die Bestimmung als willkürlich bezeichnet werden muss."[243] Später ergänzte es die Willkürformel um die sog. Neue Formel. Nach dieser ist Art. 3 Abs. 1 GG „vor allem dann verletzt, wenn eine Gruppe von Normadressaten im Vergleich zu anderen Normadressaten anders behandelt wird, obwohl zwischen beiden Gruppen keine Unterschiede von solcher Art und solchem Gewicht bestehen, dass sie die Ungleichbehandlung rechtfertigen könnten."[244] Insofern kommt es also nicht mehr nur darauf an, dass

---

241 Vgl. *Schmidt-Aßmann*, in: Merten/Papier, HbdGr, 2006, Bd. 2, § 45, Rn. 13.

242 Dazu grundlegend *Leibholz*, Die Gleichheit vor dem Gesetz, 1959; *ders.*, DVBl. 1951, 193. Siehe dazu auch *Gusy*, NJW 1988, 2505 (2506).

243 BVerfG, Urt. v. 23.10.1951 – 2 BvG 1/51 (Südweststaat), Rn. 139, juris.

244 BVerfG, Beschl. v. 07.10.1980 – 1 BvR 240/79, Rn. 47, juris.

die Ungleichbehandlung auf (irgend-)einen sachlichen Grund gestützt werden kann. Vielmehr ist weiter erforderlich, dass der Rechtfertigungsgrund in einem angemessenen Verhältnis zum Grad der Ungleichbehandlung steht.[245]

Diesen strengen Prüfungsmaßstab legte das BVerfG zunächst nur bei Ungleichbehandlungen an, die an ein personenbezogenes Differenzierungskriterium anknüpften. Für sachverhalts- und verhaltensbezogene Ungleichbehandlungen galt hingegen weiterhin „nur" das Willkürverbot.[246] Mit der sog. Transsexuellen-Entscheidung aus dem Jahr 1993 erstreckte es den strengen Prüfungsmaßstab dann auch auf sachverhaltsbezogene Differenzierungen, die aber mittelbar eine Ungleichbehandlung von Personengruppen zur Folge hatten.[247] Problematisch war daran vor allem, dass mit fast jeder Differenzierung nach Sachverhalten oder Verhaltensweisen im Ergebnis auch eine Unterscheidung von Personengruppen einhergeht, was dazu führte, dass die Grenze zwischen strengem und Willkürmaßstab verschwamm. Dennoch hielt das BVerfG vorerst weiter am zweigeteilten Prüfungsmaßstab fest. In der Folgezeit differenzierte es die mit der Neuen Formel statuierten Anforderungen weiter aus: Die Rechtfertigungsanforderungen seien höher, wenn sich das Differenzierungskriterium einem Merkmal des Art. 3 Abs. 3 GG annähert, bei verhaltensbezogenen Differenzierungen, wenn die Verwirklichung des Differenzierungskriteriums vom betroffenen Grundrechtsträger nicht beeinflussbar ist, oder wenn sich die Ungleichbehandlung nicht nur unerheblich auf die Ausübung von Freiheitsgrundrechten auswirkt.[248]

Mittlerweile hat das BVerfG aber ausdrücklich von einer strikten Trennung der Prüfungsmaßstäbe Abstand genommen. In seiner Entscheidung zum BAföG-Teilerlass führte es aus, dass „ein stufenloser am Grundsatz der Verhältnismäßigkeit orientierter verfassungsrechtlicher Prüfungsmaßstab, dessen

---

245 BVerfG, Beschl. v. 15.03.2000 – 1 BvL 16/96 (Gesundheitsstrukturgesetz), Rn. 72, juris; BVerfG, Beschl. v. 21.06.2011 – 1 BvR 2035/07 (BAföG), Rn. 64, juris: „Art. 3 Abs. 1 GG gebietet nicht nur, dass die Ungleichbehandlung an ein der Art nach sachlich gerechtfertigtes Unterscheidungskriterium anknüpft, sondern verlangt auch für das Maß der Differenzierung einen inneren Zusammenhang zwischen den vorgefundenen Verschiedenheiten und der differenzierenden Regelung, der sich als sachlich vertretbarer Unterscheidungsgesichtspunkt von hinreichendem Gewicht erweist."

246 Siehe dazu *Britz*, NJW 2014, 346 (347). Zu anfänglichen Divergenzen in der Rechtsprechung des ersten und zweiten Senats des BVerfG siehe *Nußberger*, in: Sachs, GG, 2021, Art. 3, Rn. 26.

247 BVerfG, Beschl. v. 26.01.1993 – 1 BvL 38/92, Rn. 35, juris.

248 Zu diesen Anforderungen siehe ausführlich *Britz*, NJW 2014, 346 (349 ff.).

Inhalt und Grenzen sich nicht abstrakt, sondern nur nach den jeweils betroffenen unterschiedlichen Sach- und Regelungsbereichen bestimmen lassen"[249], gelte. Während die vorherige Rechtsprechung des BVerfG noch den Eindruck erweckte, dass Willkür- und strenger Prüfungsmaßstab etwas kategorial anderes seien, ist die aktuelle Rechtsprechung eher im Sinne eines einheitlichen Prüfungsmaßstabs zu verstehen,[250] bei dem sich „je nach Regelungsgegenstand und Differenzierungsmerkmalen unterschiedliche Grenzen für den Gesetzgeber [ergeben], die von gelockerten auf das Willkürverbot beschränkten Bindungen bis hin zu strengen Verhältnismäßigkeitserfordernissen reichen können."[251] Das Willkürverbot wird also in eine am Verhältnismäßigkeitsgrundsatz orientierte Maßstabsbildung integriert, indem es als eine „besonders großzügige Rechtfertigungsanforderung" innerhalb dieses Maßstabs verstanden wird.[252] Im Übrigen ist bei der Bestimmung der Prüfstrenge auf die bereits im Kontext der Neuen Formel entwickelten Kriterien zurückzugreifen. Die Unterscheidung von personenbezogenen und sonstigen Ungleichbehandlungen wurde unterdessen aufgegeben.[253] Stattdessen sei aber relevant, ob die Differenzierung an Persönlichkeitsmerkmale anknüpfe:

> *„Eine strengere Bindung des Gesetzgebers ist insbesondere anzunehmen, wenn die Differenzierung an Persönlichkeitsmerkmale anknüpft, wobei sich die verfassungsrechtlichen Anforderungen umso mehr verschärfen, je weniger die Merkmale für den Einzelnen verfügbar sind […] oder je mehr sie sich denen des Art. 3 Abs. 3 GG annähern […]. Eine strengere Bindung des Gesetzgebers kann sich auch aus den jeweils betroffenen Freiheitsrechten ergeben […]. Im Übrigen hängt das Maß der Bindung unter anderem davon ab, inwieweit die Betroffenen in der Lage sind, durch ihr Verhalten die Verwirklichung der Kriterien zu beeinflussen, nach denen unterschieden wird […]."*[254]

Das BVerfG hatte in jüngster Zeit immer wieder betont, dass bei der Rechtfertigung von Ungleichbehandlungen „ein stufenloser am Grundsatz der Verhältnismäßigkeit orientierter verfassungsrechtlicher Prüfungsmaßstab" anzuwenden sei.[255] Auch wenn es im Ergebnis dann doch nur äußerst selten

---

249 BVerfG, Beschl. v. 21.06.2011 – 1 BvR 2035/07 (BAföG), Rn. 65, juris; BVerfG, Urt. v. 17.12.2014 – 1 BvL 21/12 (Erbschaftssteuer), Rn. 121, juris.

250 *Kischel*, in: Epping/Hillgruber, BeckOK GG, Stand: 15.02.2021, Art. 3, Rn. 26.

251 BVerfG, Beschl. v. 21.06.2011 – 1 BvR 2035/07 (BAföG), Rn. 64, juris.

252 *Britz*, NJW 2014, 346 (347).

253 *Britz*, NJW 2014, 346 (348).

254 BVerfG, Beschl. v. 21.06.2011 – 1 BvR 2035/07 (BAföG), Rn. 65, juris.

255 Erstmals BVerfG, Beschl. v. 21.06.2011 – 1 BvR 2035/07 (BAföG), Rn. 65, juris; mittlerweile als ständige Rechtsprechung bezeichnet, so etwa in BVerfG, Urt. v. 18.07.2018 –

eine herkömmliche Verhältnismäßigkeitsprüfung durchgeführt hat, wurde sich dennoch angesichts dieser und ähnlicher Formulierungen die Frage gestellt, ob bzw. inwieweit das Gericht die gleichheitsrechtliche Rechtfertigungsprüfung einer freiheitsrechtlichen Verhältnismäßigkeitsprüfung annähern wollte und ob bzw. inwieweit dies überzeugend wäre.[256]

Der Charme, den die Übertragung der freiheitsrechtlichen Verhältnismäßigkeitsprüfung hätte, liegt wohl in den mit ihr einhergehenden „Abschichtungsleistungen"[257]. Dadurch, dass die Prüfung in einzelne Punkte untergliedert wird, verspricht sie einen Gewinn an Rationalität und Transparenz. Auf den ersten Blick erscheint die Übertragung auch insofern plausibel, als sowohl im Rahmen der freiheits- als auch der gleichheitsrechtlichen Rechtfertigungsprüfung Relationen gebildet werden.[258] In beiden Fällen ist der Grundsatz der Verhältnismäßigkeit zu beachten, weil er Ausdruck eines allgemeinen rechtsstaatlichen Prinzips ist. Er gilt für jedes staatliche Handeln, einerlei ob es sich dabei um Freiheitsverkürzung oder Ungleichbehandlung handelt.[259] Gleichwohl sind die Bezugspunkte des freiheitsrechtlichen und des gleichheitsrechtlichen Verhältnisses derart verschieden, dass die Anwendung einer freiheitsrechtlichen Verhältnismäßigkeitsprüfung auch im Kontext der gleichheitsrechtlichen Rechtfertigungsprüfung nur mit Anpassungen, die den spezifisch gleichheitsrechtlichen Bezugspunkten Rechnung tragen würden, möglich wäre.

Im Unterschied zur gleichheitsrechtlichen findet nämlich im Rahmen der freiheitsrechtlichen Rechtfertigungsprüfung eine Rechtsgüterabwägung statt.[260]

---

1 BvR 1675/16 (Rundfunkbeitrag), Rn. 64, juris. Ähnlich bereits BVerfG, Beschl. v. 26.01.1993 – 1 BvL 38/92 (Transsexueller), Rn. 35, juris, und BVerfG, Beschl. v. 04.04.2001 – 2 BvL 7/98 (Beschäftigungszeiten öffentlicher Dienst), Rn. 40, juris („unterschiedliche Grenzen [...], die vom bloßen Willkürverbot bis zu einer strengen Bindung an Verhältnismäßigkeitserfordernisse reichen."). In diesem Sinne auch BVerfG, Beschl. v. 19.06.2012 – 2 BvR 1397/09 (Lebenspartnerschaft Beamter), Rn. 54, juris, m.w.N. aus der jüngeren Rechtsprechung.

256 Siehe zum Stand der Diskussion ausführlich *Wollenschläger*, in: v. Mangoldt/Klein/Starck, GG, 2018, Bd. 1, Art. 3, Rn. 103 ff. Siehe auch *Siehr*, Die Deutschenrechte des Grundgesetzes, 2001, S. 436 ff.

257 *Wollenschläger*, in: v. Mangoldt/Klein/Starck, GG, 2018, Bd. 1, Art. 3, Rn. 128.

258 *Wollenschläger*, in: v. Mangoldt/Klein/Starck, GG, 2018, Bd. 1, Art. 3, Rn. 115.

259 *Kirchhof*, in: Maunz/Dürig, GG, Stand: 2020, Art. 3, Rn. 243 („Das rechtsstaatliche Gebot der Verhältnismäßigkeit fordert für alles staatliche Handeln eine Kultur des Maßes, mäßigt also sowohl den staatlichen Freiheitseingriff als auch seine Differenzierungen durch oder aufgrund des Gesetzes.").

260 *Wollenschläger*, in: v. Mangoldt/Klein/Starck, GG, 2018, Bd. 1, Art. 3, Rn. 115 m.w.N.

Das betroffene Freiheitsgrundrecht wird mit dem Rechtsgut abgewogen, zu dessen Gunsten der Eingriff erfolgt. Insofern bestimmt sich die Verhältnismäßigkeit des Eingriffs vor dem Hintergrund einer Zweck-Mittel-Relation.[261] Dient das Mittel, also die Maßnahme, mit dem die Verkürzung des individuellen Freiheitsbereichs verbunden ist, einem legitimen Zweck, respektive dem Schutz der Freiheitssphäre eines anderen bzw. eines Allgemeinguts, und ist die betreffende Maßnahme auch zur Zweckerreichung geeignet, erforderlich und angemessen, so ist das richtige Maß gewahrt.

Demgegenüber bestimmt sich die Verhältnismäßigkeit einer Ungleichbehandlung in Bezug auf den ihr zugrunde liegenden sachlichen Grund. Ungleichbehandlungen sind verhältnismäßig, wenn „sachliche Gründe die (Un-) Gleichbehandlung mit Blick auf die gleichen und ungleichen Eigenschaften aufwiegen können."[262] D.h. die Gründe müssen so gewichtig sein, dass sie Art und Ausmaß der Ungleichbehandlung tragen können.

Der strukturelle Unterschied zwischen Gleichheits- und Freiheitsprüfung besteht demnach darin, dass „die Gleichheitsprüfung [...] die rechtliche Behandlung zweier Gegenstände im Verhältnis zueinander an einem Rechtfertigungsgrund [misst], sie wägt nicht [und damit anders als die Freiheitsprüfung, Anm. Verf.] ein erbrachtes Opfer als Mittel gegen den Vorteil einer Maßnahme als Ziel ab"[263].

Freilich könnte man nun versuchen, die gleichheitsrechtliche Rechtfertigungsprüfung in eine freiheitsrechtliche Verhältnismäßigkeitsprüfung zu pressen. Vor dem Hintergrund der Zweck-Mittel-Relation, auf welcher die Verhältnismäßigkeitsprüfung basiert, müsste die Ungleichbehandlung aufgrund des jeweils verwendeten Differenzierungskriteriums die „Rolle" des Mittels einnehmen, welche dann ins Verhältnis zum mit der Ungleichbehandlung verfolgten Zweck gesetzt werden müsste.[264] Schon an dieser Stelle wirkt die Vorgehensweise gekünstelt,

---

261 *Wollenschläger*, in: v. Mangoldt/Klein/Starck, GG, 2018, Bd. 1, Art. 3, Rn. 115 m.w.N.

262 *Kischel*, in: Epping/Hillgruber, BeckOK GG, Stand: 15.02.2021, Art. 3, Rn. 37. In diesem Sinne bereits *Gusy*, NJW 1988, 2505 (2508): „Nach Art. 3 Abs. 1 GG ist demnach eine Ungleichbehandlung zulässig, wenn sie aus dem gesetzlich angeordneten Differenzierungskriterium und dieses aus dem Differenzierungsziel begründet werden kann."; siehe auch *ders.*, JuS 1982, 30 (34); *Kempny/Reimer*, Die Gleichheitssätze, 2012, S. 114 ff.

263 *Kischel*, in: Epping/Hillgruber, BeckOK GG, Stand: 15.02.2021, Art. 3, Rn. 38; siehe auch *Huster*, in: Kempny/Reimer, Gleichheitssatzdogmatik heute, 2017, S. 91 ff. (95 f.).

264 *Kischel*, in: Epping/Hillgruber, BeckOK GG, Stand: 15.02.2021, Art. 3, Rn. 34.

weil die Ungleichbehandlung i.d.R. nicht als Mittel für einen von ihr unterscheidbaren Zweck eingesetzt wird.[265]

Ließe sich aber ausnahmsweise ein spezifischer Zweck der Ungleichbehandlung feststellen, der indes nicht mit dem Zweck der Regelung verwechselt werden dürfte, so wäre dieser der Bezugspunkt der weiteren Prüfungsschritte. Wenn die Ungleichbehandlung selbst keinen Zweck verfolgen, sondern eher daraus resultieren würde, dass eine Maßnahme sich nur auf bestimmte Bereiche bezieht, andere dagegen ungeregelt lässt, so könnte es nur noch auf den Grund der Ungleichbehandlung ankommen.[266] Bestünde ein legitimer Differenzierungszweck bzw. -grund, dann müsste die Unterscheidung anhand des verwendeten Differenzierungskriteriums auch zur Erreichung des Differenzierungszwecks bzw. zur Umsetzung des Differenzierungsgrundes geeignet und erforderlich sein. Die Angemessenheitsprüfung wird vereinzelt für entbehrlich gehalten, weil die dort vorzunehmende Abwägung bereits in die vorherigen Prüfungspunkte Eingang gefunden habe und insofern überflüssig werde.[267] Darüber hinaus werden im Schrifttum unterschiedliche Auffassungen dazu vertreten, was genau im Rahmen der einzelnen Prüfungspunkte zu untersuchen sei.[268] Insbesondere auch hinsichtlich der Prüfintensität herrscht keine Einigkeit. So wird die Frage nach dem legitimen Differenzierungszweck bzw. -grund und der Geeignetheit des Differenzierungskriteriums an mancher Stelle auf eine Willkürprüfung reduziert.[269] Andernorts wird dagegen schon die Geeignetheit und Erforderlichkeit der Differenzierung bzw. des Differenzierungskriteriums mit Blick auf den Regelungszusammenhang und die Unterschiede der Vergleichsgruppen bewertet, wodurch aber der eigentlichen Angemessenheitsprüfung vorgegriffen wird.[270] Bei beiden Ansätzen stellt sich die Frage, ob sie dem Anliegen der vierstufigen Verhältnismäßigkeitsprüfung, die Abwägung rationaler und nachvollziehbarer zu machen, gerecht werden können. Denn die „Abschichtungsleistungen" einer Prüfung, bei der wesentliche Prüfungspunkte auf eine Willkürprüfung begrenzt

265 Daher zu Recht kritisch *Huster*, in: Kempny/Reimer, Gleichheitssatzdogmatik heute, 2017, S. 91 ff. (96); siehe auch *Kischel*, in: Epping/Hillgruber, BeckOK GG, Stand: 15.02.2021, Art. 3, Rn. 35.1.

266 *Britz*, NJW 2014, 346 (350); *Michael/Morlok*, Grundrechte, 2020, § 25, Rn. 800.

267 *Britz*, NJW 2014, 346 (350).

268 Siehe dazu *Wollenschläger*, in: v. Mangoldt/Klein/Starck, GG, 2018, Bd. 1, Art. 3, Rn. 108 ff.

269 So etwa *Michael/Morlok*, Grundrechte, 2020, § 25, Rn. 800 f.

270 Statt vieler siehe dazu den Überblick über die vertretenen Auffassungen bei *Wollenschläger*, in: v. Mangoldt/Klein/Starck, GG, 2018, Bd. 1, Art. 3, Rn. 110 ff.

werden, erscheinen sehr gering. Reicht die Prüfintensität dagegen weiter, werden Abwägungsfragen zum Teil schon bei der Legitimität des Zwecks, spätestens aber bei der Geeignetheit und Erforderlichkeit problematisiert. Wirklich eigenständige Bedeutung hätten diese Prüfungspunkte aber nur, wenn sie gerade ohne die Bildung von Relationen auskämen. Die Vermengung der einzelnen Prüfungspunkte dürfte demgegenüber eher dazu beitragen, dass die Abwägung an Rationalität und Transparenz verliert.

Festzuhalten ist daher, dass eine gleichheitsrechtliche Verhältnismäßigkeitsprüfung, die sich in ihrer Struktur an der freiheitsrechtlichen Verhältnismäßigkeitsprüfung orientiert, zwar konstruierbar ist, es aus den genannten Gründen aber vorzugswürdiger erscheint, i.S.e. Entsprechungsprüfung – ohne weitere Untergliederung – danach zu fragen, „ob die Beeinträchtigung in ihrem Gewicht durch entsprechende sachliche Gründe aufgewogen wird, ob also sachliche Gründe die (Un-)Gleichbehandlung im Hinblick auf die gleichen und ungleichen Eigenschaften aufwiegen können“[271]. Daher soll im Folgenden dieser Prüfungsmaßstab bei der Rechtfertigung von Ungleichbehandlungen zugrunde gelegt werden. Zur Bestimmung der Schwere der Ungleichbehandlung kann dabei auf diejenigen Parameter zurückgegriffen werden, die im Kontext der Neuen Formel entwickelt wurden. Freilich darf dabei auch nicht aus den Augen verloren werden, dass der Differenzierungszweck bzw. -grund für sich genommen verfassungslegitim und das Differenzierungskriterium auch in der Lage sein muss, dem Differenzierungszweck bzw. -grund gerecht zu werden.[272]

bb.) Anforderungen an die Verteilung

Vor diesem Hintergrund ergeben sich nun die verfassungsrechtlichen Anforderungen an die Verteilungskriterien und -verfahren.

(1) Verteilungskriterien

Im Schrifttum werden Verteilungskriterien in materielle und formale (teilweise auch formelle)[273] Verteilungskriterien unterteilt.[274]

---

271 *Kischel*, in: Epping/Hillgruber, BeckOK GG, Stand: 15.02.2021, Art. 3, Rn. 37.

272 Vgl. *Wollenschläger*, in: v. Mangoldt/Klein/Starck, GG, 2018, Bd. 1, Art. 3, Rn. 123.

273 *Malaviya*, Verteilungsentscheidungen und Verteilungsverfahren, 2009, S. 134.

274 *Martini*, Der Markt als Instrument hoheitlicher Verteilungslenkung, 2008, S. 94 ff. (95 ff., 112 ff.); *Wollenschläger*, Verteilungsverfahren, 2010, S. 554 ff. Siehe auch *Malaviya*, Verteilungsentscheidungen und Verteilungsverfahren, 2009, S. 134 ff., die ferner auch noch zwischen objektiven und subjektiven Verfahren differenziert.

(aa) Materielle Verteilungskriterien

Materielle Verteilungskriterien sind solche inhaltlicher Art. Sie knüpfen an eine sachbezogene Bewertung der Bewerber an, insbesondere hinsichtlich ihrer persönlichen Eigenschaften oder der von ihnen angebotenen Leistung, und stellen dadurch sicher, dass eine Differenzierung anhand ihrer inhaltlichen Unterschiede erfolgt.[275] Zu ihnen zählen z.B. die fachliche Eignung und das wirtschaftlichste Angebot bei der Vergabe von öffentlichen Aufträgen, Leistungskriterien bei der Vergabe von öffentlichen Ämtern oder Studienplätzen, aber auch Altsassenprivilegien, wie etwa das Kriterium „bekannt und bewährt".[276]

Sie können, je nach Verteilungszweck, sowohl an die Interessen oder Bedürfnisse der Bewerber anknüpfen (wie z.B. an die Bedürftigkeit, die i.d.R. das maßgebliche Verteilungskriterium bei der Verteilung von sozialen Leistungen ist) als auch an die Interessen oder Belange der Allgemeinheit. In letzterem Fall geht es dann um die Frage, mit wessen Begünstigung für die Allgemeinheit der größte Gewinn verbunden wäre. I.d.R. ist dies die Begünstigung desjenigen, der für die vorgesehene Nutzung bzw. Aufgabe am geeignetsten ist.[277]

Ferner sind einige, gleichwohl aber nicht alle der materiellen Verteilungskriterien auch für subjektive Einschätzungen der verteilenden Hoheitsträger offen.[278] So bedarf etwa das Verteilungskriterium der Attraktivität des Angebots, auf welches z.B. bei der Vergabe von Standplätzen auf Märkten und Festen zurückgegriffen wird, der Ausfüllung bzw. Konkretisierung durch die Verwaltung. Anderes gilt hingegen bei dem Kriterium des Höchstgebotes, welches im Rahmen von Versteigerungen zur Anwendung kommt. Dort wird eine sachbezogene Bewertung der Bewerber mit Blick auf ihre finanzielle Leistungsstärke und Zahlungsbereitschaft vorgenommen, wobei das Kriterium in seiner Eindeutigkeit dem verteilenden Hoheitsträger aber keinen Spielraum lässt.

(bb) Formale Verteilungskriterien

Im Gegensatz dazu findet bei den formalen Verteilungskriterien keine Bewertung der Bewerber statt. Sie sind insofern sachneutral, als sie weder an persönliche

---

275 *Malaviya*, Verteilungsentscheidungen und Verteilungsverfahren, 2009, S. 136. Siehe auch *Martini*, Der Markt als Instrument hoheitlicher Verteilungslenkung, 2008, S. 112 ff.; *Wollenschläger*, Verteilungsverfahren, 2010, S. 554 ff.

276 *Wollenschläger*, Verteilungsverfahren, 2010, S. 554 ff.; *ders.*, in: v. Mangoldt/Klein/Starck, GG, 2018, Bd. 1, Art. 3, Rn. 307.

277 Vgl. *Wollenschläger*, Verteilungsverfahren, 2010, S. 38.

278 *Malaviya*, Verteilungsentscheidungen und Verteilungsverfahren, 2009, S. 136.

Merkmale der Bewerber anknüpfen noch in anderer Weise Bezüge zum Verteilungsgegenstand herstellen.[279] Beispielsweise lassen das Zufallskriterium beim Losverfahren, eine Verteilung nach Priorität oder aber auch eine anteilige oder rotierende Verteilung des knappen Gutes keine inhaltliche Rückkopplung an das jeweilige Verteilungsthema zu.[280] Wegen ihrer Sachneutralität können sie gerade keine speziell im Verteilungsthema begründete Erklärung dafür bieten, warum Bewerber A und nicht Bewerber B bevorzugt werden soll.

Formale Verteilungskriterien haben den Vorteil einer einfachen und transparenten Vorgehensweise.[281] Für die Verwaltung sind sie besonders praktikabel, weil sie im Vergleich zu den materiellen Verteilungskriterien weniger Verwaltungsaufwand nach sich ziehen, wodurch sie vor allem auch zur Beschleunigung des Verfahrens beitragen. Für die Bewerber bieten sie den Vorteil, dass die mit ihnen getroffenen Verteilungsentscheidungen einfacher nachzuvollziehen sind, denn ihre Anwendung erklärt sich angesichts der simplen Logik, der sie folgen, im Grunde von selbst. Bewerber können ihre Chancen einfacher berechnen und die zu ihren Ungunsten ausgefallenen Verteilungsentscheidungen einfacher überprüfen. Hinzu kommt, dass formale Kriterien weniger anfällig für sachwidrige Einflüsse sind.[282] Zugleich, und darin liegt im Wesentlichen auch die Kritik an ihnen begründet, lassen sie aber auch keinen Raum für die Berücksichtigung inhaltlicher Unterschiede. „Ihnen wohnt […] die Gefahr inne, materielle Unterschiede einzuebnen und damit Ungleiches in gleichheitswidriger Weise gleich zu behandeln.“[283] Materielle Verteilungskriterien sind dagegen in der Lage, die mit Blick auf den Verteilungsgegenstand relevanten Unterschiede aufzugreifen und ihnen Rechnung zu tragen.[284] Ihre Nachteile liegen allerdings darin, dass sie genau das nicht bieten können, wodurch sich die formalen Kriterien auszeichnen: Die Umsetzung materieller Kriterien ist i.d.R. mit einem hohen Verwaltungsaufwand verbunden, nicht selten langwierig und intransparent.[285]

---

279 *Malaviya*, Verteilungsentscheidungen und Verteilungsverfahren, 2009, S. 136. Siehe ferner *Martini*, Der Markt als Instrument hoheitlicher Verteilungslenkung, 2008, S. 95 ff.; *Wollenschläger*, Verteilungsverfahren, 2010, S. 554 ff.

280 Vgl. *Kupfer*, Die Verteilung knapper Ressourcen im Wirtschaftsverwaltungsrecht, 2005, S. 423.

281 *Malaviya*, Verteilungsentscheidungen und Verteilungsverfahren, 2009, S. 137; *Wollenschläger*, Verteilungsverfahren, 2010, S. 558.

282 *Wollenschläger*, Verteilungsverfahren, 2010, S. 558.

283 *Wollenschläger*, Verteilungsverfahren, 2010, S. 558.

284 *Malaviya*, Verteilungsentscheidungen und Verteilungsverfahren, 2009, S. 137.

285 *Malaviya*, Verteilungsentscheidungen und Verteilungsverfahren, 2009, S. 137.

Letzteres gilt namentlich für solche Kriterien, die für subjektive Einflüsse der Verwaltung offen sind. Der Spielraum der Verwaltung kann für die Bewerber mehr Unsicherheit und Unberechenbarkeit bedeuten.[286]

(cc) Vorrang materieller Verteilungskriterien

Entschließt sich der verteilende Hoheitsträger für ein materielles Verteilungskriterium, so trifft er eine inhaltliche Entscheidung darüber, wem er bei der Nutzung des Gutes den Vorrang einräumen will. Beispielsweise wird mit dem Kriterium der fachlichen Eignung bestimmt, dass derjenige Bewerber das Gut nutzen dürfen soll, der mit Blick auf einen bestimmten Nutzungszweck am geeignetsten ist, oder mit dem Kriterium des Höchstgebots, dass der finanziell leistungsstärkste Bewerber das Gut zugeteilt bekommen soll. Bei formalen Verteilungskriterien hingegen setzt sich der verteilende Hoheitsträger nicht weiter mit der Frage auseinander, wer das Gut prioritär nutzen dürfen soll. Legt er etwa das Kriterium der Priorität oder des Zufalls als Verteilungskriterium fest, so ist es ihm im Grunde egal, wem das Gut zugeteilt wird. In diesen Fällen fehlt es also gerade an einer *inhaltlichen* Priorisierungsentscheidung.

Besinnt man sich nun auf den Rechtfertigungsmaßstab des Art. 3 Abs. 1 GG zurück (siehe dazu unter aa.)), so stellt sich doch die Frage, welches Kriterium dem Postulat der Sachgerechtigkeit am ehesten Rechnung trägt. Denn entscheidend ist, dass die durch das Verteilungskriterium hervorgerufene Ungleichbehandlung auch durch einen hinreichend tragfähigen sachlichen Grund gerechtfertigt werden kann.

Ungleichbehandlungen durch formale Kriterien stützen sich i.d.R auf Zweckmäßigkeitserwägungen (wie z.B. die unkomplizierte und schnelle Handhabung), welche freilich sachliche Gründe für eine entsprechende Ungleichbehandlung sein können.[287] Gleichwohl dürften sie eine Ungleichbehandlung – vor allem dann, wenn mit ihr eine intensive freiheitsrechtliche Betroffenheit verbunden ist – nur selten gerade auch in ihrem Gewicht tragen. Deutlich wird dies, wenn man sich vorstellte, dass etwa knappe Impfstoffe oder Hochschulzulassungen nach Priorität oder Zufall vergeben werden würden. In diesen Fällen erscheint eine inhaltliche Priorisierungsentscheidung unumgänglich.

Demgegenüber beruht die Differenzierung anhand materieller Kriterien auf einer inhaltlichen, d.h. einer auf den Verteilungsgegenstand bezogenen

---

286 Vgl. *Röhl*, in: Hoffmann-Riem/Schmidt-Aßmann/Voßkuhle, GVwR, 2012, Bd. 2, § 30, Rn. 18.

287 Vgl. *Voßkuhle*, DV 32 (1999), 21 (33).

Auswahlentscheidung, die auf die Unterschiede der Vergleichsgruppen eingeht. Bei ihrer Anwendung hat sich der verteilende Hoheitsträger Gedanken darüber gemacht, wem er das Gut prioritär zur Verfügung stellen will. Im Unterschied zu den formalen Kriterien geht ihnen also eine Abwägungsentscheidung voraus. Schon allein aus diesem Grund sind Ungleichbehandlungen durch materielle Verteilungskriterien tendenziell leichter zu rechtfertigen als Ungleichbehandlungen durch formale Verteilungskriterien.

Freilich müssen aber immer die konkreten Umstände des jeweiligen Einzelfalls in den Blick genommen werden. Feststeht aber, dass der verteilende Hoheitsträger nicht die freie Wahl zwischen materiellen und formalen Verteilungskriterien hat. Vielmehr ist davon auszugehen, dass die materiellen Kriterien Vorrang vor den formalen Verteilungskriterien haben.[288] Formale Kriterien dürfen nur zur Anwendung kommen,

- wenn materielle Kriterien nicht in der Lage sind, eine Auswahl zu treffen, z.B. weil die Bewerber in ihren für die Verteilung relevanten Eigenschaften identisch sind oder weil taugliche Kriterien inhaltlicher Art schlicht nicht gefunden werden können.[289] In diesen Fällen bleibt dem verteilenden Rechtssubjekt nichts anderes übrig, als auf formale Kriterien zurückzugreifen.
- wenn materielle Kriterien ungeeignet sind, eine Auswahl zu treffen („Wertungsverbot qua Neutralitätsgebot“[290]).[291]
- wenn mit der Anwendung materieller Kriterien ein unverhältnismäßiger Aufwand verbunden wäre, wie etwa beim Zusammenspiel von hohen

---

288 *Kloepfer/Reinert*, in: Gethmann/ders./dies., Verteilungsgerechtigkeit im Umweltstaat, 1995, S. 47 (70); *Kupfer*, Die Verteilung knapper Ressourcen im Wirtschaftsverwaltungsrecht, 2005, S. 423; *Wollenschläger*, Verteilungsverfahren, 2010, S. 555. Vgl. auch *Voßkuhle*, DV 32 (1999), 21 (40 f.). Siehe auch *Röhl*, in: Hoffmann-Riem/Schmidt-Aßmann/Voßkuhle, GVwR, 2012, Bd. 2, § 30, Rn. 18 („Die Gerechtigkeitsdefizite formeller Kriterien sind bekannt“).

289 *Kupfer*, Die Verteilung knapper Ressourcen im Wirtschaftsverwaltungsrecht, 2005, S. 423; *Malaviya*, Verteilungsentscheidungen und Verteilungsverfahren, 2009, S. 137; *Wollenschläger*, Verteilungsverfahren, 2010, S. 559. Siehe auch *Martini*, Der Markt als Instrument hoheitlicher Verteilungslenkung, 2008, S. 108 f.; *Voßkuhle*, DV 32 (1999), 21 (32 f.).

290 Siehe *Wollenschläger*, Verteilungsverfahren, 2010, S. 559, der auf das Beispiel der Stadthallennutzung durch Parteien verweist.

291 Vgl. *Martini*, Der Markt als Instrument hoheitlicher Verteilungslenkung, 2008, S. 109.

Bewerberzahlen, einer aufwändigen Durchführung eines Bewerbervergleichs und/oder Zeitdruck.[292]

In diesen Konstellationen ist es denkbar, dass reine Zweckmäßigkeitserwägungen eine Differenzierung nach formalen Kriterien tragen können.

Im Zusammenhang mit der Verteilung von Sondernutzungsrechten fällt auf, dass die Auswahl eines unter mehreren gleich- bzw. anspruchsberechtigten Bewerbers häufig mithilfe eines formalen Verteilungskriteriums erfolgt (wie etwa das der Priorität oder des Zufalls). Der Grund dafür dürfte wohl darin liegen, dass im Unterschied zu den materiellen die formalen Kriterien keinen inhaltlichen Anknüpfungspunkt für andere inhaltliche Erwägungen bieten können. Bei ihrer Anwendung läuft die Straßenbaubehörde deshalb auch keine Gefahr, sich dem Vorwurf ausgesetzt zu sehen, sie habe sich bei der Erteilung der Erlaubnis unter Verstoß gegen § 40 VwVfG NRW auf sachfremde Erwägungen gestützt.

Gleichwohl muss in diesem Zusammenhang aber berücksichtigt werden, dass es zu einer Verteilungssituation, durch die eine Auswahl unter allen Interessenten ja überhaupt erst erforderlich wird, immer nur dann kommt, wenn mehrere gleich- oder anspruchsberechtigte Bewerber eine Sondernutzung begehren, hinsichtlich derer aber die Straßenbaubehörde bei der Ausübung ihres straßenrechtlichen Ermessens zu dem Ergebnis gekommen ist, dass sie ihr stattgeben will bzw. muss. Insofern steht also schon vor der eigentlichen Auswahlentscheidung fest, dass sich die begehrte Sondernutzung nach Einschätzung der Straßenbaubehörde innerhalb des straßenrechtlich Zulässigen hält. Dabei beruht die Bewertung der Sondernutzung auch nicht auf sachfremden Erwägungen. Insoweit ist es unbedenklich, wenn das eigentliche Auswahlkriterium keinen straßenrechtlichen Bezug aufweist.

Entscheidet sich nun aber die Straßenbaubehörde bei der Auswahl allein aus dem Grund, dass sie sich nicht angreifbar machen will, für ein formales Auswahlkriterium, so kommt dies einer inhaltlichen Enthaltung gleich, wodurch sie ihrer aus Art. 3 Abs. 1 GG abzuleitenden Pflicht zur Abwägung nicht gerecht wird.

---

292 *Wollenschläger*, Verteilungsverfahren, 2010, S. 559. So speziell zum Prioritätsprinzip auch *Martini*, Der Markt als Instrument hoheitlicher Verteilungslenkung, 2008, S. 110, und *Voßkuhle*, DV 32 (1999), 21 (38). Siehe auch *Zuck*, Auswahl- und Verteilungsentscheidungen beim Bewerberüberhang, 1994, S. 18.

(2) Verteilungsverfahren

Aus der Sicht des verteilenden Hoheitsträgers kommt dem Verteilungsverfahren vor allem die Aufgabe zu, die optimale Umsetzung des Verteilungskriteriums zu gewährleisten. Es soll sicherstellen, dass unter allen potenziellen Bewerbern derjenige gefunden wird, der dem Verteilungskriterium am ehesten gerecht wird. Den Bewerbern ist hingegen vor allem daran gelegen, dass das Verteilungsverfahren so ausgestaltet ist, dass es ihre chancengleiche Beteiligung am Auswahlprozess sicherstellt.[293]

Gewährleistet werden kann dies mithilfe verschiedener Verfahrensanforderungen, wobei aber nicht stets sämtliche von ihnen erfüllt sein müssen. Welche Verfahrensanforderungen im Einzelfall einzuhalten sind, hängt vielmehr von den maßgeblichen Umständen der jeweiligen Verteilungssituation ab.

Feststeht indes nur, dass sich die Anforderungen mit der Intensität erhöhen, mit der auch Freiheitsgrundrechte betroffen sind. Je intensiver Freiheitsgrundrechte berührt werden, desto dringender muss eine sachgerechte Verteilung auch durch eine entsprechende Verfahrensgestaltung sichergestellt werden. Der Formalisierung einzelner Verfahrensschritte kommt dabei insofern entscheidende Bedeutung zu, als durch sie die behördlichen Gestaltungsspielräume konkretisiert werden können. Sie verleiht dem Verfahren mehr Struktur und Transparenz; behördliche Entscheidungen werden tendenziell berechenbarer und deshalb auch kontrollierbarer. In seiner Gesamtheit trägt all dies dazu bei, dass die Gefahr einer gleichheitswidrigen Verteilung minimiert wird.

Vereinzelt wird in diesem Zusammenhang die Entwicklung eines verbindlichen Verteilungskonzepts für erforderlich gehalten.[294] Durch dieses kann das verteilende Rechtssubjekt einerseits zum Ausdruck bringen, dass es die Verteilungssituation als solche identifiziert hat, und andererseits durch die Bestimmung von Verteilungsgegenstand, -kriterien und weiterem Verfahrensablauf aufzeigen, wie es das bestehende Verteilungsproblem lösen will.[295] Es kann daher entscheidend dazu beitragen, dass der behördliche Entscheidungsprozess rationaler, transparenter und deshalb auch kontrollfähiger wird.[296]

---

293 Vgl. *Röhl*, in: Hoffmann-Riem/Schmidt-Aßmann/Voßkuhle, GVwR, 2012, Bd. 2, § 30, Rn. 17; *Wollenschläger*, in: v. Mangoldt/Klein/Starck, GG, 2018, Bd. 1, Art. 3, Rn. 309.

294 So etwa *Wollenschläger*, in: v. Mangoldt/Klein/Starck, GG, 2018, Bd. 1, Art. 3, Rn. 309 m.w.N. Siehe auch *Röhl*, in: Hoffmann-Riem/Schmidt-Aßmann/Voßkuhle, GVwR, 2012, Bd. 2, § 30, Rn. 18.

295 *Wollenschläger*, in: v. Mangoldt/Klein/Starck, GG, 2018, Bd. 1, Art. 3, Rn. 309.

296 *Wollenschläger*, Verteilungsverfahren, 2010, S. 39.

Ferner dürfte in einer Vielzahl von Verteilungssituationen eine Bekanntmachungspflicht (insbesondere auch der Verteilungskriterien) bestehen.[297] Denn durch eine Bekanntmachung kann sichergestellt werden, dass alle potenziellen Bewerber zumindest die Möglichkeit hatten, von der anstehenden Verteilung und ihren Rahmenbedingungen zu erfahren.[298] Und dass alle potenziell Interessierten von ihrer Chance auf Zuteilung des Gutes Kenntnis erhalten, ist grundlegende Voraussetzung einer chancengleichen Verteilung.[299] Dabei kann eine Bekanntmachungspflicht aber freilich immer nur in den Fällen bestehen, in denen der verteilende Hoheitsträger davon ausgehen muss, dass mehrere Personen an der Zuteilung des Gutes interessiert sein werden.

Im Übrigen muss bei jedem weiteren Verfahrensschritt auf Neutralität und Chancengleichheit geachtet werden.[300] Dabei kann eine neutrale, unvoreingenommene Verfahrensdurchführung vor allem durch entsprechende Befangenheitsregelungen sichergestellt werden.[301] Demgegenüber ist es mit dem Gebot der Chancengleichheit nicht vereinbar, wenn nur einzelne Bewerber bestimmte Informationen erhalten und dadurch unter Umständen in eine bessere Ausgangsposition versetzt werden.[302] Schlussendlich bedarf die endgültige Verteilungsentscheidung der Begründung, vor allem auch deshalb, weil sie dadurch in einem etwaigen Rechtsschutzverfahren einfacher auf ihre Rechtmäßigkeit hin überprüft werden kann.[303]

Bei der Ausgestaltung des jeweiligen Auswahlverfahrens dürfen allerdings auch Zweckmäßigkeitserwägungen, wie z.B. die schnelle und praktikable Durchführung des Verfahrens, Berücksichtigung finden. So setzt eine gleichheitskonforme Verfahrensgestaltung i.S.d. Art. 3 Abs. 1 GG natürlich nicht in jedem Fall voraus, dass ein detailliertes Verteilungskonzept erstellt wird oder eine öffentliche Bekanntmachung erfolgt. Ein Verteilungskonzept bietet sich nur für komplexere Verteilungsvorgänge an, bei denen eine besondere Strukturierung des Verfahrens die Gewähr dafür bieten muss, dass das Verfahren

---

297 Siehe dazu *Gusy*, NJW 1988, 2505 (2511).

298 *Gusy*, NJW 1988, 2505 (2511); siehe auch *Burgi*, NZBau 2005, 610 (615).

299 *Gusy*, NJW 1988, 2505 (2511).

300 *Wollenschläger*, Verteilungsverfahren, 2010, S. 40.

301 *Wollenschläger*, in: v. Mangoldt/Klein/Starck, GG, 2018, Bd. 1, Art. 3, Rn. 309.

302 Siehe dazu *Gusy*, NJW 1988, 2505 (2511); *Röhl*, in: Hoffmann-Riem/Schmidt-Aßmann/Voßkuhle, GVwR, 2012, Bd. 2, § 30, Rn. 19; *Wollenschläger*, in: v. Mangoldt/Klein/Starck, GG, 2018, Bd. 1, Art. 3, Rn. 309 („Verbot selektiver Information").

303 *Gusy*, NJW 1988, 2505 (2511); *Wollenschläger*, in: v. Mangoldt/Klein/Starck, GG, 2018, Bd. 1, Art. 3, Rn. 309.

hinreichend transparent ist. Beispielsweise wäre es mit einem übertriebenen Aufwand verbunden, wenn bei der Verteilung einer Straßenfläche, die gastronomisch genutzt werden soll, deren entsprechende Nutzung aber wegen der räumlichen Lage überhaupt nur für zwei Gastronomen ernsthaft in Frage kommt, die Erstellung eines Verteilungskonzepts verlangt werden würde. Eine öffentliche Bekanntmachung wäre vor dem Hintergrund, dass überhaupt nur zwei Personen als Begünstigte in Betracht kommen, sogar sinnlos, sodass es gar nicht darauf ankäme, ob der damit verbundene Aufwand noch vertretbar wäre. Es bedarf also stets einer Abwägung im Einzelfall, um festzustellen, inwieweit eine weniger formalisierte Verfahrensgestaltung, die tendenziell eher geeignet ist, Ungleichbehandlungen zu provozieren, durch Zweckmäßigkeitserwägungen gerechtfertigt werden kann.

b.) Art. 12 Abs. 1 GG

Und auch aus Art. 12 Abs. 1 GG bzw. aus dem aus ihm abzuleitenden Kapazitätserschöpfungsgebot ergeben sich konkrete Anforderungen, denen Verteilungskriterien und Verteilungsverfahren genügen müssen. U.U. kann es daher verfassungswidrig sein, wenn das Verteilungskriterium und -verfahren so gewählt werden, dass vorhanden Kapazitäten nicht erschöpfend genutzt werden.[304] Vielmehr sollten sie gewährleisten, dass die Kapazitäten, die nach dem Willen der Verwaltung genutzt werden sollen, zunächst zutreffend ermittelt und sodann unter den Bewerbern vollständig verteilt werden können. In erster Linie hätte dies Auswirkungen auf die Konzeptphase: In einem Verteilungskonzept müsste die zur Verfügung stehende Kapazität dargelegt und ggf. auch begründet werden, sofern sich die verfügbare Kapazität nicht ohne Weiteres zweifelsfrei ermitteln lässt.

c.) Zusammenfassung

Die Anforderungen an die Verteilung von Sondernutzungsrechten ergeben sich namentlich aus Art. 3 Abs. 1 GG, bei dem nach der jüngeren Rechtsprechung des BVerfG ein stufenloser am Grundsatz der Verhältnismäßigkeit orientierter Prüfungsmaßstab gilt, der aber nicht i.S.e. freiheitsrechtlichen Verhältnismäßigkeitsprüfung zu verstehen ist. Mit Blick auf die Verteilungskriterien ist festzuhalten, dass die materiellen Kriterien Vorrang vor den formalen Kriterien haben. Das Verteilungsverfahren muss so ausgestaltet sein, dass es eine chancengleiche

304 BVerfG, Beschl. v. 09.04.1975 – 1 BvR 344/73 (Kapazitätsausnutzung (Studienplätze)), juris.

Beteiligung aller an der Sondernutzung interessierten Personen sicherstellt. Insofern ergibt sich aus Art. 3 Abs. 1 GG für alle Bewerber das Recht auf eine sachgerechte Auswahl. Dieses wird ggf. durch Art. 12 Abs. 1 GG dahingehend ergänzt, dass die Verteilung der Sondernutzungsrechts unter erschöpfender Ausnutzung der zuvor festgelegten Kapazität erfolgen muss.

II. Unionsrechtlicher Rahmen

Die unionsrechtlichen Grenzen, die bei der Verteilung von Sondernutzungsrechten nicht überschritten werden dürfen, ergeben sich in erster Linie aus dem europäischen Primärrecht, zu welchem namentlich die Grundfreiheiten und die Unionsgrundrechte gehören. Im Folgenden soll daher geprüft werden, ob und ggf. welche Maßgaben sich ihnen hinsichtlich der Verteilung von Sondernutzungsrechten entnehmen lassen.

Die kartellrechtlichen Vorschriften der Art. 101 ff. AEUV sind hingegen nicht relevant. Sie richten sich an Unternehmen und setzen damit eine wirtschaftliche Betätigung voraus.[305] Freilich kann sich auch die öffentliche Hand wirtschaftlich betätigen, weshalb sie insoweit auch vom Kartellrecht adressiert wird.[306] Bei der einfachen Vermittlung eines Sondernutzungsrechts, namentlich durch die Erteilung einer Sondernutzungserlaubnis, handelt die öffentliche Hand aber gerade nicht wirtschaftlich, sondern hoheitlich, worauf die kartellrechtlichen Vorschriften keine Anwendung finden.[307] Allenfalls aus Art. 106 Abs. 1 AEUV i.V.m. Art. 102 AEUV, der nicht Unternehmen, sondern die Mitgliedstaaten (und als Teil dieser eben auch die Gemeinden)[308] adressiert, könnten sich Maßgaben mit Blick auf die Verteilung von Sondernutzungsrechten ergeben. Auf ihn soll daher ebenfalls eingegangen werden.

Als einschlägiges Sekundärrecht käme allenfalls die Dienstleistungs-RL[309] in Betracht, die für Genehmigungsregelungen, die sich auf die Aufnahme oder Ausübung einer Dienstleistungstätigkeit beziehen, bestimmte Anforderungen statuiert (Art. 9 ff.). Erforderlich ist allerdings, dass die Dienstleistungserbringer

---

305 *Bechtold/Bosch/Brinker*, EU-Kartellrecht, 2014, Art. 101 AEUV, Rn. 12; *Hengst*, in: Langen/Bunte, Kartellrecht, 2018, Bd. 2, Art. 101 AEUV, Rn. 8.

306 *Grave/Nyberg*, in: Loewenheim u.a., Kartellrecht, 2020, Art. 101 Abs. 1, Rn. 100.

307 *Bechtold/Bosch/Brinker*, EU-Kartellrecht, 2014, Art. 101 AEUV, Rn. 19; *Hengst*, in: Langen/Bunte, Kartellrecht, 2018, Bd. 2, Art. 101 AEUV, Rn. 19 f.

308 *Stadler*, in: Langen/Bunte, Kartellrecht, 2018, Bd. 2, Art. 106 AEUV, Rn. 14.

309 Richtlinie 2006/123/EG des Europäischen Parlamentes und des Rates vom 12.12.2006 über Dienstleistungen im Binnenmarkt, ABl. 2006 L 376, S. 36.

von der betreffenden Vorschrift in besonderer Weise betroffen werden. In diesem Zusammenhang ist auch die Rede von einer sog. Sonderbetroffenheit, die aber nur dann anzunehmen ist, wenn die Norm „ausschließlich (bzw. weit überwiegend) an Dienstleistungserbringer (und Gewerbetreibende) adressiert ist."[310] Daran fehlt es aber bei der straßenrechtlichen Sondernutzungserlaubnisvorschrift, weil sie gerade nicht weit überwiegend an Dienstleistungserbringer gerichtet ist und im Übrigen auch sonst keinen dienstleistungsspezifischen Bezug erkennen lässt.[311] Anderes gilt indes für § 18a StrWG NRW[312], der speziell Carsharinganbieter betrifft.[313]

Sekundärrechtliche Vorgaben bestehen demgegenüber in den Fällen, in denen das Sondernutzungsrecht Teil eines Beschaffungsvorgangs ist und deshalb auch vergaberechtliche Bestimmungen zur Anwendung kommen können. In diesen Fällen kann die Konzessions-RL[314] von Bedeutung sein.[315]

1. *Grundfreiheiten*

Die primärrechtlichen Anforderungen an die Verteilung ergeben sich in erster Linie aus den europäischen Grundfreiheiten. Sie zielen auf die Gewährleistung eines europäischen Binnenmarktes unter den Bedingungen von Marktfreiheit und Marktgleichheit (Art. 3 Abs. 3 EUV, Art. 26 AEUV). Vor diesem Hintergrund drängt sich ihre Relevanz immer dann auf, wenn sich die Verteilungsvorgänge auf Güter beziehen, an denen auch über die Grenzen des jeweiligen Mitgliedstaates hinaus Wirtschaftssubjekte ein ökonomisches Interesse haben könnten. Dabei schützen die Grundfreiheiten zunächst einmal vor (offenen und versteckten) Diskriminierungen, d.h. vor mitgliedstaatlichen Maßnahmen, die entweder unmittelbar, also aufgrund der Staatsangehörigkeit bzw. der Warenherkunft, oder aber zumindest mittelbar diskriminieren, indem sie an

---

310 *Luch/Schulz*, in: Schliesky, Die Umsetzung der EU-Dienstleistungsrichtlinie in der deutschen Verwaltung, S. 59 (89 f., 103 f.).

311 *Luch/Schulz*, in: Schliesky, Die Umsetzung der EU-Dienstleistungsrichtlinie in der deutschen Verwaltung, S. 59 (112). Eine Sondernutzungserlaubnis benötigen Dienstleistungserbringer in Ausübung ihrer wirtschaftlichen Tätigkeit genauso wie Privatpersonen auch.

312 Zu den entsprechenden Regelungen in den anderen Bundesländern siehe Fn. 135.

313 Vgl. *Schröder*, NVwZ 2018, 1604 (1605 ff.).

314 Richtlinie 2014/23/EU des Europäischen Parlaments und des Rates vom 26.02.2014 über die Konzessionsvergabe, ABl. 2014 L 94, S. 1.

315 Dazu § 4B.II a.E.

ein Kriterium anknüpfen, das typischerweise EU-Ausländer bzw. ausländische Waren erfüllen.[316] Darüber hinaus statuieren sie Beschränkungsverbote, die sich auf unterschiedslos angewendete Maßnahmen beziehen, die aber geeignet sind, eine transnationale wirtschaftliche Betätigung mittel- oder unmittelbar, tatsächlich oder potenziell zu behindern oder zumindest doch weniger attraktiv zu machen.[317] Derartige Diskriminierungs- und Beschränkungsverbote sind aber nicht per se unzulässig. Sowohl die offenen als auch die versteckten Diskriminierungen können genau wie die staatlichen Beschränkungen im o.g. Sinne aus bestimmten Gründen gerechtfertigt sein. Eine Rechtfertigung offener Diskriminierungen ist allerdings nur auf der Grundlage ausdrücklicher Schranken möglich.[318] Versteckte Diskriminierungen (so jedenfalls nach der herrschenden Auffassung) und Beschränkungen können dagegen auch durch ungeschriebene Schranken, d.h. durch zwingende Erfordernisse des Allgemeininteresses, gerechtfertigt werden, jedenfalls solange sie geeignet sind, die Verwirklichung des verfolgten Ziels zu gewährleisten, und sie nicht über das hinausgehen, was zur Erreichung des Ziels erforderlich ist.[319]

Im Zusammenhang mit der Verteilung von Sondernutzungsrechten kommt in erster Linie eine Betroffenheit der Dienstleistungsfreiheit (Art. 56 ff. AEUV), ggf. auch der Niederlassungsfreiheit (Art. 49 AEUV), in Frage. Voraussetzung dafür ist zunächst, dass die kommerzielle Tätigkeit, welche durch das Sondernutzungsrecht gestattet werden soll, grenzüberschreitende Relevanz aufweist. Die Grundfreiheiten bezwecken die Schaffung bzw. Aufrechterhaltung eines Binnenmarktes, eines einheitlichen Wirtschaftsraumes ohne Binnengrenzen, in dem der freie Verkehr von Waren, Personen, Dienstleistungen und Kapital gem. den Bestimmungen der Verträge gewährleistet ist (vgl. Art. 26 Abs. 2 AEUV). Ziel ist es also, die speziell zwischen den einzelnen Mitgliedstaaten bestehenden Barrieren, die mit dem Binnenmarktziel unvereinbar sind, abzubauen. Deshalb sind vom Schutzbereich der Grundfreiheiten eben auch nur solche Sachverhalte

---

316 *Ehlers*, in: Ehlers, Europäische Grundrechte und Grundfreiheiten, 2014, § 7, Rn. 24 ff. (28).

317 EuGH, Urt. v. 11.07.1974 – C-8/74 (Dassonville), juris; EuGH, Urt. v. 30.11.1995 – C-55/94 (Gebhard), juris.

318 *Ehlers*, in: Ehlers, Europäische Grundrechte und Grundfreiheiten, 2014, § 7, Rn. 110 ff. (119).

319 *Ehlers*, in: Ehlers, Europäische Grundrechte und Grundfreiheiten, 2014, § 7, Rn. 110 ff. (119). Zu den Rechtfertigungsanforderungen siehe grundlegend EuGH, Urt. v. 20.02.1979 – C-120/78 (Cassis de Dijon), juris.

erfasst, die grenzüberschreitenden Bezug haben.[320] Während der EuGH dafür zunächst noch ein lediglich potenzielles Interesse eines ausländischen Unternehmens ausreichen ließ, fordert er nunmehr seit der Rs. *An Post* ein „eindeutiges grenzüberschreitendes Interesse“[321]. Im Zusammenhang mit der Vergabe von öffentlichen Aufträgen führte der EuGH dazu aus, dass dieses Interesse insbesondere durch einen Auftragswert von gewisser Bedeutung in Verbindung mit dem Ort der Ausführungen, der etwa in einer grenznahen Region liegt,[322] indiziert werde.[323] In Anbetracht dieser Anforderungen wird die Binnenmarktrelevanz von zu verteilenden Sondernutzungsrechten, wie sie Gegenstand dieser Untersuchung sind, nur äußerst selten anzunehmen sein.[324] Denn i.d.R. bewegt sich deren wirtschaftliche Bedeutung nicht in solchen Dimensionen, dass sie auch für ausländische Unternehmen interessant wären. Gleichwohl sind aber auch Fälle denkbar, insbesondere in grenznahen Regionen, in denen der erforderliche grenzüberschreitende Bezug bejaht werden muss, wenngleich er bei der Vergabe entsprechender Dienstleistungskonzession deutlich häufiger anzunehmen sein wird.

Hat die Erteilung einer Sondernutzungserlaubnis ausnahmsweise Binnenmarktrelevanz, so können die Unionsbürger eine etwaige Verletzung ihrer Grundfreiheiten durch den jeweiligen Mitgliedstaat als subjektive Rechte

320 *Frenz*, Handbuch Europarecht, 2012, Bd. 1, Kap. 4, § 2, Rn. 407; *Siegel*, NZBau 2019, 353 (354). Siehe auch *Burgi*, Vergaberecht, 2021, § 3, Rn. 24.

321 EuGH, Urt. v. 13.11.2007 – C-507/03, Rn. 29, juris.

322 Die Grenznähe des Ausführungsortes allein ist aber für die Annahme eines grenzüberschreitenden Interesses nicht ausreichend, EuGH, Urt. v. 06.10.2016 – C-318/15, Rn. 24, juris.

323 EuG, Urt. v. 29.05.2013 – T-384/10, Rn. 114, juris, unter Verweis auf EuGH, Urt. v. 21.07.2005 – C-231/03 (Coname), Rn. 20, juris, und EuGH, Urteile v. 15.05.2008 – C-147/06 und C-148/06 (SECAP und Santorso), jeweils Rn. 31, juris; siehe auch *Wollenschläger*, NVwZ 2007, 388 (391). Zu der Frage, wann öffentliche Aufträge Binnenmarktrelevanz entfalten, siehe auch die Mitteilung der Kommission zu Auslegungsfragen in Bezug auf das Gemeinschaftsrecht, das für die Vergabe öffentlicher Aufträge gilt, die nicht oder nur teilweise unter die Vergaberichtlinien fallen, ABl. 2006 C 179, S. 2. Nach deren Nr. 1.3. sind bei der Prüfung der Umstände des jeweiligen Falls „der Auftragsgegenstand, der geschätzte Auftragswert, die Besonderheiten des betreffenden Sektors (Größe und Struktur des Marktes, wirtschaftliche Gepflogenheiten usw.) sowie die geographische Lage des Orts der Leistungserbringung zu berücksichtigen“.

324 *Burgi*, NVwZ 2017, 257 (263).

geltend machen.[325] Die Dienstleistungsfreiheit gewährt insoweit das Recht, eine Dienstleistung über die Ländergrenze hinweg in einem anderen Mitgliedstaat zu erbringen,[326] wobei Dienstleistungen gem. Art. 57 Abs. 1 AEUV im Grunde als Leistungen zu verstehen sind, die gegen Entgelt erbracht werden, was auf die kommerziellen Tätigkeiten, wie sie hier Gegenstand der Untersuchung sind, zutrifft. Im Unterschied zur Niederlassungsfreiheit, die von einer dauerhaften Anwesenheit des Dienstleistungserbringers in einem anderen Mitgliedstaat ausgeht und insoweit auch die Dienstleistungsfreiheit in ihrem Anwendungsbereich verdrängt, schützt letztere den Dienstleistungserbringer, wenn er dort nur vorübergehend, also ohne dauerhafte Niederlassung, tätig werden will.[327]

Im Vorfeld der eigentlichen Verteilung kommt es regelmäßig vor, dass die zur kommerziellen Benutzung des öffentlichen Straßenraums erforderlichen Sondernutzungsrechte kontingentiert werden. Darin liegt nicht nur ein Eingriff in Art. 12 Abs. 1 GG, sondern auch eine Beschränkung der hier besonders relevanten Dienstleistungsfreiheit.[328] Derartige Verknappungen hemmen die wirtschaftliche Betätigung in den betroffenen Bereichen. Denn i.d.R. führen sie dazu, dass der öffentliche Straßenraum in der betreffenden Art und Weise weniger kommerziell genutzt wird als ohne sie. Aus der Perspektive der einzelnen Bewerber verringern die Kontingentierungen die Chance, die fragliche Tätigkeit ausüben zu dürfen. Sie machen sie also nicht nur weniger attraktiv, sondern stellen vielmehr auch ein Hindernis zur Ausübung dieser Tätigkeit dar. Weil sie In- und Ausländer gleichermaßen betreffen, scheiden sie als Diskriminierung aus. Gleichwohl sind sie aber als Beschränkung der Dienstleistungsfreiheit rechtfertigungsbedürftig. Beschränkungen können entweder durch einen Rechtfertigungsgrund i.S.d. Art. 52 Abs. 1 AEUV (öffentliche Ordnung, Sicherheit oder Gesundheit), welcher über Art. 62 AEUV auch für die Dienstleistungsfreiheit gilt, oder, sofern sie nicht (offen) diskriminierend sind, durch zwingende Gründe des Allgemeininteresses gerechtfertigt sein, wobei sie darüber hinaus auch geeignet sein müssen, die Verwirklichung des mit ihnen verfolgten Ziels zu

---

325 *Ehlers*, in: Ehlers, Europäische Grundrechte und Grundfreiheiten, 2014, § 7, Rn. 10; *Sauer*, JuS 2017, 310 (311). Siehe auch EuGH, Urt. v. 05.02.1963 – C-26/62 (van Gend & Loos), juris, freilich mit anderer Terminologie („unmittelbare Wirkungen" und „individuelle Rechte").

326 *Kluth*, in: Calliess/Ruffert, EUV/AEUV, 2016, Art. 57 AEUV, Rn. 27; *Kotzur*, in: Geiger/Khan/Kotzur, EUV/AEUV, 2017, Art. 56 AEUV, Rn. 1.

327 *Kluth*, in: Calliess/Ruffert, AEUV/EUV, 2016, Art. 57 AEUV, Rn. 15; *Müller-Graff*, in: Streinz, EUV/AEUV, 2018, Art. 56 AEUV, Rn. 27.

328 Vgl. *Wollenschläger*, Verteilungsverfahren, 2010, S. 124.

gewährleisten, und sie nicht über das hinausgehen dürfen, was zur Erreichung des Ziels erforderlich ist.[329]

Auch die anschließende Verteilung der kontingentierten Sondernutzungsrechte betrifft die Dienstleistungsfreiheit. Denn den unterlegenen Bewerbern bleibt die Ausübung der von ihnen beabsichtigten kommerziellen Tätigkeit im öffentlichen Straßenraum verwehrt. In Anbetracht des Umstandes, dass nicht allen Bewerbern das begehrte Sondernutzungsrecht zugeteilt werden kann, stellt sich dann die Frage, unter welchen Voraussetzungen die gezwungenermaßen vorzunehmende Auswahlentscheidung, die sowohl eine Diskriminierung als auch eine Beschränkung bedeuten kann, unionsrechtlich gerechtfertigt ist.

Namentlich zur Vergabe von Dienstleistungskonzessionen, die bis zum Inkrafttreten der Konzessions-RL am 17.04.2014 sekundärrechtlich gänzlich ungeregelt war, hat der EuGH herausgearbeitet, welche Anforderungen sich aus den Grundfreiheiten für die Auswahlkriterien und -verfahren ableiten lassen. Diese sind verallgemeinerungsfähig und können deshalb auch auf Verteilungsvorgänge übertragen werden, die nicht zugleich auch Beschaffungscharakter aufweisen.[330] Dies gilt jedenfalls solange, wie die Maßgaben nicht aus den spezifischen Besonderheiten herrühren, die speziell mit einem Beschaffungsvorgang verbunden sind. Denn die in der EuGH-Rechtsprechung entwickelten Vorgaben ergeben sich in erster Linie daraus, dass sich mehrere Bewerber, wie hier, in einer Auswahlsituation befinden und sich deshalb zu ihrem Schutz auf die Grundfreiheiten berufen können sollen. Maßgeblich ist also das Bestehen einer Wettbewerbssituation, weil in dieser die Bewerber einen chancengleichen Auswahlvorgang sichergestellt wissen wollen. Insoweit ist es daher nicht von Relevanz, ob das betreffende Verteilungsobjekt aus der Perspektive der Verwaltung einen Beschaffungszweck erfüllt oder nicht. Deshalb können die primärrechtlichen Maßgaben, die für Vergabeverfahren als eine besondere Form des Verteilungsverfahrens herausgearbeitet wurden, auch auf Verteilungsverfahren ohne Beschaffungsbezug übertragen werden.

Nach der Rechtsprechung des EuGH ergibt sich aus den Grundfreiheiten der Art. 49 und Art. 56 AEUV und dem Verbot der Diskriminierung aus Gründen der Staatsangehörigkeit (Art. 18 AEUV), dass der Auftraggeber bei der Vergabe von Dienstleistungskonzessionen – und dementsprechend nach Maßgabe des vorstehend Gesagten auch bei der Verteilung von Sondernutzungsrechten – die

---

329 EuGH, Urt. v. 06.03.2007 – C-338/04 (Placanica u.a.), Rn. 45 ff., juris; EuGH, Urt. v. 31.01.2008 – C-380/05 (Centro Europa), Rn. 100, juris.

330 *Wollenschläger*, Verteilungsverfahren, 2010, S. 114 m.w.N.

Grundsätze der Gleichbehandlung, Nichtdiskriminierung und Transparenz zu beachten hat.[331]

Das Verbot der Diskriminierung aus Gründen der Staatsangehörigkeit schließe, so der EuGH in der Rs. *Telaustria*, die Verpflichtung zur Transparenz mit ein, damit festgestellt werden könne, ob es beachtet worden sei.[332] „Kraft dieser Verpflichtung zur Transparenz muss der Auftraggeber zugunsten potenzieller Bieter einen angemessenen Grad von Öffentlichkeit sicherstellen, der den Dienstleistungsmarkt dem Wettbewerb öffnet und die Nachprüfung ermöglicht, ob die Vergabeverfahren unparteiisch durchgeführt wurden.“[333] In der Rs. *Coname* hat der EuGH zum Transparenzerfordernis weiter ausgeführt, dass in einer ohne jede Transparenz erfolgenden Vergabe insofern auch eine (mittelbare) Diskriminierung liegen könne, als es ausländischen Unternehmen dann schon gar nicht möglich sei, ihr Interesse zu bekunden.[334]

Aus dem Gleichbehandlungsgrundsatz hat der EuGH das Gebot der Chancengleichheit entwickelt. In der Rs. *Parking Brixen* betonte er, „dass alle Bieter [auch] unabhängig von ihrer Staatsangehörigkeit bei der Aufstellung ihrer Angebote über die gleichen Chancen verfügen müssen“[335]. Der Grundsatz der Gleichbehandlung sei daher auch dann anwendbar, wenn keine Diskriminierung aus Gründen der Staatsangehörigkeit vorliege.[336]

Im Folgenden sollen nun die konkreten Anforderungen dargestellt werden, die sich für das anzuwendende Verteilungskriterium bzw. -verfahren ergeben.

a.) Verteilungskriterien

Nach den genannten Maßgaben dürfen die Verteilungskriterien grds. weder unmittelbar noch mittelbar an die Staatsangehörigkeit anknüpfen. Anderes gilt nur, wenn eine entsprechende Ungleichbehandlung ausnahmsweise durch geschriebene bzw. ungeschriebene Schranken gerechtfertigt werden kann.

---

331 EuGH, Urt. v. 07.12.2000 – C-324/98 (Telaustria), Rn. 60 ff., juris; EuGH, Urt. v. 21.07.2005 – C-231/03 (Coname), Rn. 16 ff., juris; EuGH, Urt. v. 13.10.2005 – C-458/03 (Parking Brixen), Rn. 46 ff., juris; EuGH, Urt. v. 14.11.2013 – C-221/12 (Belgacom), Rn. 28, juris.

332 EuGH, Urt. v. 07.12.2000 – C-324/98 (Telaustria), Rn. 61, juris; EuGH, Urt. v. 18.11.1999 – C-275/98 (Unitron Scandinavia), Rn. 31, juris.

333 EuGH, Urt. v. 07.12.2000 – C-324/98 (Telaustria), Rn. 62, juris.

334 EuGH, Urt. v. 21.07.2005 – C-231/03 (Coname), Rn. 17 ff., juris; EuGH, Urt. v. 14.11.2013 – C-221/12 (Belgacom), Rn. 31, juris.

335 EuGH, Urt. v. 13.10.2005 – C-458/03 (Parking Brixen), Rn. 48 m.w.N., juris.

336 EuGH, Urt. v. 13.10.2005 – C-458/03 (Parking Brixen), Rn. 48, juris.

Aus dem Transparenzgebot kann sich ergeben, dass die verteilende Stelle hinsichtlich der Verteilungskriterien dazu verpflichtet ist, diese möglichst genau und verständlich zu beschreiben, sodass es den unterlegenen Bewerbern möglich ist, das Verteilungsergebnis nachzuprüfen.[337] Mehr Transparenz schafft eine detaillierte Beschreibung der Kriterien auch insofern, als dadurch etwaig bestehende Spielräume der verteilenden Stelle, die sich später an den von ihr festgelegten Kriterien festhalten lassen muss,[338] schon im Vorhinein begrenzt werden.[339] Zudem kann dadurch verhindert werden, dass hinsichtlich der Verteilungsbedingungen namentlich bei ausländischen Bewerbern Unsicherheiten entstehen, welche sie möglicherweise davon abhalten würden, ihr Interesse zu bekunden.

Darüber hinaus ergibt sich aus dem Grundsatz der Verhältnismäßigkeit, dass das Verteilungskriterium in einem sachlichen Zusammenhang mit dem zu verteilenden Gut stehen muss.[340] Das Kriterium muss in angemessener Weise den Eigenheiten des Verteilungsobjektes Rechnung tragen,[341] wodurch freilich nicht die Einbeziehung von Sekundärzwecken ausgeschlossen wird, solange sie nur einen hinreichenden Bezug zum Verteilungsobjekt aufweisen.[342] Dadurch wird eine willkürliche Bestimmung des Verteilungskriteriums unterbunden, wodurch nicht zuletzt auch eine chancengleichere Verteilung gewährleistet wird.[343]

b.) Verteilungsverfahren

Aus dem Transparenzgebot ergibt sich für das Verfahren zur Verteilung knapper Güter, an denen ein grenzüberschreitendes Interesse bestehen kann, zunächst die Pflicht, die anstehende Verteilung hinreichend publik zu machen. Dabei hängen sowohl die Art und Weise als auch die Reichweite einer etwaigen Bekanntmachungs- bzw. Ausschreibungspflicht von den Umständen des Einzelfalls ab,[344] wobei dem wirtschaftlichen Potenzial des knappen Gutes entscheidende Bedeutung zukommen dürfte.[345] Freilich kann auch das Unterlassen

---

337 *Wollenschläger*, Verteilungsverfahren, 2010, S. 125.
338 *Burgi*, NZBau 2005, 610 (615).
339 *Wollenschläger*, Verteilungsverfahren, 2010, S. 125.
340 *Wollenschläger*, Verteilungsverfahren, 2010, S. 126.
341 Vgl. EuGH, Urt. v. 13.10.2005 – C-458/03 (Parking Brixen), Rn. 50, juris.
342 *Wollenschläger*, Verteilungsverfahren, 2010, S. 126. Siehe auch *Frenz*, Vergaberecht EU und national, 2018, § 2, Rn. 189.
343 *Frenz*, Vergaberecht EU und national, 2018, § 2, Rn. 189.
344 EuGH, Urt. v. 21.07.2005 – C-231/03 (Coname), Rn. 21, juris.
345 Vgl. *Frenz*, Vergaberecht EU und national, 2018, § 2, Rn. 197.

einer Ausschreibung, etwa aus Gründen der Dringlichkeit, gerechtfertigt sein.[346]

Während des Verteilungsverfahrens muss allen Interessenten derselbe Zugang zu Informationen gewährt werden.[347] Eine andere Vorgehensweise wäre grds. nicht mit dem Gebot der Chancengleichheit vereinbar. Im Übrigen erfordert das Gleichbehandlungs- respektive Transparenzgebot, dass das Verfahren auch nach Maßgabe der Ausschreibung durchgeführt wird, d.h. es dürfen grds. weder unpassende Angebote berücksichtigt noch jenseits der festgelegten Bedingungen Verhandlungen geführt werden.[348] Das verteilende Rechtssubjekt muss sich vielmehr an den von ihm aufgestellten Kriterien festhalten lassen. Ferner können Dokumentationspflichten bestehen.[349] Sie ermöglichen die Überprüfung darauf hin, ob das Verfahren tatsächlich diskriminierungsfrei durchgeführt wurde. Die (gerichtliche) Nachprüfbarkeit von Verteilungsentscheidungen ist zentraler Gewährleistungsgehalt der Grundfreiheiten, weil sie die Beachtung der materiellen Vorgaben verfahrensmäßig absichert.[350]

Im Übrigen gilt für das Verteilungsverfahren, was sich auch schon aus dem nationalen Verfassungsrecht ableiten lässt, nämlich die Maßgabe, dass dieses so ausgestaltet sein muss, dass dem angewendeten Verteilungskriterium zur Geltung verholfen wird. Auf welche konkrete Art und Weise dies gewährleistet werden kann, hängt von den Umständen des jeweiligen Einzelfalls ab.

2. *Unionsgrundrechte*

Neben den Grundfreiheiten gehören auch die Unionsgrundrechte zum europäischen Primärrecht, welches die Mitgliedstaaten bei der Verteilung knapper Güter zu beachten haben. In Betracht kommt eine Betroffenheit des Allgemeinen Gleichheitssatzes (Art. 20 GRCh), der Berufsfreiheit (Art. 15 GRCh), der unternehmerischen Freiheit (Art. 16 GRCh) oder des Eigentumsrechts (Art. 17

---

346 Vgl. *Wollenschläger*, NVwZ 2007, 388 (393). Siehe auch *Frenz*, Vergaberecht EU und national, 2018, § 2, Rn. 205.

347 *Frenz*, Vergaberecht EU und national, 2018, § 2, Rn. 181.

348 Vgl. dazu Nr. 3.1.1 der Mitteilung der Kommission zu Auslegungsfragen im Bereich Konzessionen im Gemeinschaftsrecht, ABl. 2000 C 121, S. 2; siehe auch EuGH, Urt. v. 25.04.1996 – C-87/94 (Kommission/Belgien), Rn. 54 ff., juris.

349 *Frenz*, Vergaberecht EU und national, 2018, § 2, Rn. 204. Siehe auch *Wollenschläger*, Verteilungsverfahren, 2010, S. 127.

350 EuGH, Urt. v. 07.05.1991 – C-340/89 (Vlassopoulou), Rn. 22, juris; EuGH, Urt. v. 15.10.1987 – C-222/86 (Heylens u.a.), Rn. 14 ff., juris.

Abs. 1 GRCh). Wegen ihres nur begrenzten Anwendungsbereichs sind die Unionsgrundrechte aber für die Verteilung von Sondernutzungsrechten kaum von Bedeutung. Die EU-Grundrechte-Charta gilt für die Mitgliedstaaten gem. ihres Art. 51 Abs. 1 S. 1 ausschließlich bei der Durchführung des Rechts der Union.[351] Die Mitgliedstaaten müssen die Unionsgrundrechte bei der Umsetzung des Unionsrechts und dessen Vollzug sowie ferner bei nationalen Maßnahmen, die die Grundfreiheiten beeinträchtigen, beachten.[352] Mangels konkreter unionsrechtlicher Vorgaben, die die Verteilung von Sondernutzungsrechten betreffen, können die Unionsgrundrechte aber nur insoweit relevant werden, wie die Verteilung der Erlaubnisse Grundfreiheiten beeinträchtigt. In Anbetracht des Umstandes, dass diese Problematik häufig keinen grenzüberschreitenden Bezug aufweist, werden Grundfreiheiten, insbesondere die Dienstleistungsfreiheit, aber nur selten betroffen sein, weshalb auch die Unionsgrundrechte, die in diesem Zusammenhang in erster Linie als „Schranken-Schranken" fungieren könnten, kaum zum Tragen kommen dürften.

3. *Art. 106 Abs. 1 AEUV i.V.m. Art. 102 AEUV*

Ferner könnten sich auch aus Art. 106 Abs. 1 AEUV i.V.m. Art. 102 AEUV Grenzen ergeben, die die Gemeinde bei der Verteilung von Sondernutzungsrechten mit Binnenmarktrelevanz zu beachten hätte. Art. 106 Abs. 1 AEUV i.V.m. Art. 102 AEUV bestimmt nämlich, dass die Mitgliedstaaten (und als Teil von diesen eben auch Gemeinden)[353] in Bezug auf öffentliche Unternehmen und auf Unternehmen, denen sie besondere oder ausschließliche Rechte gewähren, keine den Verträgen und insbesondere den Art. 18 und 101 bis 109 widersprechende Maßnahmen treffen oder beibehalten dürfen. Daraus folgt auch, dass die Mitgliedstaaten keine Maßnahmen treffen dürfen, die dazu führen oder führen könnten, dass ein öffentliches (zu dieser Konstellation noch genauer unter C.II) oder privilegiertes Unternehmen gegen Art. 102 AEUV verstößt, also eine beherrschende Stellung auf dem Binnenmarkt oder auf einem wesentlichen Teil desselben missbräuchlich ausnutzt.[354] Dabei stellt die erstmalige Gewährung des

---

351 Zum Streitstand zur Auslegung des Durchführungsbegriffs siehe *Jarass*, NVwZ 2012, 457 (458 f.).

352 EuGH, Urt. v. 26.02.2013 – C-617/10 (Åkerberg Fransson), juris; *Frenz*, Vergaberecht EU und national, 2018, § 2, Rn. 141.

353 *Stadler*, in: Langen/Bunte, Kartellrecht, 2018, Bd. 2, Art. 106 AEUV, Rn. 14.

354 *Dohms*, in: Wiedemann, Kartellrecht, 2020, § 35, Rn. 4; *Stadler*, in: Langen/Bunte, Kartellrecht, 2018, Bd. 2, Art. 106 AEUV, Rn. 37.

besonderen oder ausschließlichen Rechts grds. keine Maßnahme in Bezug auf ein öffentliches oder privilegiertes Unternehmen dar. In der Rs. *Sacchi* führte der EuGH dazu aus, dass Art. 106 Abs. 1 AEUV die Mitgliedstaaten in keiner Weise daran hindere, aus Gründen, die im öffentlichen Interesse liegen, einem oder mehreren Unternehmen exklusive Rechte einzuräumen und dadurch bestimmte Leistungen dem Wettbewerb zu entziehen.[355] Anderes gilt aber dann, wenn das gewährte Recht dem Unternehmen eine marktbeherrschende Stellung verschafft und es durch die bloße Ausübung des Rechts seine beherrschende Stellung missbräuchlich ausnutzt oder auch nur durch dieses Recht eine Lage geschaffen werden könnte, in der es einen solchen Missbrauch begeht.[356] In diesem Fall können der Konstitutivakt und die Maßnahme, die zu einem Missbrauch führt bzw. ihn begünstigt, nämlich nicht strikt voneinander getrennt werden, weil der Missbrauch im Grunde schon im Konstitutivakt angelegt ist.[357]

In der Vergabe eines Sondernutzungsrechts, durch welches nur einem Unternehmen eine bestimmte Art der kommerziellen Sondernutzung gestattet wird, kann zugleich auch die Gewährung eines ausschließlichen Rechts i.S.d. Art. 106 Abs. 1 AEUV gesehen werden. Für dieses Recht ist nämlich kennzeichnend, dass es nur einem Unternehmen gewährt wird und diesem die Erbringung einer bestimmten Dienstleistung oder die Ausübung einer sonstigen Tätigkeit in einem bestimmten (etwa sachlichen, räumlichen oder zeitlichen) Rahmen vorbehält.[358] Entscheidend ist, dass das betreffende Unternehmen durch das gewährte Sonderrecht im Verhältnis zu seinen tatsächlichen oder potenziellen Wettbewerbern besser gestellt wird, m.a.W. also einen Wettbewerbsvorteil erhält.[359] Das Sondernutzungsrecht, das nur einem einzigen Unternehmen gewährt wird, erfüllt diese Voraussetzungen, weil es mit der exklusiven Berechtigung zur Benutzung des öffentlichen Straßenraums auch die damit verbundene Ausübung der Dienstleistung dem begünstigten Unternehmen für den öffentlichen Straßenraum vorbehält. Sofern die Sondernutzung nicht nur einem, sondern mehreren, aber zahlenmäßig begrenzten Unternehmen gestattet wird, handelt es sich

---

355 EuGH, Urt. v. 30.04.1974 – C-155/73, Rn. 14, juris.

356 EuGH, Urt. v. 23.04.1991 – C-41/90 (Höfner und Elsner), Rn. 34, juris; EuGH, Urt. v. 18.06.1991 – C-260/89 (ERT), Rn. 38, juris; EuGH, Urt. v. 25.10.2001 – C-475/99 (Ambulanz Glöckner), Rn. 39, juris. Dazu ausführlich *Dohms*, in: Wiedemann, Kartellrecht, 2020, § 35, Rn. 82, 116 ff. (117).

357 *Stadler*, in: Langen/Bunte, Kartellrecht, 2018, Bd. 2, Art. 106 AEUV, Rn. 30.

358 *Dohms*, in: Wiedemann, Kartellrecht, 2020, § 35, Rn. 44 f.

359 *Knauff*, in: Loewenheim u.a., Kartellrecht, 2020, Art. 106 AEUV, Rn. 25.

nicht mehr um ein ausschließliches, dafür aber um ein besonderes Recht i.S.d. Art. 106 Abs. 1 AEUV.

Gleichwohl wird das Sondernutzungsrecht grds. nicht in der Lage sein, seinem Inhaber zu einer beherrschenden Stellung auf dem Binnenmarkt oder einem wesentlichen Teil desselben zu verhelfen. Außerdem wäre mit einer solchen Stellung auch noch nicht gesagt, dass der Inhaber durch die bloße Ausübung des Rechts seine Stellung missbräuchlich ausnutzen würde oder durch das Recht zumindest eine Lage geschaffen werden könnte, in der ein Missbrauch naheliegt. Es lässt sich also festhalten, dass sich Art. 106 Abs. 1 AEUV i.V.m. Art. 102 AEUV i.d.R. keine Maßgaben hinsichtlich der Verteilung von Sondernutzungsrechten mit Binnenmarktrelevanz entnehmen lassen.

4. *Zusammenfassung*

Die unionsrechtlichen Anforderungen an die Verteilung von Sondernutzungsrechten kommen nur selten zum Tragen. I.d.R. fehlt es an einem grenzüberschreitenden Bezug, der aber zwingende Voraussetzung für die Beachtlichkeit unionsrechtlicher Maßgaben ist. Für die Fälle, in denen ein grenzüberschreitender Sachverhalt angenommen werden muss, ergeben sich die Anforderungen mangels einschlägiger sekundärrechtlicher Vorgaben aus dem europäischen Primärrecht, namentlich den Grundfreiheiten und den EU-Grundrechten.

Die Verteilung von Sondernutzungsrechten muss demzufolge vor allem den Grundsätzen der Gleichbehandlung, Nichtdiskriminierung und Transparenz genügen. Die Verteilungskriterien dürfen nicht so gewählt werden, dass ausländische im Vergleich zu inländischen Bewerbern diskriminiert werden. Sie müssen genau und verständlich beschrieben werden und in einem sachlichen Zusammenhang mit dem zu verteilenden Sondernutzungsrecht stehen. In prozeduraler Hinsicht können sich spezifische Ausschreibungspflichten ergeben. Ferner müssen alle Bewerber in der Weise gleichbehandelt werden, dass keiner von ihnen durch wie auch immer geartete Sonderprivilegien begünstigt wird. Weiterhin können auch Dokumentationspflichten bestehen. Sie bilden die Grundlage dafür, dass die Verteilungsentscheidung im Nachhinein (gerichtlich) überprüft werden kann. Im Einzelfall können aber auch Abweichungen von diesen Maßgaben gerechtfertigt sein.

Die Unionsgrundrechte können im Zusammenhang mit der Verteilung von Sondernutzungsrechten als „Schranken-Schranken" bei der Beeinträchtigung der Grundfreiheiten relevant werden. Aus Art. 106 Abs. 1 AEUV i.V.m. Art. 102 AEUV ergeben sich dagegen i.d.R. keine Maßgaben, weil es an der beherrschenden Stellung auf dem Binnenmarkt fehlt.

Nach all dem steht auch fest, dass die Anforderungen, die sich aus dem Unionsrecht ableiten lassen, im Wesentlichen mit den Maßgaben des nationalen Verfassungsrechts übereinstimmen. Denn sowohl nach Verfassungs- als auch nach Unionsrecht müssen das Verteilungskriterium und -verfahren vor allem so ausgestaltet sein, dass allen an der Sondernutzung interessierten Personen die gleichen Chancen auf Zuteilung des Sondernutzungsrechts gewährt werden. Insofern bewirkt das Unionsrecht, dass das, was auf nationaler Ebene gilt, in den entscheidenden Punkten auch von den Bürgern anderer Mitgliedstaaten geltend gemacht werden kann.

III. Einfachgesetzlicher Rahmen

Kartellrechtliche Vorschriften, namentlich § 19 Abs. 1 GWB, nach welchem die missbräuchliche Ausnutzung einer marktbeherrschenden Stellung verboten ist, kommen bei der einfachen Verteilung von Sondernutzungsrechten nicht zur Anwendung. Das Kartellrecht adressiert Unternehmen, wobei es für die Unternehmenseigenschaft im Wesentlichen darauf ankommt, dass im konkreten Fall eine Tätigkeit im geschäftlichen Verkehr ausgeübt wird.[360] Unter dieser Voraussetzung kann grds. auch die öffentliche Hand ein Unternehmen i.S.d. Kartellrechts sein. Bei der Erteilung einer Sondernutzungserlaubnis (oder dem Abschluss eines entsprechenden öffentlich-rechtlichen Vertrags) wird die Gemeinde aber grds. hoheitlich tätig, was gerade nicht vom Unternehmensbegriff gedeckt ist.[361] Der persönliche Anwendungsbereich des Kartellrechts ist daher nicht eröffnet.

Vor allem im Kontext sog. Werbenutzungsverträge kann es hingegen zu der Situation kommen, dass sich die Gemeinde weniger als Verwalterin, sondern eher als Anbieterin des öffentlichen Straßenraums geriert. Gemeint sind hier die Fälle, in denen sie einem Werbeunternehmen gegen eine Gebühr oder gegen ein vertraglich vereinbartes Entgelt ein (ausschließliches) Werberecht im öffentlichen Raum einräumen will, ohne aber – und insofern anders als bei der typischen Gestaltung von Werbenutzungsverträgen – von diesem zu verlangen, dass es sich ihr gegenüber auch zur Unterhaltung und zum Betrieb der

360 *Fuchs*, in: Immenga/Mestmäcker, Wettbewerbsrecht, 2020, Bd. 2, § 19, Rn. 9; *Nothdurft*, in: Langen/Bunte, Kartellrecht, 2018, Bd. 1, § 19, Rn. 59 m.w.N.; *Loewenheim*, in: ders. u.a., Kartellrecht, 2020, § 19, Rn. 5.

361 Zu vergleichbaren Fällen, in denen der Zugang zu einem Markt ebenfalls von einer Erlaubnis abhängt, über deren Gewährung die öffentliche Hand im Rahmen ihrer hoheitlichen Befugnisse entscheidet, siehe *Haberer/Rung*, NZKart 2018, 185 (187).

betreffenden Werbeflächen verpflichtet.[362] In diesen Fällen handelt es sich – mangels Verpflichtung auf Seiten des Werbeunternehmens – nicht um die Vergabe einer Dienstleistungskonzession, die in jedem Fall kartellrechtlich relevant wäre.[363] Vielmehr handelt es sich um einen einfachen öffentlich-rechtlichen Vertrag, durch welchen dem betreffenden Unternehmen ein Sondernutzungsrecht zu Werbezwecken eingeräumt wird. Gleichwohl kann aber dadurch, dass die Gemeinde eine Gebühr erhebt oder ein Entgelt verlangt, der Eindruck entstehen, die Gemeinde würde den öffentlichen Straßenraum vermarkten wollen. In Anbetracht dessen kommt ihr Verhalten einer Angebotstätigkeit nahe, welche grds. ebenfalls als unternehmerische Tätigkeit vom Kartellrecht erfasst wäre.[364] Solange aber das Verhalten der Gemeinde vor dem Hintergrund, dass sie einer anderen Person ein Sondernutzungsrecht einräumen will, als hoheitlich und damit gerade nicht als unternehmerisch eingestuft werden muss, bleibt das Kartellrecht unanwendbar.[365] Maßgebliches Kriterium zur Abgrenzung von hoheitlichem und unternehmerischen Handeln ist, ob die öffentliche Hand aufgrund einer öffentlich-rechtlichen Rechtsnorm tätig wird.[366] Zudem kann ggf. relevant sein, ob die öffentliche Hand die öffentlich-rechtliche Ausgestaltung der Leistungsbeziehung durch eine privatrechtliche Gestaltung weitgehend austauschen kann.[367] Hier handelt die Gemeinde auf der Grundlage des § 18 Abs. 1 StrWG NRW und damit hoheitlich, wobei auch eine privatrechtliche Ausgestaltung dieser Beziehung nicht in Frage kommt. Dass ggf. von der Gemeinde die Initiative zur Sondernutzung des betreffenden Straßenraums ausgegangen ist, vermag hier ihre Unternehmenseigenschaft nicht zu begründen. Das Kartellrecht bleibt

---

362 Zu dieser Konstellation siehe *Reidt*, in: Bultmann u.a., FS Battis, 2014, 437 (445).

363 Zur kartellrechtlichen Relevanz der Konzessionsvergabe siehe § 4B.III.3.a.).

364 *Nothdurft*, in: Langen/Bunte, Kartellrecht, 2018, Bd. 1, § 19, Rn. 73.

365 So auch VGH Mannheim, Urt. v. 12.12.1996 – 8 S 1725/96, Rn. 32, juris. Gewisse Parallelen bestehen zur Vergabe von Strom- und Gaskonzessionen. Auch dort geht es um die Zurverfügungstellung von Infrastruktur. Anders als hier sind die entsprechenden Verträge aber nach h.M. privatrechtlicher Natur, sodass auf sie das Kartellrecht anwendbar ist. A.A. hingegen *Hellermann*, Die gemeindliche Entscheidung über die Vergabe von Strom- und Gaskonzessionsverträgen, 2013, S. 42 f., auch mit Nachweisen zur h.M.

366 *Nothdurft*, in: Langen/Bunte, Kartellrecht, 2018, Bd. 1, § 19, Rn. 63 m.w.N. aus der Rechtsprechung.

367 *Nothdurft*, in: Langen/Bunte, Kartellrecht, 2018, Bd. 1, § 19, Rn. 64 m.w.N. aus der Rechtsprechung.

daher unanwendbar. Nichtsdestoweniger muss sie aber bei der Verteilung die Maßgaben des Art. 3 Abs. 1 GG und ggf. des Unionsrechts beachten.

Denkbar ist die Anwendbarkeit des Kartellrechts hingegen dann, wenn es sich bei den betreffenden Flächen nicht um öffentliche, sondern um private Flächen in öffentlicher Hand handelt, die nach Privatrecht vermietet oder verpachtet werden sollen.

IV. Zwischenergebnis

Die rechtlichen Grenzen des Verteilungsermessens werden durch Art. 3 Abs. 1 GG (ggf. i.V.m. Art. 12 Abs. 1 GG) gezogen. Bei binnenmarktrelevanten Sachverhalten sind zudem die aus den Grundfreiheiten der Art. 49 und Art. 56 AEUV und dem Verbot der Diskriminierung aus Gründen der Staatsangehörigkeit (Art. 18 AEUV) abzuleitenden Grundsätze der Gleichbehandlung, Nichtdiskriminierung und Transparenz zu beachten. Dabei fällt auf, dass sich die Maßgaben, die sich aus Art. 3 Abs. 1 GG und dem Unionsrecht ergeben, im Grundsatz nicht unterscheiden. Sowohl Art. 3 Abs. 1 GG als auch das Unionsrecht gebieten, dass das gewählte Verteilungskriterium und -verfahren den Anforderungen an eine sachgerechte und gleichheitskonforme Verteilung genügen müssen.

Demzufolge steht auch fest, dass die Straßenbaubehörde in einer Verteilungssituation nicht einfach wie gewöhnlich (also wie in einer bipolaren Entscheidungssituation) eine Sondernutzungserlaubnis erteilen kann. Vielmehr muss sie dem aus Art. 3 Abs. 1 GG abzuleitenden Recht der Bewerber auf eine sachgerechte Auswahl hinreichend Rechnung tragen, wobei sich aber die konkreten Anforderungen an das Verteilungskriterium und -verfahren immer nur mit Blick auf die jeweiligen Umstände des Einzelfalls bestimmen lassen.

Vor diesem Hintergrund lässt sich auch die eingangs erwähnte Hypothese von einer Wettbewerbsneutralität des Straßenrechts, jedenfalls sofern diese in dem Sinne verstanden wird, dass bei der Erteilung einer Sondernutzungserlaubnis nicht auch die konkurrierenden Sondernutzungsbegehren anderer Personen von Bedeutung sein können, nicht halten. Richtig ist zwar, dass im Rahmen der (straßenrechtlichen) Ermessensausübung keine Erwägungen des Konkurrenzschutzes, die die wirtschaftliche oder wettbewerbliche Stellung von Gewerbetreibenden betreffen, zugrunde gelegt werden dürfen.[368] So ist etwa das Interesse eines Gewerbetreibenden daran, dass die Straße nicht der Konkurrenz als Verkaufsfläche zur Verfügung gestellt wird, mangels straßenrechtlichen Bezugs

368 *Sauthoff*, Öffentliche Straßen, 2020, § 8, Rn. 393 m.w.N.

ohne Belang.[369] In einer Verteilungssituation muss aber auf die konkurrierenden Begehren eingegangen werden.

C. Konkurrenz durch kommunale Unternehmen

Konkurrieren nicht nur ausschließlich private Unternehmen um die Sondernutzungserlaubnis, sondern mit ihnen auch ein kommunales Unternehmen, so hat dieser Umstand möglicherweise auch Auswirkungen auf die rechtlichen Rahmenbedingungen der Verteilung. Die bisherige Ausgangslage verändert sich jedenfalls insofern, als nunmehr auch ein Unternehmen, das eine besondere Nähe zum Staat aufweist, in den Wettbewerb mit einsteigt. Die Gemeinden könnten deshalb geneigt sein, bei der Auswahl das kommunale Unternehmen zu bevorzugen.

Dass dies nicht gänzlich fernliegend ist, lässt sich vor allem im Bereich der abfallrechtlichen Fallgruppe beobachten. Dort konkurrieren private Abfallsammler regelmäßig auch mit kommunalen Entsorgungsunternehmen um die Erteilung einer Sondernutzungserlaubnis, die für das Aufstellen von Alttextil- oder sonstigen Abfallcontainern erforderlich ist. Nicht selten nehmen die zuständigen Behörden die Verteilung mithilfe eines Verteilungskriteriums vor, das kommunale Entsorgungsunternehmen faktisch bevorzugt. Sie verlangen eine „Entsorgung aus einer Hand“, was bedeutet, dass das auszuwählende Entsorgungsunternehmen im Gemeindegebiet nicht nur eine, sondern sämtliche Abfallfraktionen sammeln muss.[370] Dieses Erfordernis ist für kommunale Unternehmen deshalb vorteilhafter, weil sie, im Unterschied zu vielen privaten Unternehmen, i.d.R. gerade nicht nur eine oder wenige Abfallfraktionen sammeln. Es

---

369 *Sauthoff*, Öffentliche Straßen, 2020, § 8, Rn. 393 m.w.N.

370 Dem Entsorgungskonzept der „Wartung und Entsorgung aus einer Hand“ liegt im Wesentlichen der Gedanke zugrunde, dass eine Überwachung von Containerstandplätzen einfacher umzusetzen ist, wenn es für sämtliche Stellflächen im Gemeindegebiet nur einen Verantwortlichen gibt. Im Falle der Verschmutzung eines Standplatzes bedarf es dann nämlich keiner – unter Umständen sehr aufwändigen – Ermittlung, wer von mehreren Abfallsammlern zu deren Reinigung verpflichtet ist. Auf diese Weise wird also die Sauberkeit der Standplätze eher gewährleistet als durch eine Entsorgung durch mehrere Abfallsammler. Weil mit der Verschmutzung der Standplätze regelmäßig auch Gefahren für die Sicherheit und Leichtigkeit des Verkehrs einhergehen, werden diese ebenfalls minimiert. Siehe dazu auch VG Köln, Urt. v. 28.11.2014 – 18 K 4839/13, Rn. 35 ff., juris; VG Gelsenkirchen, Urt. v. 12.03.2013 – 14 K 889/12, Rn. 43 f., juris.

kommt daher nicht selten vor, dass das kommunale Unternehmen als einziger Bewerber dieses Kriterium erfüllt und dementsprechend auch die für die Containersammlung erforderliche Sondernutzungserlaubnis erhält.[371]

In ähnlicher Weise kann diese Problematik auch bei der Vergabe von Stellflächen für stationsbasierte Carsharingfahrzeuge virulent werden. Die Stellflächen werden durch die Erteilung einer entsprechenden Sondernutzungserlaubnis zur Verfügung gestellt, wobei es auch hier theoretisch zu der Situation kommen kann, dass private und kommunale Carsharinganbieter in Konkurrenz zueinander treten. Mittlerweile haben einige Bundesländer die Sondernutzung durch Carsharing, einschließlich der Verteilung der zu diesem Zweck erforderlichen Erlaubnis, in ihrem jeweiligen Straßen- und Wegegesetz näher geregelt (in NRW: § 18a StrWG NRW)[372]. Beachtlich ist dabei, dass z.B. in Bayern und NRW das Auswahlverfahren auch durch ein von der Gemeinde beliehenes kommunales Unternehmen durchgeführt werden kann (Art. 18 Abs. 1 S. 2 BayStrWG, § 18a Abs. 2 S. 1 StrWG NRW). Offenbar soll auf diese Weise sichergestellt werden, dass das kommunale Unternehmen das Carsharing anbieten darf, damit es dieses zusammen mit anderen Mobilitätsleistungen, die von ihm erbracht werden, „aus einer Hand" anbieten kann.[373] Auch hier stellt sich daher die Frage, ob bzw. unter welchen Voraussetzungen eine solche Privilegierung kommunaler Unternehmen möglich ist.

---

371 Siehe etwa VG Köln, Urt. v. 28.11.2014 – 18 K 4839/13, juris; VG Gelsenkirchen, Urt. v. 12.03.2013 – 14 K 889/12, juris. Kritisch OVG Lüneburg, Urt. v. 20.07.2017 – 7 LB 58/16, juris.

372 Zu den entsprechenden Regelungen in den anderen Bundesländern siehe Fn. 135.

373 So heißt es in der bayerischen Gesetzesbegründung, BayLT-Drs. 17/21734, S. 5: „Die Befugnis zur Beleihung kommunaler Unternehmen [...] trägt dem praktischen Bedürfnis Rechnung, dass Gemeinden sich solcher Unternehmen bedienen wollen, um verschiedene Leistungen aus einer Hand anbieten zu können. Dazu gehört z. B. die Kombination mit Leihfahrradsystemen oder die Entwicklung IT-gestützter Verfahren. Die Gemeinden haben dabei sicherzustellen, dass sowohl die Beleihung als auch das durch das beliehene Unternehmen durchgeführte Verfahren allen rechtlichen Anforderungen genügt. Dazu gehört auch die Prüfung einer etwaigen Konkurrenzsituation des kommunalen Unternehmens zu Anbietern aus der freien Wirtschaft." Und auch der nordrhein-westfälische Gesetzgeber ist der Auffassung, dass es für die Beleihung eines kommunalen Unternehmens mit dem Auswahlverfahren und der Erteilung der Sondernutzungserlaubnis „ein praktisches Bedürfnis geben [kann], um verschiedene Mobilitätsleistungen aus einer Hand anbieten zu können.", LT NRW-Drs. 17/4304, S. 22.

Nachfolgend soll deshalb der Frage nachgegangen werden, ob bzw. unter welchen Voraussetzungen das kommunale Unternehmen gegenüber privaten Unternehmen bevorzugt werden darf, und zwar namentlich dadurch, dass die Gemeinde ein Verteilungskriterium wählt, das für das kommunale Unternehmen günstiger ist. Die Grenzen des Verteilungsermessens werden auch hier wieder durch das Verfassungs- und ggf. auch durch das Unionsrecht gezogen.

Dass sich Kommunen überhaupt wirtschaftlich betätigen dürfen, ist im Grundsatz unbestritten. Die Kontroversen, die in diesem Zusammenhang geführt werden, betreffen vor allem die Frage, welche verfassungsrechtlichen Grenzen sich für die wirtschaftliche Betätigung der Kommunen ergeben,[374] die zwar nicht als solche, doch aber als Instrument zur Wahrnehmung von Selbstverwaltungsaufgaben durch die Selbstverwaltungsgarantie des Art. 28 Abs. 2 GG geschützt wird.[375] Die Relevanz dieser Frage relativiert sich indes dadurch, dass die Voraussetzungen der gemeindlichen Wirtschaftsbetätigung durch die Gemeindeordnungen der Länder geregelt werden (z.B. in NRW durch §§ 107 ff. GO NRW). Auch die Zulässigkeit der wirtschaftlichen Betätigung, wie sie im Rahmen dieser Untersuchung Beachtung findet, hängt davon ab, ob im Einzelfall die in den einschlägigen Vorschriften genannten Voraussetzungen erfüllt sind. Insoweit ergeben sich hier (vor allem auch für die in Kapitel 5 (§ 5) noch genauer zu untersuchenden Fallgruppen) keine Besonderheiten im Vergleich zu anderer gemeindewirtschaftlicher Betätigung.

I. Verfassungsrechtlicher Rahmen

Bei einer Ungleichbehandlung von privaten und kommunalen Unternehmen, wie sie die Begünstigung des kommunalen Unternehmens bei der Verteilung von Sondernutzungsrechten darstellt, kann sich das private Unternehmen auf Art. 3 Abs. 1 GG (ggf. i.V.m. Art. 12 Abs. 1 GG) berufen.[376] Aus diesen Grundrechten leitet sich nämlich das Gebot der Wettbewerbsgleichheit ab, nach welchem es der öffentlichen Hand untersagt ist, öffentliche Unternehmen ohne sachlich gerechtfertigten Grund zu bevorzugen.[377] Insoweit ergeben sich also

374 Ausführlich siehe dazu *Hellermann*, Örtliche Daseinsvorsorge und gemeindliche Selbstverwaltung, 2000, S. 153 ff.

375 *Hellermann*, in: Epping/Hillgruber, BeckOK GG, Stand: 15.02.2021, Art. 28, Rn. 41.5; *Schink*, NVwZ 2002, 129 (133).

376 Siehe beispielsweise *Hellermann*, EnWZ 2013, 147 (149), zur Bindung der Gemeinde an Art. 3 Abs. 1 GG bei der Vergabe von Strom- und Gaskonzessionen.

377 BVerwG, Urt. v. 22.02.1972 – I C 24.69, Rn. 23, juris; *Huber*, in: FS Badura, 2004, S. 897 (919); *Wollenschläger*, in: v. Mangoldt/Klein/Starck, GG, 2018, Bd. 1, Art. 3, Rn. 254.

keine Unterschiede im Vergleich zu einer Konkurrenzsituation unter ausschließlich Privaten. In beiden Fällen muss die Ungleichbehandlung durch einen hinreichend tragfähigen sachlichen Grund gerechtfertigt werden können. Ob dies zu bejahen ist, kann nur vor dem Hintergrund der im Einzelfall maßgeblichen Umstände beantwortet werden.

II. Unionsrechtlicher Rahmen

Das Unionsrecht spielt bei der Verteilung von Sondernutzungsrechten, auch unter Beteiligung eines kommunalen Unternehmens, eine vergleichsweise geringe Rolle.[378] Denn die Anwendbarkeit des europäischen Primärrechts setzt einen Sachverhalt mit grenzüberschreitendem Bezug voraus, an dem es aber regelmäßig fehlt.

Sofern im Einzelfall doch ein grenzüberschreitender Bezug festgestellt werden kann, können sich private Unternehmen bei einer Privilegierung des kommunalen Unternehmens auf Art. 56 AEUV berufen, wenn darin zugleich auch eine Beeinträchtigung ihrer Dienstleistungsfreiheit liegt, wobei in diesem Zusammenhang dann auch die Grundsätze der Gleichbehandlung, Nichtdiskriminierung und Transparenz zu beachten wären.[379] Teilweise wird in diesen Konstellationen auch auf Art. 106 Abs. 1 AEUV verwiesen, nach welchem die Mitgliedstaaten in Bezug auf öffentliche Unternehmen keine den Verträgen und insbesondere den Art. 18 und 101 bis 119 AEUV widersprechende Maßnahmen treffen oder beibehalten dürfen.[380] Art. 106 Abs. 1 AEUV soll die Mitgliedstaaten daran erinnern, dass die an sie adressierten Vorschriften der Verträge auch bei Maßnahmen in Bezug auf öffentliche Unternehmen zu beachten sind (sog. Erinnerungsfunktion).[381] Im Grunde ergibt sich dies aber bereits aus den betreffenden Vorschriften, hier dem Art. 56 AEUV, selbst, weil weder dieser noch die anderen Bestimmungen Ausnahmen für öffentliche Unternehmen vorsehen.[382] Insofern ist es also für Art. 56 AEUV grds. nicht von Bedeutung, ob die mit der Vergabe eines Sondernutzungsrechts verbundene Privilegierung zugunsten eines privaten oder eines öffentlichen Unternehmens erfolgt.[383] Sofern darin

378 Siehe § 3B.II.1.

379 § 3B.II.1.

380 Vgl. etwa *Säcker/Mohr/Wolf*, Konzessionsverträge im System des deutschen und europäischen Wettbewerbsrechts, 2011, S. 114 f.

381 *Dohms*, in: Wiedemann, Kartellrecht, 2020, § 35, Rn. 170.

382 *Stadler*, in: Langen/Bunte, 2018, Bd. 2, Art. 106 AEUV, Rn. 14.

383 An dieser Stelle könnte allerdings erwogen werden, die EuGH-Rechtsprechung zur Vergabe von Dienstleistungskonzessionen zu übertragen, wie dies auch schon zur

nur eine Beeinträchtigung der Dienstleistungsfreiheit zu sehen ist, bedarf sie der Rechtfertigung. Wann diese im Zusammenhang mit der Verteilung von Sondernutzungsrechten angenommen werden kann, lässt sich allerdings nicht generalisierend beantworten, sondern kann nur mit Blick auf das im Einzelfall angewendete Verteilungskriterium und die im konkreten Fall relevanten Umstände festgestellt werden. Gleichwohl ist es nicht fernliegend, dass wenn eine Gemeinde ein Verteilungskriterium wählt, das ein kommunales Unternehmen bevorzugt, dieses Kriterium auch geeignet ist, ausländische Unternehmen zu diskriminieren oder in ihrer Dienstleistungsfreiheit zu beschränken. Liegt eine Diskriminierung oder Beschränkung vor, führt diese aber nicht automatisch, sondern vielmehr erst dann zur Unionsrechtswidrigkeit, wenn sie nicht nach den bereits erwähnten geschriebenen oder ungeschriebenen Rechtfertigungsgründen gerechtfertigt werden kann.[384] Bei der Privilegierung kommunaler Unternehmen kommt zudem auch eine Rechtfertigung nach Art. 106 Abs. 2 AEUV in Betracht. Dieser bestimmt nämlich, dass die Vorschriften der Verträge für Unternehmen, die mit Dienstleistungen von allgemeinem wirtschaftlichem Interesse betraut sind oder den Charakter eines Finanzmonopols haben, nur insoweit gelten, wie die Anwendung dieser Vorschriften nicht die Erfüllung der ihnen übertragenen besonderen Aufgabe rechtlich oder tatsächlich verhindert. Dabei adressiert Art. 106 Abs. 2 AEUV nicht nur die dort genannten Unternehmen. Auch die Mitgliedstaaten können sich auf ihn berufen, soweit sie Maßnahmen ergreifen, die erforderlich sind, um den betrauten Unternehmen die

---

Bestimmung der allgemeinen unionsrechtlichen Anforderungen an die Verteilung von Sondernutzungsrechten getan wurde (siehe § 3B.II.1). Der EuGH hat im Zusammenhang mit der Vergabe von Dienstleistungskonzessionen ausgeführt, dass die Unionsvorschriften nicht anzuwenden seien, „wenn eine öffentliche Stelle ihre im allgemeinen Interesse liegenden Aufgaben mit ihren eigenen administrativen, technischen und sonstigen Mitteln erfüllt, ohne sich an externe Einrichtungen zu wenden" (EuGH, Urt. v. 13.10.2005 – C-458/03 (Parking Brixen), Rn. 61, juris). Anders als bei der Vergabe einer Konzession geht es aber bei der Verteilung eines Sondernutzungsrechts nicht darum, dass die Gemeinde eine ihr obliegende Aufgabe wahrnehmen und sich zu diesem Zweck ihres eigenen Unternehmens bedienen will. Die Ausgangslage ist insofern völlig anders, als bei der Verteilung eines Sondernutzungsrechts die zuständige Behörde der Gemeinde als Genehmigungsbehörde handelt, es bei der Vergabe einer Dienstleistungskonzession hingegen um einen Beschaffungsvorgang geht, durch welchen die Gemeinde ihre wirtschaftlichen Interessen wahrnehmen will. Nur für letzteren Fall ergibt die vom EuGH beabsichtigte Privilegierung staatlicher Aufgabenwahrnehmung einen Sinn.

384 Siehe dazu § 3B.II.1.

Erfüllung ihrer besonderen Aufgabe zu ermöglichen.[385] Insofern handelt es sich bei Art. 106 Abs. 2 AEUV, im Unterschied zu den in den Binnenmarktregelungen vorgesehenen nichtwirtschaftlichen Rechtfertigungsgründen, um einen Rechtfertigungsgrund wirtschaftlicher Natur.[386] Er greift aber nur, soweit die Anwendung – hier – der Dienstleistungsfreiheit die Erfüllung der besonderen Aufgabe des Unternehmens rechtlich oder tatsächlich verhindern würde.

Weiterhin ist theoretisch auch ein Verstoß gegen Art. 106 Abs. 1 AEUV i.V.m. Art. 102 AEUV denkbar. Voraussetzung dafür ist allerdings, dass das Sondernutzungsrecht dem kommunalen Unternehmen zu einer beherrschenden Stellung auf dem Binnenmarkt oder auf einem wesentlichen Teil desselben verhelfen würde und es diese Stellung zwangsläufig missbräuchlich ausnutzen oder ein solches Verhalten zumindest aber begünstigt werden würde.[387] Allerdings sind schon kaum realistische Konstellationen konstruierbar, in denen das Sondernutzungsrecht einem kommunalen Unternehmen eine solche Stellung verschaffen könnte, weshalb ein Verstoß gegen Art. 106 Abs. 2 AEUV i.V.m. Art. 102 AEUV grds. ausscheidet.[388]

III. Zusammenfassung

Für den Fall, dass auch ein kommunales Unternehmen mit um ein Sondernutzungsrecht konkurriert, ergeben sich im Wesentlichen keine Unterschiede zu einer Verteilungssituation unter ausschließlich Privaten. Denn auch in diesem Fall, wird das Verteilungsermessen durch Art. 3 Abs. 1 GG und bei binnenmarktrelevanten Sachverhalten durch Art. 56 AEUV begrenzt, wobei hierbei allerdings auch der Rechtfertigungsgrund des Art. 106 Abs. 2 AEUV greifen kann.

D. Rechtsschutz

In ihrer Wirkung gegenüber Dritten sind Verteilungsentscheidungen im Allgemeinen dadurch gekennzeichnet, dass sie nicht nur die unmittelbare Begünstigung eines oder weniger Bewerber zum Gegenstand haben, sondern mittelbar auch bewirken, dass die Übrigen von ihnen von der Zuteilung des Gutes ausgeschlossen werden.[389] Mit der Knappheit eines Verteilungsobjekts geht also

385 *Dohms*, in: Wiedemann, Kartellrecht, 2020, § 35, Rn. 299.
386 *Dohms*, in: Wiedemann, Kartellrecht, 2020, § 35, Rn. 299.
387 Zu den Anforderungen siehe bereits § 3B.II.3.
388 § 3B.II.3.
389 *Malaviya*, Verteilungsentscheidungen und Verteilungsverfahren, 2009, S. 54 f.

zwingend einher, dass dieses, nachdem es erschöpfend zugewiesen wurde, anderen Bewerbern nicht mehr zugeteilt werden kann. Wird also ein Sondernutzungsrecht einer Person zugeordnet, ist damit gleichzeitig auch verbunden, dass die übrigen Bewerber leer ausgehen. Anders als bei anderen Dreieckskonstellationen ergibt sich die belastende Wirkung aber nicht unmittelbar aus dem Regelungsgehalt der Erlaubnis bzw. des Vertrags. Vielmehr ist es die Art und Weise des Zustandekommens, die den unterlegenen Konkurrenten in seinem Recht auf sachgerechte Bewerberauswahl zu verletzen geeignet ist.

Vor diesem Hintergrund ist es daher grds. irrelevant, dass § 18 Abs. 1 S. 2 StrWG NRW im Grundsatz nicht drittschützend ist.[390] Er dient dem Schutz der Sicherheit und Leichtigkeit des Verkehrs, nicht aber der unterlegenen Bewerber, die mit dem Erlaubnisinhaber um die Sondernutzungserlaubnis konkurriert haben. Die Schutzrichtung des Straßenrechts ist hier aber deshalb nicht von Bedeutung, weil es im Kern nicht um die Verletzung straßenrechtlicher Vorgaben, sondern von Art. 3 Abs. 1 GG geht. Würde gleichwohl aus einer „Wettbewerbsneutralität" des Straßenrechts hergeleitet werden, dass die unterlegenen Bewerber sich nicht gegen die einem Konkurrenten erteilte Sondernutzungserlaubnis, mit der zwangsläufig ja auch ihre eigene Benachteiligung verbunden ist, zur Wehr setzen können, so würde dadurch verhindert werden, dass sie gegen eine mögliche Verletzung ihres Rechts auf sachgerechte Bewerberauswahl aus Art. 3 Abs. 1 GG vorgehen könnten. Davon zu unterscheiden ist indes, dass das Straßenrecht keinen Schutz vor der Konkurrenz durch andere Gewerbetreibende gewährt.[391]

Sieht sich nun ein unterlegener Bewerber in seinem Recht auf sachgerechte Bewerberauswahl verletzt, weil sich die Verteilungsentscheidung nach seiner Auffassung nicht mehr innerhalb der durch Verfassungs- und Unionsrecht gezogenen Grenzen halte, kann er gegen diese Entscheidung Rechtsschutz ersuchen. Dabei ist danach zu differenzieren, ob dem begünstigten Bewerber das Sondernutzungsrecht durch eine Sondernutzungserlaubnis oder aber durch einen öffentlich-rechtlichen Vertrag vermittelt wird.

I. Sondernutzungserlaubnis

Hat die zuständige Behörde eine Sondernutzungserlaubnis erteilt, ist die statthafte Klageart die Verpflichtungsklage, weil das Begehren des unterlegenen

---

390 Siehe etwa OVG Münster, Beschl. v. 03.07.2014 – 11 B 553/14, juris; VGH München, Beschl. v. 24.11.2003 – 8 CS 03.2279, juris.

391 *Sauthoff*, Öffentliche Straßen, 2020, § 8, Rn. 393.

Bewerbers auf die ermessensfehlerfreie Neubescheidung über die Erteilung der Erlaubnis gerichtet ist.

Nach überwiegend vertretener Auffassung ist darüber hinaus, vorausgesetzt durch die dem Konkurrenten erteilte Erlaubnis werde die verfügbare Kapazität erschöpfend zugewiesen, auch die Anfechtung der Erlaubnis erforderlich.[392] Andernfalls würde die Verpflichtungsklage auf etwas Unmögliches zielen. Denn erst durch die Anfechtung werde die notwendige Kapazität wieder frei, sodass die Erlaubnis erneut erteilt werden könne.[393]

Für bestimmte Konkurrenzsituationen muss aber eine Ausnahme vom Anfechtungserfordernis gemacht werden. Eine Drittanfechtung ist insbesondere immer dann entbehrlich, wenn innerhalb eines Auswahlverfahrens eine Vielzahl an Begünstigungen vergeben werden und deshalb eine ganze Reihe an Begünstigungen geeignet wären, den Zugang zum Verteilungsobjekt zu versperren (wie z.B. bei Hochschulzulassungen).[394] In diesen Fällen kann es dem unterlegenen Bewerber angesichts des enormen zeitlichen und finanziellen Aufwands nicht zugemutet werden, gegen alle potenziell rechtswidrigen Begünstigungen vorzugehen.[395] Regelmäßig dürften ihm auch die erforderlichen Informationen fehlen, ohne welche die Anfechtung mit einem erheblichen Prozessrisiko verbunden wäre bzw. deren Beschaffung das Verfahren noch weiter in unzumutbarer Weise verkomplizieren würde.[396] Zudem kann die erforderliche Kapazität grds. auch dadurch wiederhergestellt werden, dass die zuständige Behörde eine der Begünstigungen nach Maßgabe des § 48 VwVfG NRW zurücknimmt.[397] Zwar wäre dadurch die Effektivität des Rechtsschutzes insofern gefährdet, als einer Rücknahme noch der Vertrauensschutz des Begünstigten entgegenstehen kann. Gleichwohl hat aber der Umstand, dass die Rücknahme im Ermessen der Behörde steht, den Vorteil, dass die zuständige Behörde selbst darüber entscheiden kann, wem sie die Erlaubnis wieder entzieht. Für die Verteilung von Sondernutzungserlaubnissen bedeutet dies, dass neben einer Verpflichtungsklage immer auch eine Anfechtungsklage erhoben werden muss, wenn es

---

392 *Pietzcker/Marsch*, in: Schoch/Schneider, VwGO, 2020, § 42 Abs. 1, Rn. 145 ff. mit zahlreichen weiteren Nachweisen. Siehe auch *Malaviya*, Verteilungsentscheidungen und Verteilungsverfahren, 2009, S. 260 ff.

393 *Pietzcker/Marsch*, in: Schoch/Schneider, VwGO, 2020, § 42 Abs. 1, Rn. 145 ff.

394 BVerwG, Urt. v. 07.10.1988 – 7 C 65/87, Rn. 10, juris.

395 BVerwG, Urt. v. 07.10.1988 – 7 C 65/87, Rn. 10, juris; VGH München, Urt. v. 22.07.2015 – 22 B 15.620, Rn. 24 f., juris.

396 VGH München, Urt. v. 22.07.2015 – 22 B 15.620, Rn. 27, juris.

397 BVerwG, Urt. v. 07.10.1988 – 7 C 65/87, Rn. 10, juris.

dem unterlegenen Bewerber – vor allem mit Blick auf die Zahl der vergebenen Erlaubnisse – zugemutet werden kann.[398] Entscheidend bleiben aber die konkreten Umstände des Einzelfalls.

Begründet ist die Drittanfechtungsklage allerdings nur dann, wenn die Drittbegünstigung den unterlegenen Bewerber in seinem aus Art. 3 Abs. 1 GG abzuleitenden Recht auf sachgerechte Bewerberauswahl verletzt. Für die nach § 42 Abs. 2 VwGO erforderliche Klagebefugnis reicht indes schon die Möglichkeit dieser Rechtsverletzung aus.

Ein Verstoß kommt dabei sowohl auf der Verfahrensebene als auch im Rahmen der materiellen Auswahlentscheidung in Betracht. Verfahrensverstöße führen jedoch nur dann zwingend auch zur Rechtswidrigkeit der Erlaubnis, wenn sie nicht nach Maßgabe des § 45 VwVfG NRW geheilt werden können. Ferner kann nach § 46 VwVfG NRW die Aufhebung der Erlaubnis auch dann nicht beansprucht werden, wenn offensichtlich ist, dass die Verletzung von verfahrensrechtlichen Maßgaben die Entscheidung in der Sache nicht beeinflusst hat. Auf materieller Ebene kommt es für die Rechtmäßigkeit der Auswahlentscheidung darauf an, ob das gewählte Verteilungskriterium mit Art. 3 Abs. 1 GG im Einklang steht und ob tatsächlich derjenige Bewerber begünstigt wurde, der das Kriterium (am besten) erfüllt. Wurde eine Verteilung in Gänze unterlassen, etwa weil davon ausgegangen wurde, es läge ein Fall der schlichten Zuteilung und damit schon gar keine Verteilungssituation vor, so liegt darin grds. sowohl auf formeller als auch auf materieller Ebene ein Verstoß gegen Art. 3 Abs. 1 GG. Ferner ist ein Verstoß gegen die Dienstleistungs-RL und bei binnenmarktrelevanten Sachverhalten auch gegen Art. 56 AEUV denkbar, deren Verletzung ebenfalls vor den Verwaltungsgerichten geltend gemacht werden muss. Steht fest, dass die dem Konkurrenten erteilte Sondernutzungserlaubnis gegen das Recht des Klägers auf sachgerechte Bewerberauswahl verstößt, wird sie gem. § 113 Abs. 1 S. 1 VwGO durch das Gericht aufgehoben. Die gleichzeitig erhobene Verpflichtungsklage ist dann ebenfalls insoweit begründet, als auch die Ablehnung des Sondernutzungsantrags gegen dieses Recht verstößt. Weil aber angesichts des der Behörde grds. zustehenden Verteilungsermessens die Sache i.d.R. noch nicht spruchreif ist, ergeht gem. § 113 Abs. 5 S. 2 VwGO nur ein Bescheidungsurteil. Die Behörde wird durch dieses verpflichtet, den Antrag des Klägers unter der Rechtsauffassung des Gerichts neu zu bescheiden und ggf. in diesem Zusammenhang die Sondernutzungserlaubnis neu zu verteilen.

---

398 Gegen das Erfordernis der Anfechtung der einem Konkurrenten erteilten Subventionsbewilligung siehe demgegenüber *Ebeling/Tellenbröker*, JuS 2014, 217 (220).

Zudem kann der unterlegene Bewerber in besonders eilbedürftigen Fällen einen Antrag auf Erlass einer einstweiligen Anordnung nach § 123 Abs. 1 VwGO stellen. Sofern mit der Entscheidung des Gerichts eine Vorwegnahme in der Hauptsache verbunden ist, muss diese ggf. vor dem Hintergrund des durch Art. 19 Abs. 4 GG garantierten effektiven Rechtsschutzes in Kauf genommen werden.[399] Demgegenüber kann der begünstigte Bewerber in Reaktion auf die angefochtene Erlaubnis bzw. der damit verbundenen aufschiebenden Wirkung der Anfechtungsklage (§ 80 Abs. 1 S. 2 VwGO) nach § 80a Abs. 3, Abs. 1 Nr. 1 i.V.m. § 80 Abs. 2 S. 1 Nr. 4 VwGO beantragen, dass das Gericht die sofortige Vollziehung anordnet, wenn er von seiner Erlaubnis sofort Gebrauch machen will.

II. Öffentlich-rechtlicher Vertrag

Wird das Sondernutzungsrecht durch einen Vertrag vermittelt, handelt es sich vor dem Hintergrund, dass diese Bestimmung regelmäßig auch im Mittelpunkt des Vertrags steht, um einen öffentlich-rechtlichen Vertrag. Dementsprechend sind die §§ 54 ff. VwVfG NRW die streitentscheidenden Normen, weshalb der Verwaltungsrechtsweg eröffnet ist (§ 40 Abs. 1 S. 1 VwGO).

Werden bei der Auswahl des Vertragspartners die Anforderungen, die an das Verteilungsverfahren und an die Verteilungskriterien zu stellen sind, nicht eingehalten, verletzt diese Vorgehensweise das Recht des unterlegenen Konkurrenten auf sachgerechte Bewerberauswahl. Diese Rechtsverletzung hat gem. § 58 Abs. 1 VwVfG NRW zur Folge, dass der Vertrag erst wirksam wird, wenn der unterlegene Bewerber schriftlich zustimmt.[400] Solange er dies nicht tut, bleibt der Vertrag schwebend unwirksam.[401] Verweigert er die Zustimmung, wird der Vertrag endgültig unwirksam.[402] Eine Verweigerung ist dabei auch darin zu sehen, wenn er sich auf die Unwirksamkeit beruft. Sofern die Wirksamkeit des Vertrags in Frage steht, kann er (Dritt-)Feststellungsklage erheben (§ 43 Abs. 1 S. 1 Var. 2 VwGO). Das Feststellungsinteresse (§ 43 Abs. 1 VwGO) ergibt sich dabei aus der möglichen Verletzung des Rechts auf sachgerechte Bewerberauswahl.[403] Will er hingegen erreichen, dass ein entsprechender Vertrag mit ihm geschlossen wird,

399 *Puttler*, in: Sodan/Ziekow, VwGO, 2018, § 123, Rn. 11.

400 Vgl. *Wollenschläger*, Verteilungsverfahren, 2010, S. 618; a.A. – jedenfalls bei Verletzung unionsrechtlicher Maßgaben in Verteilungssituationen – *Stelkens*, in: ders./Bonk/Sachs, VwVfG, 2018, § 58, Rn. 41.

401 *Rozek*, in: Schoch/Schneider, VwVfG, 2020, § 58, Rn. 29.

402 *Rozek*, in: Schoch/Schneider, VwVfG, 2020, § 58, Rn. 29.

403 Vgl. *Wollenschläger*, Verteilungsverfahren, 2010, S. 646.

so ist die Leistungsklage die statthafte Klageart, die dann auf die Abgabe einer entsprechenden Willenserklärung durch die Behörde gerichtet ist. Die Feststellungsklage ist dann subsidiär (§ 43 Abs. 2 S. 1 VwGO). Allerdings muss auch hier berücksichtigt werden, dass der zuständigen Behörde vor dem Hintergrund des ihr zustehenden Verteilungsermessens ein gewisser Spielraum verbleibt, sodass es in den meisten Fällen auf eine Verpflichtung zur Neuentscheidung über den Vertragsschluss hinauslaufen würde.[404] Auch der begünstigte Bewerber kann eine Feststellungsklage erheben, wenn er – wie z.B. in dem Fall, in dem die Wirksamkeit des Vertrags in Abrede gestellt wird – ein Feststellungsinteresse darlegen kann. Der entsprechende Eilrechtsschutz richtet sich sowohl im Falle einer Feststellungs- als auch einer Leistungsklage nach § 123 Abs. 1 VwGO.

---

404 Vgl. *Wollenschläger*, Verteilungsverfahren, 2010, S. 646.

§ 4 Sondernutzung als Bestandteil einer Dienstleistungskonzession

Um die Verteilung eines Sondernutzungsrechts geht es im weitesten Sinne auch dann, wenn mehrere Personen darum konkurrieren, für eine Gemeinde eine Dienstleistung ausführen zu dürfen, zu welcher die Inanspruchnahme des öffentlichen Straßenraums erforderlich ist. Auch in diesen Situationen muss die Gemeinde eine Auswahl unter mehreren Bewerbern treffen. Allerdings kommt dem Sondernutzungsrecht hier insofern eher untergeordnete Bedeutung zu, als das eigentliche Interesse der Bewerber darauf gerichtet ist, die Dienstleistung übernehmen zu dürfen.

Anders als in den im dritten Kapitel (§ 3) geschilderten Fällen geht hier die Initiative zur Sondernutzung aber nicht von den einzelnen Wirtschaftssubjekten, sondern von der Gemeinde aus (wobei es häufig am Ende in beiden Fällen um dieselbe Dienstleistung geht, etwa um den Betrieb von Außenwerbeflächen, die dann aber eben nicht originär vonseiten Privater aus begehrt wird).[405] In diesen Situationen will die Gemeinde jemand anderen mit einer im öffentlichen Straßenraum auszuübenden Dienstleistung betrauen. Dabei erfolgt die Beschaffung typischerweise im Wege einer Dienstleistungskonzession, wenngleich aber grds. auch andere Vertragsgestaltungen denkbar sind. Gleichwohl sollen sich angesichts ihrer praktischen Bedeutung die nachfolgenden Ausführungen auf die Vergabe von Dienstleistungskonzessionen beschränken.

Im Folgenden wird zunächst dargestellt, welche Bedeutung dem Sondernutzungsrecht im Rahmen dieser Dienstleistungskonzessionen zukommt (A.). Sodann wird der rechtliche Rahmen ihrer Vergabe dargestellt (B.), der sich dadurch, dass es sich hier um einen Beschaffungsvorgang handelt, von dem rechtlichen Rahmen für die Verteilung einfacher Sondernutzungsrechte unterscheidet. Anschließend wird darauf eingegangen, inwiefern sich die rechtlichen Rahmenbedingungen verändern, wenn auch ein öffentliches Unternehmen als Konzessionär in Betracht kommt (C.). Am Ende dieses Kapitel sollen dann die Rechtsschutzmöglichkeiten der unterlegenen Bewerber aufgezeigt werden (D.).

---

405 *Burgi*, NVwZ 2017, 257 (259 f.).

A. Sondernutzungsrecht und Dienstleistungskonzession

Dienstleistungskonzessionen sind in § 105 Abs. 1 Nr. 2 GWB als entgeltliche Verträge definiert, mit denen ein oder mehrere Konzessionsgeber ein oder mehrere Unternehmen mit der Erbringung und der Verwaltung von Dienstleistungen betrauen, die nicht in der Erbringung von Bauleistungen nach § 105 Abs. 1 Nr. 1 GWB bestehen. Dabei besteht die Gegenleistung entweder allein in dem Recht zur Verwertung der Dienstleistungen oder in diesem Recht zuzüglich einer Zahlung. Nach § 105 Abs. 2 S. 1 GWB ist weiter erforderlich, dass das Betriebsrisiko für die Verwertung der Dienstleistung auf den Konzessionsnehmer übergeht.

Die Definition der Dienstleistungskonzession wurde durch das am 18.04.2016 in Kraft getretene Vergaberechtsmodernisierungsgesetz[406] (VergRModG) in das GWB implementiert. Es diente der Umsetzung eines EU-Richtlinienpakets, welches die Modernisierung des europäischen Vergaberechts zum Ziel hatte.[407] Zu diesem Paket gehörte auch die Konzessions-RL (RL 2014/23/EU), durch welche der Unionsgesetzgeber die Vergabe von Dienstleistungskonzessionen erstmals sekundärrechtlichen Maßgaben unterworfen hat. Der nationale Gesetzgeber setzte die unionsrechtlichen Vorgaben sodann um, indem er den Anwendungsbereich des GWB-Vergaberechts auch auf die Vergabe von Dienstleistungskonzessionen erstreckte.

Dabei geht § 105 Abs. 1 Nr. 2 GWB konkret auf Art. 5 Nr. 1b RL 2014/23/EU zurück, wobei die dort genannten Definitionen im Wesentlichen übereinstimmen. § 105 Abs. 1 Nr. 2 GWB geht nur insoweit über Art. 5 Nr. 1b RL 2014/23/EU hinaus, als dieser auch nicht schriftlich geschlossene Verträge erfasst, was in der Praxis aber kaum zu Unterschieden führen dürfte.[408]

§ 105 Abs. 1 Nr. 2 GWB bzw. Art. 5 Nr. 1b RL 2014/23/EU kodifizieren dabei im Wesentlichen das, was auch schon vor Normierung unter einer Dienstleistungskonzession verstanden wurde.[409] Die Definition des § 105 Abs. 1 Nr. 2

406 Gesetz vom 17.02.2016, BGBl. I 2016, S. 203.

407 BT-Drs. 18/6281, S. 1 f.

408 *Ganske*, in: Reidt/Stickler/Glahs, Vergaberecht, 2017, § 105, Rn. 7.

409 Siehe dazu die Negativabgrenzung in Art. 1 Abs. 4 der RL 2004/18/EG, die am 17.04.2016 außer Kraft getreten ist: „'Dienstleistungskonzessionen' sind Verträge, die von öffentlichen Dienstleistungsaufträgen nur insoweit abweichen, als die Gegenleistung für die Erbringung der Dienstleistungen ausschließlich in dem Recht zur Nutzung der Dienstleistung oder in diesem Recht zuzüglich der Zahlung eines Preises besteht." Auf dieser Grundlage erfolgte die Weiterentwicklung der Definition durch den EuGH dahingehend, dass die Übernahme eines Betriebsrisikos für Dienstleistungskonzessionen kennzeichnend sei (erstmals Urt. v. 13.10.2005 – C-458/03

GWB, auf welche hier als die im Vergleich zu Art. 5 Nr. 1b RL 2014/3/EU weiterreichende Definition zurückgegriffen werden soll, kann deshalb auch außerhalb des Anwendungsbereichs des GWB herangezogen werden.

I. Vertrag zwischen Konzessionsgeber und Unternehmen

Nach § 105 Abs. 1 Nr. 2 GWB setzt eine Dienstleistungskonzession zunächst einmal voraus, dass zwischen einem oder mehreren Konzessionsgebern und einem oder mehreren Unternehmen ein Vertrag geschlossen wird, wobei irrelevant ist, ob dieser öffentlich-rechtlicher oder privatrechtlicher Natur ist.[410] Ggf. ist daher eine Abgrenzung zum Verwaltungsakt erforderlich, durch welchen zwar auch jemandem ein Recht zur Ausübung einer bestimmten Tätigkeit eingeräumt werden kann, welches dann aber nicht auf einer Vereinbarung der beteiligten Parteien, sondern vielmehr auf einer einseitigen Verfügung durch die zuständige Behörde beruht.[411] Ausweislich des Erwägungsgrundes 14 der RL 2014/23/EU sollen „bestimmte Handlungen der Mitgliedstaaten, wie die Erteilung von Genehmigungen oder Lizenzen“ gerade nicht als Konzessionen gelten. Vielmehr enthalten Konzessionsverträge im Gegensatz zu derartigen Handlungen wechselseitig bindende Verpflichtungen, denen zufolge die Erbringung der Dienstleistung bestimmten Anforderungen genügen muss, die vom Konzessionsgeber festgelegt werden und rechtlich durchsetzbar sind. Das Vorliegen eines Vertrags wird dabei vor allem dadurch indiziert, dass bei der Ausgestaltung der Modalitäten ein gewisser Spielraum bestand und infolgedessen der Konzessionsnehmer auf die Bedingungen der Erbringung der Dienstleistung Einfluss nehmen konnte.[412]

Vor diesem Hintergrund können Sondernutzungsrechte, so wie sie hier Gegenstand der Untersuchung sind, immer nur dann vergaberechtliche Relevanz entfalten, wenn sie nicht einseitig durch eine Sondernutzungserlaubnis

---

(Parking Brixen), Rn. 40, juris), was sich nunmehr ausdrücklich aus § 105 Abs. 2 GWB ergibt.

410 *Ganske*, in: Reidt/Stickler/Glahs, Vergaberecht, 2017, § 105, Rn. 17.

411 Vgl. *Braun*, NZBau 2019, 622 (624); *Ganske*, in: Reidt/Stickler/Glahs, Vergaberecht, 2017, § 105, Rn. 18.

412 Vgl. EuGH, Urt. v. 18.12.2007 – C-220/06, Rn. 51, 54, juris. Vereinzelt wird vertreten, dass auch ein Verwaltungsakt vergaberechtlich relevant sein könne, sofern dessen Inhalt nur von den Parteien ausgehandelt wurde und er sich deshalb gewissermaßen als verdeckter Vertrag darstellt. Siehe dazu *Ganske*, in: Reidt/Stickler/Glahs, Vergaberecht, 2017, § 105, Rn. 18 mit Nachweisen aus dem Schrifttum.

respektive einen Verwaltungsakt eingeräumt werden, sondern vielmehr auf einer vertraglichen Grundlage beruhen. Dabei ist freilich zu beachten, dass auch wenn die Parteien von einer Sondernutzungserlaubnis sprechen, die Auslegung der relevanten Willenserklärungen ergeben kann, dass es sich in Wirklichkeit um einen Vertrag mit gegenseitigen Verpflichtungen handelt. Der Bezeichnung kommt also nur Indizwirkung zu.[413]

II. Betrauung bzw. Beschaffung einer Dienstleistung

Erforderlich ist weiter, dass der Konzessionsgeber den Konzessionsnehmer mit einer Dienstleitung *betraut*. Dieses Merkmal ist in dem Sinne zu verstehen, dass sich der Konzessionsnehmer zur Erbringung der Dienstleistung verpflichten muss.[414] Dementsprechend reicht es nicht aus, was sich im Übrigen auch aus dem bereits genannten Erwägungsgrund 14 der RL 2014/23/EU ergibt („wechselseitig bindende Verpflichtungen"), wenn der Konzessionsnehmer nur zur Erbringung und Verwaltung der Dienstleistung berechtigt, nicht aber (auch) verpflichtet wird. Insofern liegt auch in Anbetracht dieses Merkmals eine Dienstleistungskonzession nicht vor, wenn allein durch eine Sondernutzungserlaubnis das Sondernutzungsrecht eingeräumt wurde. Denn durch diese wird deren Inhaber nur berechtigt, den öffentlichen Straßenraum zur Ausübung der betreffenden Dienstleistung zu benutzen, eine Pflicht wird dadurch aber gerade nicht begründet.

Darüber hinaus muss es sich aus der Perspektive des Konzessionsgebers bei der Dienstleistung um einen Beschaffungsvorgang handeln. Dieser ist dadurch gekennzeichnet, dass eine bestimmte Leistung am Markt nachgefragt wird.[415] Dabei ergibt sich das Beschaffungserfordernis zwar nicht ausdrücklich aus § 105 Abs. 1 Nr. 2 GWB, wenngleich es auch aus dem Merkmal „betrauen" abgeleitet werden könnte,[416] dafür aber nach dessen richtlinienkonformer Auslegung: So heißt es in Art. 1 Abs. 1 RL 2014/23/EU, dass die Richtlinie „Bestimmungen für die Verfahren [...] zur Beschaffung im Wege von Konzessionen" enthalte.[417] Der Beschaffungscharakter einer Konzession ist dabei zurückgehend auf einen

413 Siehe dazu auch *Reidt*, in: Bultmann u.a., FS Battis, 2014, S. 437 (441).

414 *Dicks*, in: Röwekamp u.a., GWB, 2020, § 105, Rn. 4; *Willenbruch*, in: ders./Wieddekind, Vergaberecht, 2017, § 105 GWB, Rn. 3; *Wollenschläger*, in: Burgi/Dreher, Vergaberecht, 2017, Bd. 1, § 105, Rn. 40.

415 *Dörr*, in: Burgi/Dreher, Vergaberecht, 2017, Bd. 1, Einleitung, Rn. 1 ff.

416 *Wollenschläger*, in: Burgi/Dreher, Vergaberecht, 2017, Bd. 1, § 105, Rn. 37.

417 Siehe auch Erwägungsgrund 11 der RL 2014/23/EU.

Beschluss des OLG München[418] nicht nur dann anzunehmen, wenn die Leistung des Konzessionsnehmers dem Konzessionsgeber unmittelbar zugutekommt, sondern auch dann, wenn er insofern mittelbar von ihr profitiert, als sie ihn bei der Erfüllung der ihm obliegenden Aufgaben, insbesondere bei solchen der Daseinsvorsorge, unterstützt.[419] Erforderlich ist demnach nicht, dass der Konzessionsgeber die Dienstleistung selbst in Anspruch nimmt.[420]

Neben öffentlichen Aufgaben (wie z.B. Abfallentsorgung oder Abwasserbeseitigung) können ferner auch nicht spezifisch öffentliche Aufgaben (z.B. der Betrieb eines Parkplatzes) im Wege der Dienstleistungskonzession übertragen werden.[421]

Wenn, wie hier, zur Ausführung der Dienstleistung die Inanspruchnahme des öffentlichen Straßenraums in Form einer Sondernutzung erforderlich ist (etwa zum Betrieb von Außenwerbeflächen, zur Veranstaltung eines Marktes oder Festes oder zum Aufstellen von Abfallcontainern), so wird i.d.R. das erforderliche Sondernutzungsrecht im Rahmen der Konzession gleich miteingeräumt. In diesen Fällen sind also die vertraglichen Beziehungen so ausgestaltet, dass der Konzessionsgeber dem Konzessionär das Sondernutzungsrecht einräumt, der Konzessionär sich gegenüber dem Konzessionsgeber zur Durchführung einer bestimmten im öffentlichen Straßenraum auszuführenden Dienstleistung verpflichtet und dieser wiederum als Gegenleistung dafür dem Konzessionär das Recht zur Verwertung der Dienstleistung einräumt.

Beispielsweise handelt es sich um eine Dienstleistungskonzession, wenn sich ein Werbeunternehmen gegenüber der Gemeinde zum Betrieb von Außenwerbeflächen verpflichtet und diesem von der Gemeinde neben dem erforderlichen Sondernutzungsrecht auch das Recht zur Verwertung dieser Dienstleistung (dadurch, dass das Werbeunternehmen seine Werbeleistungen im Verhältnis zu Dritten vermarkten darf) eingeräumt wird.[422] Ferner kommt hier eine Dienstleistungskonzession in Betracht, wenn sich ein Veranstaltungsunternehmen gegenüber der Gemeinde zur eigenverantwortlichen Organisation und Durchführung eines Marktes oder Festes im öffentlichen Straßenraum verpflichtet und

---

418 OLG München, Beschl. v. 25.03.2011 – Verg 4/11 (Breitbandnetz), Rn. 38 ff. (40), juris.

419 *Dörr*, in: Burgi/Dreher, Vergaberecht, 2017, Bd. 1, Einleitung, Rn. 3; *Ganske*, in: Reidt/Stickler/Glahs, Vergaberecht, 2017, § 105, Rn. 33; *Wollenschläger*, in: Burgi/Dreher, Vergaberecht, 2017, Bd. 1, § 105, Rn. 39.

420 *Ganske*, in: Reidt/Stickler/Glahs, Vergaberecht, 2017, § 105, Rn. 33.

421 *Opitz*, NVwZ 2014, 753 (756) m.w.N.

422 Siehe dazu § 5D.II.1.

der Veranstalter im Gegenzug von ihr berechtigt wird, nicht nur den öffentlichen Straßenraum zu diesem Zweck zu benutzten, sondern auch diese Dienstleistung im Verhältnis zu den Beschickern oder Besuchern durch die Erhebung eines Nutzungsentgelts zu verwerten.[423] Und auch im Zusammenhang mit der Sammlung von Alttextilien ist eine Dienstleistungskonzession denkbar, wenn eine Gemeinde einen privaten Sammler mit der Durchführung einer Containersammlung betraut, d.h. dieser nicht nur zur Durchführung der Sammlung berechtigt wird, sondern sich auch dazu verpflichtet, und ihm ferner das Recht eingeräumt wird, die Sammelleistung respektive die gesammelten Alttextilien zu verwerten.[424]

III. Einräumung eines Verwertungsrechts und Übergang des Betriebsrisikos

In der Voraussetzung, dass dem Konzessionsnehmer, gleichsam als „funktionales Entgelt" für die Erbringung und Verwaltung der Dienstleistung,[425] entweder allein das Recht zur Verwertung der Dienstleistung oder dieses Recht zuzüglich einer Zahlung eingeräumt wird, liegt der wesentliche Unterschied zum Dienstleistungsauftrag begründet.[426] Denn sowohl der Konzessions- als auch der Auftragnehmer verpflichten sich gegenüber dem Konzessions- bzw. Auftraggeber zur Erbringung einer Dienstleistung. Der Konzessionsnehmer muss sich aber – anders als der Auftragnehmer – im Wesentlichen durch die Verwertung seiner Dienstleistung im Verhältnis zu Dritten refinanzieren.[427] Dies geschieht i.d.R. dadurch, dass er von den Nutzern seiner Dienstleistung ein Nutzungsentgelt verlangt. Eine Refinanzierung allein durch Zahlungen des Konzessionsgebers ist hingegen nicht möglich. Denn gem. § 105 Abs. 2 S. 1 GWB muss das Betriebsrisiko für die Verwertung der Dienstleistung auf den Konzessionsnehmer übergehen. Gem. § 105 Abs. 2 S. 2 GWB ist dies der Fall, wenn 1. unter normalen Betriebsbedingungen nicht gewährleistet ist, dass die Investitionsaufwendungen oder die Kosten für die Erbringung der Dienstleistungen wieder erwirtschaftet werden können, und 2. der Konzessionsnehmer den Unwägbarkeiten des

423 § 5C.II.1.

424 § 5E.III.2.

425 *Ganske*, in: Reidt/Stickler/Glahs, Vergaberecht, 2017, § 105, Rn. 46.

426 *Burgi*, Vergaberecht, 2021, § 10, Rn. 5; *Wollenschläger*, in: Burgi/Dreher, Vergaberecht, 2017, Bd. 1, § 105, Rn. 75.

427 *Friton/Stein*, in: Pünder/Schellenberg, Vergaberecht, 2019, § 105 GWB, Rn. 15; *Wollenschläger*, in: Burgi/Dreher, Vergaberecht, 2017, Bd. 1, § 105, Rn. 79.

Marktes tatsächlich ausgesetzt ist, sodass potenzielle geschätzte Verluste des Konzessionsnehmers nicht vernachlässigbar sind. Dabei kann das Betriebsrisiko ein Nachfrage- oder Angebotsrisiko sein, § 105 Abs. 2 S. 3 GWB.

In Anbetracht dessen darf eine etwaige Zahlung des Konzessionsgebers nur Zuschusscharakter haben und nicht dazu führen, dass den Konzessionsnehmer gar kein oder nur (noch) ein unbedeutendes Betriebsrisiko i.S.d. § 105 Abs. 2 GWB trifft.[428]

Damit im Kontext der kommerziellen Benutzung des öffentlichen Straßenraums eine Dienstleistungskonzession bejaht werden kann, ist demnach erforderlich, dass der Konzessionsgeber dem Konzessionsnehmer nicht nur das Recht zur Sondernutzung einräumt, auf deren Grundlage er die Dienstleitung überhaupt erst vornehmen darf, sondern darüber hinaus auch das Recht, die Dienstleistung im Verhältnis zu Dritten zu verwerten. Sofern der Konzessionsgeber an den Konzessionsnehmer eine Zahlung leistet, darf diese im Ergebnis nicht dazu führen, dass das Betriebsrisiko beim Konzessionsgeber verbleibt.

B. Rechtlicher Rahmen der Vergabe

Nachfolgend soll nun der rechtliche Rahmen der Vergabe von Dienstleistungskonzession dargestellt werden. Dabei soll zunächst auf die Maßgaben des Verfassungs- und europäischen Primärrechts eingegangen werden (I. und II.). Sie sind vor allem dann von Bedeutung, wenn – was hinsichtlich der hier relevanten Fallkonstellationen regelmäßig der Fall sein dürfte – der für Dienstleistungskonzessionen maßgebliche Schwellenwert, der zur Anwendbarkeit der europäischen Konzessions-RL und des GWB-Vergaberechts führt, nicht erreicht wird.

Die Konzessions-RL ist ausweislich ihres Art. 1 Abs. 1 i.V.m. Art. 8 Abs. 1, der zuletzt durch Art. 1 der Delegierten Verordnung (EU) 2019/1827[429] geändert wurde, nur auf Konzessionen anwendbar, deren geschätzter Wert mindestens 5.350.000 Euro beträgt. Und auch der 4. Teil des GWB gilt in Umsetzung dieser Vorgaben nur für die Vergabe von Dienstleistungskonzessionen, deren geschätzter Vertragswert ohne Umsatzsteuer den Schwellenwert von 5.350.000 Euro erreicht oder überschreitet (§ 106 Abs. 1 S. 1, Abs. 2 Nr. 4 GWB i.V.m.

---

428 *Ganske*, in: Reidt/Stickler/Glahs, Vergaberecht, 2017, § 105, Rn. 47; *Wollenschläger*, in: Burgi/Dreher, Vergaberecht, 2017, Bd. 1, § 105, Rn. 105.

429 Delegierte Verordnung (EU) 2019/1827 der Kommission vom 30.10.2019 zur Änderung der Richtlinie 2014/23/EU des Europäischen Parlaments und des Rates im Hinblick auf den Schwellenwert für Konzessionen, ABl. 2019 L 279, S. 23.

Art. 8 RL 2014/23/EU). Wenngleich dieser Betrag bei der Vergabe von Dienstleistungskonzessionen, die im Zusammenhang mit der Benutzung des öffentlichen Raums stehen, nur äußerst selten erzielt werden dürfte, ist dies gleichwohl nicht gänzlich ausgeschlossen: Denkbar ist z.B., dass mit der Veranstaltung eines Marktes oder Festes, namentlich in Großstädten, ein entsprechendes wirtschaftliches Potenzial verbunden ist. Daher soll nachfolgend auch kurz auf die durch das GWB-Vergaberecht statuierten Anforderungen eingegangen werden (III. 1.).

Für die Vergabe von Dienstleistungskonzessionen, die den Schwellenwert nicht erreichen, existieren demgegenüber keine vergleichbaren vergaberechtlichen Vorgaben. Die Unterschwellenvergabeverordnung (UVgO) ist ausweislich ihres § 1 Abs. 1 nicht auf die Vergabe von Konzessionen anwendbar. Für diese Vergaben könnten sich aber – außerhalb des Verfassungs- und des europäischen Primärrechts – bestimmte Anforderungen aus dem Haushalts- oder dem Kartellrecht ableiten lassen (III. 2. und 3.).

I. Verfassungsrechtlicher Rahmen

Im Zusammenhang mit der Auftragsvergabe hat das BVerfG in einem Beschluss aus dem Jahr 2006, in dem es eigentlich um die unterschiedliche Ausgestaltung des Rechtsschutzes gegen Vergabeentscheidungen ober- und unterhalb der Schwellenwerte ging, ausgeführt, dass die staatlichen Stellen bei der Vergabe von öffentlichen Aufträgen grds. nur durch den Allgemeinen Gleichheitssatz des Art. 3 Abs. 1 GG gebunden werden.[430] Nach der Rechtsprechung des BVerfG greife die Auftragsvergabe grds. nicht in die Berufsfreiheit der unterlegenen Bewerber ein. In einem darauf aufbauenden Beschluss aus dem Jahr 2010 BVerfG heißt es weiter:

> *„Erfolgt die unternehmerische Berufstätigkeit am Markt nach den Grundsätzen des Wettbewerbs, wird die Reichweite des Freiheitsschutzes auch durch die rechtlichen Regeln mitbestimmt, die den Wettbewerb ermöglichen und begrenzen. Art. 12 Abs. 1 GG sichert in diesem Rahmen die Teilhabe am Wettbewerb nach Maßgabe seiner Funktionsbedingungen […].“*[431]

Weiter führt es aus:

> *„Dagegen umfasst das Grundrecht keinen Anspruch auf Erfolg im Wettbewerb und Sicherung künftiger Erwerbsmöglichkeiten […]. Die Vergabe eines öffentlichen Auftrags an*

---

430 BVerfG, Beschl. v. 13.06.2006 – 1 BvR 1160/03, Rn. 54 ff., juris. Siehe auch *Huber*, JZ 2000, 877 (878) m.w.N. aus dem Schrifttum.

431 BVerfG, Beschl. v. 01.11.2010 – 1 BvR 261/10, Rn. 11, juris.

einen Mitbewerber und die der Vergabeentscheidung zugrunde gelegten Kriterien berühren grundsätzlich nicht den Schutzbereich der Berufsfreiheit des erfolglosen Bewerbers. Bei der Vergabe eines öffentlichen Auftrags beeinflusst die handelnde staatliche Stelle den Wettbewerb nicht von außen, sondern wird selbst auf der Nachfrageseite wettbewerblich tätig und eröffnet so einen Vergabewettbewerb zwischen den potentiellen Anbietern. Dabei ist es grundsätzlich Sache des Nachfragers, nach welchen Kriterien und in welchem Verfahren er das günstigste Angebot auswählt. Dementsprechend trägt ein Wettbewerber auf der Angebotsseite stets das Risiko, dass seinem Angebot ein anderes, für den Nachfrager günstigeres vorgezogen wird […]."[432]

Das BVerfG geht weiter davon aus, dass eine Ungleichbehandlung im Rahmen der öffentlichen Auftragsvergabe gerechtfertigt sei, wenn sie nicht willkürlich erfolge.[433] Die Anwendung des Willkürmaßstabs ist dabei in Anbetracht der verneinten freiheitsrechtlichen Betroffenheit konsequent. Dies gilt auch nach dem neuerdings vom BVerfG vertretenen Prüfungsansatz, nach welchem bei der gleichheitsrechtlichen Rechtfertigungsprüfung ein stufenloser am Grundsatz der Verhältnismäßigkeit orientierter Prüfungsmaßstab gelte. Denn auch nach diesem Ansatz würde nur eine freiheitsrechtliche Relevanz der Ungleichbehandlung zu erhöhten Anforderungen an den Rechtfertigungsgrund führen.[434]

Geht man indes davon aus, dass es sich bei der Vergabe eines öffentlichen Auftrags um die Gewährung einer staatlichen Leistung handelt,[435] um deren Teilhabe es geht, und insofern auch die Berufsfreiheit betroffen ist, gelangt man zu ähnlichen Ergebnissen.

Denn grds. richtet sich die Bewältigung von allen Verteilungskonflikten nach Art. 3 Abs. 1 GG.[436] Dabei gilt dieser gleichheitsrechtliche Maßstab unabhängig davon, ob sich die Vorenthaltung des Verteilungsobjekts als eine Verkürzung des natürlichen Freiheitsbereichs darstellt oder ob die Gewährung des Verteilungsobjekts als staatliche Leistung zu verstehen ist und es dementsprechend nur um die Frage der gerechten Teilhabe an diesem Objekt gehen kann. Die bei einem Verteilungskonflikt gezwungenermaßen vorzunehmende Ungleichbehandlung ist nur gerechtfertigt, wenn sie von einem hinreichend gewichtigen, sachlichen Grund getragen werden kann. Dabei erhöhen sich aber die Anforderungen an die Gewichtigkeit des Grundes mit der Intensität, mit der gleichzeitig auch Freiheitsrechte betroffen werden. Im Grundsatz gilt daher, dass die Anforderungen

432 BVerfG, Beschl. v. 01.11.2010 – 1 BvR 261/10, Rn. 11, juris.
433 BVerfG, Beschl. v. 01.11.2010 – 1 BvR 261/10, Rn. 13, juris.
434 Siehe dazu § 3B.I.2.a.)aa.).
435 Siehe *Wollenschläger*, Verteilungsverfahren, 2010, S. 199.
436 § 3B.I.1.b.), § 3B.I.2.a.).

bei einer abwehrrechtlichen Betroffenheit höher sind als bei einer teilhaberechtlichen. Gleichwohl ist der Übergang fließend:

Zunächst steht – wie vorstehend ausgeführt – fest, dass von einer intensiven freiheitsrechtlichen Betroffenheit immer dann ausgegangen werden muss, wenn über die Ungleichbehandlung hinaus auch eine abwehrrechtliche Betroffenheit vorliegt. Gleichzeitig kann aber eine abwehrrechtliche Betroffenheit nicht zwingende Voraussetzung für eine Erhöhung der Rechtfertigungsanforderungen sein.[437] Denn dies würde der Bedeutung einzelner Verteilungsobjekte, die sich als Gewährung einer staatlichen Leistung darstellen, nicht gerecht werden. So würde es doch unverhältnismäßig erscheinen, wenn man bei Differenzierungen, die den Zugang zu Hochschulen betreffen, irgendeinen sachlichen Grund genügen lassen würde. Auf der anderen Seite kann aber auch nicht jede irgendwie geartete Relevanz von Freiheitsgrundrechten für die Erhöhung der Rechtfertigungsanforderungen ausreichen, weil jeder Verteilungskonflikt zumindest von der Allgemeinen Handlungsfreiheit aus Art. 2 Abs. 1 GG freiheitsrechtlich aufgefangen wird.[438] Würde man in Anbetracht dessen jedwede freiheitsrechtliche Relevanz genügen lassen, müsste bei nahezu jedem Verteilungskonflikt ein erhöhter Rechtfertigungsmaßstab angelegt werden.

Vor diesem Hintergrund erscheint es daher plausibel, die Grenze, ab welcher erhöhte Anforderungen an die Rechtfertigung zu stellen sind, dort zu ziehen, wo zumindest ein „qualifizierter Zusammenhang"[439] zwischen Grundrechtsausübung und der Inanspruchnahme der staatlichen Leistung besteht. Diesen Zusammenhang nimmt *Ferdinand Wollenschläger* an, „wenn der Grundrechtsträger auf das staatliche Leistungsangebot angewiesen ist, etwa weil dem zu verteilenden Gut eine herausragende Bedeutung für den Petenten zukommt oder der Staat eine Monopolstellung innehat."[440] Für Ungleichbehandlungen, bei denen es an einem solchen Zusammenhang zwischen Grundrechtsausübung und Leistung fehlt, gilt hingegen nur das Willkürverbot.

Daraus folgt, dass sich ein Bewerber jedenfalls bei der Vergabe von öffentlichen Aufträgen, auf die er nicht zwingend angewiesen ist, mangels hinreichender Betroffenheit der Berufsfreiheit nur gegen willkürliche Ungleichbehandlungen zu Wehr setzen kann. Dabei dürfte es den Regelfall darstellen, dass es an einem solchen Abhängigkeitsverhältnis fehlt, denn auf den meisten Märkten ist der

437 Vgl. *Wollenschläger*, Verteilungsverfahren, 2010, S. 75 ff.
438 *Wollenschläger*, Verteilungsverfahren, 2010, S. 76.
439 *Wollenschläger*, Verteilungsverfahren, 2010, S. 77.
440 *Wollenschläger*, Verteilungsverfahren, 2010, S. 77.

öffentliche Auftraggeber nur ein Nachfrager von vielen.[441] Nach teilweise vertretener Auffassung sei die Lage dagegen anders zu beurteilen, wenn der öffentliche Auftraggeber auf dem jeweiligen Markt eine marktbeherrschende Stellung habe.[442] In diesen Fällen geht von seinen Aufträgen ein so großes wirtschaftliches Potenzial aus, dass der Erhalt von Aufträgen anderer Nachfrager das wirtschaftliche Bedürfnis der einzelnen Bewerber nicht (angemessen) zu decken vermag und insofern durchaus von einem Angewiesensein die Rede sein kann. In dieser Weise kann sich diese Problematik auch bei der Vergabe von Dienstleistungskonzessionen mit Sondernutzungsbezug, insbesondere bei solchen zum Betrieb von Außenwerbeflächen und zum Sammeln von Alttextilien mittels Container, stellen. In diesen Fällen haben die Gemeinden eine marktbeherrschende Stellung, weil die einzelnen Bewerber in besonderem Maße auf die von ihnen zu vergebenden Konzessionen angewiesen sind. Denn sie räumen ihnen das Recht ein, ihre Dienstleistung gerade auch im öffentlichen Straßenraum, der für sie besonders attraktiv ist, erbringen zu dürfen, was für ihre Stellung auf dem nachgelagerten Markt von enormer Bedeutung ist (auf die marktbeherrschenden Stellung der Gemeinden wird in dem kartellrechtlichen Abschnitt noch ausführlich eingegangen)[443]. Auch in diesen Fällen muss daher von einer intensiveren freiheitsrechtlichen Betroffenheit der Bewerber ausgegangen werden, weshalb der Willkürmaßstab hier nicht zur Anwendung kommen darf. Sind die Bewerber in der beschriebenen Weise auf die Konzession angewiesen, reicht also irgendein sachlicher Differenzierungsgrund bei der Vergabe nicht mehr aus. Vielmehr gelten mit Blick auf die Verteilungskriterien und das Verteilungsverfahren erhöhte Anforderungen, die im Wesentlichen denen, die bei der „schlichten" Verteilung von Sondernutzungsrecht zu beachten sind, entsprechen.[444]

Sofern die Bewerber aber nicht in diesem Sinne auf die Konzession angewiesen sind, fehlt es an einem qualifizierten Zusammenhang von Grundrechtsausübung und Konzessionsvergabe. Eine intensive freiheitsrechtliche Betroffenheit liegt dann nicht vor, weshalb sich auch die Anforderungen an die Rechtfertigung der Ungleichbehandlung nicht erhöhen. Maßstab bleibt dann das Willkürverbot. Ist aber das Gegenteil der Fall, so erhöhen sich die Anforderungen an die

441 *Wollenschläger*, Verteilungsverfahren, 2010, S. 202.

442 Siehe *Huber*, JZ 2000, 877 (879 f.); *ders.*, Konkurrenzschutz im Verwaltungsrecht, 1991, S. 445 f. Siehe auch *Gers-Grapperhaus*, Das Auswahlrechtsverhältnis bei Auftragsvergaben unterhalb der Schwellenwerte, 2009, S. 208 m.w.N.

443 Dazu unter § 4B.III.3.b.).

444 Siehe oben § 3B.I.2.a.)bb.).

Gewichtigkeit des Rechtfertigungsgrundes. Irgendein sachlicher Grund ist dann nicht mehr ausreichend, um die Ungleichbehandlung zu rechtfertigen.

In Anbetracht dessen fällt auf, dass im Grundsatz die verfassungsrechtlichen Anforderungen bei der isolierten Verteilung von Sondernutzungsrechten, die keinen Beschaffungsbezug aufweisen, höher sind als bei der Vergabe von Dienstleistungskonzessionen, die im Zusammenhang mit der Benutzung des öffentlichen Raumes stehen, allerdings, wie gerade erläutert, nur sofern die Bewerber nicht in besonderem Maße auf die Konzession angewiesen sind. Dies erklärt sich vor dem Hintergrund, dass im ersten Fall der Maßstab des Art. 3 Abs. 1 GG abwehrrechtlich geprägt ist, im zweiten Fall hingegen nicht. Dort geht es „nur" um die Teilhabe an einer staatlichen Leistung.

II. Unionsrechtlicher Rahmen

Für den Fall, dass die Vergabe einer entsprechenden Dienstleistungskonzession Binnenmarktrelevanz hat, müssen die aus den Grundfreiheiten der Art. 49 und Art. 56 AEUV und dem Verbot der Diskriminierung aus Gründen der Staatsangehörigkeit (Art. 18 AEUV) abzuleitenden Grundsätze der Gleichbehandlung, Nichtdiskriminierung und Transparenz beachtet werden. Insoweit kann auf die entsprechenden Ausführungen zu den unionsrechtlichen Anforderungen, die es bei der Verteilung von Sondernutzungsrechten zu beachten gilt, verwiesen werden, denn die dort genannten Maßgaben wurden ja gerade auf der Basis der EuGH-Rechtsprechung zur Vergabe von Dienstleistungskonzessionen herausgearbeitet.[445]

Darüber hinaus stellt sich die Frage, ob bei der Vergabe von Dienstleistungskonzessionen auch das europäische Kartellrecht (Art. 101 ff. AEUV) zur Anwendung kommen kann. Es richtet sich an Unternehmen, für die es durch die Art. 101, 102 AEUV bestimmte Wettbewerbsregeln aufstellt. So sind nach Art. 101 Abs. 1 AEUV alle Vereinbarungen zwischen Unternehmen, Beschlüsse von Unternehmensvereinigungen und aufeinander abgestimmte Verhaltensweisen verboten, welche den Handel zwischen Mitgliedstaaten zu beeinträchtigen geeignet sind und eine Verhinderung, Einschränkung oder Verfälschung des Wettbewerbs innerhalb des Binnenmarkts bezwecken oder bewirken. Nach Art. 102 S. 1 AEUV ist die missbräuchliche Ausnutzung einer beherrschenden Stellung auf dem Binnenmarkt oder auf einem wesentlichen Teil desselben durch ein oder mehrere Unternehmen untersagt, soweit dies dazu führen kann,

---

445 Siehe oben § 3B.II.1.

den Handel zwischen den Mitgliedstaaten zu beeinträchtigen. Dabei geht der EuGH von einem funktionalen Unternehmensbegriff aus. Ein Unternehmen sei „jede eine wirtschaftliche Tätigkeit ausübende Einheit, unabhängig von ihrer Rechtsform und der Art ihrer Finanzierung“[446]. Übt die öffentliche Hand eine wirtschaftliche Tätigkeit aus, kann daher auch sie Unternehmen i.S.d. Kartellrechts sein.[447]

Dabei versteht der EuGH allerdings unter einer wirtschaftlichen Tätigkeit „jede Tätigkeit, die darin besteht, Güter oder Dienstleistungen auf einem bestimmten Markt anzubieten“[448]. Dementsprechend kann die Nachfrage nach Dienstleistungen mit Sondernutzungsbezug für sich genommen keine Unternehmenseigenschaft begründen.[449] Bei der Nachfragetätigkeit des Staates stellt der EuGH vielmehr darauf ab, ob die eingekauften Güter oder Dienstleistungen später zu einem wirtschaftlichen oder nichtwirtschaftlichen Zweck weiterverwendet werden sollen (FENIN-Rechtsprechung des EuGH).[450] Das Wesen der Einkaufstätigkeit sei nicht von dessen späterer Verwendung zu trennen.[451] Deshalb bestimme der wirtschaftliche oder nichtwirtschaftliche Charakter der späteren Verwendung zwangsläufig auch den Charakter der Beschaffungstätigkeit.[452]

Zudem hatte der EuGH zur Vergabe von Konzessionen schon vor der FENIN-Rechtsprechung entschieden, dass die öffentliche Hand dabei nicht als Unternehmen i.S.d. Kartellrechts tätig werde.[453] In der Rs. *Bodson* führte er aus, dass die Bestimmungen des Kartellrechts nicht auf „Konzessionsverträge zwischen Gemeinden, die in ihrer Eigenschaft als Träger öffentlicher Gewalt handeln, und

---

446 EuGH, Urt. v. 23.04.1991 – C-41/90 (Höfner-Elsner), Rn. 21, juris; EuGH, Urt. v. 16.03.2004 – C-264/01 (AOK Bundesverband), Rn. 46, juris; EuGH, Urt. v. 11.07.2006 – C-205/03 (FENIN), Rn. 25, juris.

447 *Grave/Nyberg*, in: Loewenheim u.a., Kartellrecht, 2020, Art. 101 Abs. 1 AEUV, Rn. 100.

448 EuGH, Urt. v. 18.06.1998 – C-35/96 (Kommission/Italien), Rn. 36, juris; EuGH, Urt. v. 25.10.2001 – C-475/99 (Ambulanz Glöckner), Rn. 19, juris; EuGH, Urt. v. 11.07.2006 – C-205/03 (FENIN), Rn. 25, juris.

449 *Grave/Nyberg*, in: Loewenheim u.a., Kartellrecht, 2020, Art. 101 Abs. 1 AEUV, Rn. 112; *Zimmer*, in: Immenga/Mestmäcker, Wettbewerbsrecht, 2019, Bd. 1, Art. 101 Abs. 1 AEUV, Rn. 13. Zur Kritik an dieser Rechtsprechung siehe etwa *Hengst*, in: Langen/Bunte, Kartellrecht, 2018, Bd. 2, Art. 101 AEUV, Rn. 10 auch m.w.N.

450 EuGH, Urt. v. 11.07.2006 – C-205/03 (FENIN), Rn. 26, juris; EuGH, Urt. v. 26.03.2009 – C-113/07 (Selex), Rn. 102, juris.

451 EuGH, Urt. v. 11.07.2006 – C-205/03 (FENIN), Rn. 26, juris.

452 EuGH, Urt. v. 11.07.2006 – C-205/03 (FENIN), Rn. 26, juris.

453 EuGH, Urt. v. 04.05.1988 – Rs. 30/87 (Bodson), Rn. 18, juris.

Unternehmen, die mit der Wahrnehmung einer öffentlichen Aufgabe betraut werden"[454] zielen würden. Auch insoweit sind die Art. 101 ff. AEUV, diese Rechtsprechung zugrunde gelegt, bei der Vergabe von Dienstleistungskonzessionen nicht anwendbar.[455] Auf der Ebene des europäischen Primärrechts können deshalb nur die Grundfreiheiten als Maßstab dienen.

Auf Ebene des europäischen Sekundärrechts greift für die Vergabe von Konzessionen die Konzessions-RL. Gem. ihres Art. 1 Abs. 1 enthält sie Bestimmungen für die Verfahren zur Beschaffung im Wege von Konzessionen, wobei sie aber nur für solche Konzessionen zur Anwendung kommt, deren geschätzter Wert einen bestimmten Schwellenwert erreicht. Dieser Schwellenwert liegt aktuell bei 5.350.000 Euro, welchen die hier in Rede stehenden Dienstleistungskonzessionen i.d.R. nicht erreichen werden.[456] Insoweit ist für ihre Vergabe nur das europäische Primärrecht maßgebend. Sofern der Schwellenwert aber ausnahmsweise doch erreicht werden sollte, sind die einschlägigen Vorschriften des GWB, durch welche unter anderem auch die Vorgaben der Konzessions-RL umgesetzt wurden, im Lichte dieser Richtlinie auszulegen und anzuwenden.

III. Einfachgesetzlicher Rahmen

Im Folgenden sollen nun die Anforderungen dargelegt werden, die sich für die Vergabe von Dienstleistungskonzessionen mit Sondernutzungsbezug aus dem GWB-Vergaberecht (1.), dem Haushaltsrecht (2.) und dem Kartellrecht (3.) ergeben.

Während sich das GWB-Vergaberecht und das Haushaltsrecht an öffentliche Auftraggeber richtet und vor allem eine wettbewerbs- bzw. verteilungsgerechte und haushaltsschonende Beschaffung sicherstellen sollen,[457] adressieren die §§ 18 ff. GWB die öffentliche Hand als Unternehmerin mit einer marktbeherrschenden Stellung, die sie zum Schutz der Freiheit des Wettbewerbs nicht missbräuchlich ausnutzen können soll.

---

454 EuGH, Urt. v. 04.05.1988 – Rs. 30/87, Rn. 18, juris. So auch EuGH, Urt. v. 21.07.2005 – C-231/03 (Coname), Rn. 12, juris.

455 Dazu kritisch *Säcker/Mohr/Wolf*, Konzessionsverträge im System des europäischen und deutschen Wettbewerbsrechts, 2011, S. 51.

456 Dazu siehe oben § 4B.

457 *Burgi*, Vergaberecht, 2021, § 1, Rn. 13.

1. Vergaberecht

Die Anwendbarkeit des GWB-Vergaberechts scheidet i.d.R. aus, weil der maßgebliche Schwellenwert von aktuell 5.350.000 Euro nicht erreicht wird.[458] Sofern dies ausnahmsweise doch der Fall sein sollte, finden neben den Vorschriften, die grds. für alle Vergaben gelten (§§ 97–114 GWB zu den Grundsätzen, Definitionen und zum Anwendungsbereich des GWB; §§ 155–184 GWB zum Nachprüfungsverfahren), speziell die §§ 148–154 GWB zur Vergabe von Konzessionen Anwendung. Dabei werden die anwendbaren Vorschriften durch die Konzessionsvergabeverordnung (KonzVgV) konkretisiert (§ 1 KonzVgV). Für die Vergabe von Konzessionen unterhalb des Schwellenwertes kommt auch die UVgO nicht zur Anwendung, weil ihr Anwendungsbereich für Konzessionen nicht eröffnet ist (§ 1 Abs. 1 UVgO).

2. Haushaltsrecht

Denkbar ist aber, dass durch das Haushaltsrecht bestimmte Maßgaben an die Vergabe von Konzessionen statuiert werden. Ausweislich des § 75 Abs. 1 S. 2 GO NRW ist die Gemeinde zur wirtschaftlichen, effizienten und sparsamen Haushaltsführung verpflichtet, was auch für die gemeindliche Beschaffungstätigkeit gilt. Nach Maßgabe des § 26 Abs. 1 KomHVO NRW muss der Vergabe von Aufträgen eine öffentliche Ausschreibung oder eine beschränkte Ausschreibung mit Teilnahmewettbewerb vorausgehen, sofern nicht die Natur des Geschäfts oder besondere Umstände eine Ausnahme rechtfertigen. Zu beachten ist dabei, dass sich diese Regelung nur auf die Unterschwellenvergabe beziehen kann. Denn auch wenn der Wortlaut zunächst anderes vermuten lässt, weil er – gerade auch im Gegensatz zu § 26 Abs. 2 KomHVO NRW – nicht ausdrücklich nur die Unterschwellenvergabe in Bezug nimmt, so ergibt sich dies doch daraus, dass das Land gar nicht die Kompetenz zur Regelung von Oberschwellenvergaben hätte. Das Vergaberecht unterliegt vielmehr der konkurrierenden Gesetzgebungskompetenz des Bundes nach Art. 74 Abs. 1 Nr. 11 GG (Recht der Wirtschaft), Art. 74 Abs. 1 Nr. 16 GG (Verhütung des Missbrauchs wirtschaftlicher Machtstellung) und Art. 74 Abs. 1 Nr. 1 GG (gerichtliches Verfahren),[459] von der er mit dem 4. Teil des GWB abschließend Gebrauch gemacht hat. Im Anwendungsbereich des GWB sind deshalb grds. keine Regelungen durch die Länder möglich.

---

458 § 4B.II.

459 BT-Drs. 18/6281, S. 56.

Nach Maßgabe des § 26 Abs. 2 KomHVO NRW sind bei der Vergabe von Aufträgen in einer finanziellen Größenordnung unterhalb der gem. § 106 GWB festgelegten Schwellenwerte die Vergabebestimmungen anzuwenden, die das für Kommunales zuständige Ministerium bekannt gibt. Auf dieser Grundlage hat das zuständige Ministerium des Landes NRW kommunale Vergabegrundsätze[460] festgelegt, die die Gemeinden bei der Vergabe öffentlicher Aufträge zu beachten haben (Nr. 1.1).

Nicht eindeutig ist, ob § 26 KomHVO NRW und die kommunalen Vergabegrundsätze auch für Konzessionen gelten, denn dort ist nur die Rede von öffentlichen Aufträgen. Es stellt sich daher die Frage, ob der Begriff der öffentlichen Aufträge als Oberbegriff sowohl für Aufträge als auch Konzessionen verwendet wird, oder, ob er, wie es im Anwendungsbereich des GWB gemacht werden muss, von Konzessionen abzugrenzen ist.

Zunächst spricht gegen eine Anwendbarkeit auch auf Konzessionen, dass an einigen Stellen auf Regelungen verwiesen wird, die nur für öffentliche Aufträge gelten (z.B. in Nr. 1.3 auf § 3 VgV oder in Nr. 2.2 auf § 99 GWB). Gleichwohl heißt es unter der Nr. 2.1, dass bei der Vergabe öffentlicher Aufträge die Regelungen der §§ 97–184 GWB gelten, sofern die gem. § 106 GWB maßgeblichen Schwellenwerte erreicht oder überstiegen werden. Der Verweis umfasst daher grds. auch Vorschriften, die ausschließlich für Konzessionen gelten. Hinzu kommt, dass sich auch die Vergabe von Konzessionen auf den Haushalt auswirken kann, nämlich immer dann, wenn als Gegenleistung nicht nur ein Verwertungsrecht eingeräumt wird, sondern darüber hinaus auch eine Vergütung gezahlt wird.[461]

Allerdings nimmt die Nr. 5 der Kommunalen Vergabegrundsätze, die die Vergabe von Liefer- und Dienstleistungen betrifft, Bezug auf die UVgO, die für Dienstleistungskonzessionen gerade keine Anwendung findet. Insofern ist davon auszugehen, dass durch die Kommunalen Vergabegrundsätze nicht auch die Vergabe von Dienstleistungskonzessionen mitgeregelt werden sollte. Vielmehr geht es bei diesen Regelungen darum, die Vorschriften der UVgO, die seit dem 09.06.2018 auch in NRW gilt,[462] die aber in ihrem persönlichen Anwendungsbereich nur die öffentlichen Auftraggeber des Landes NRW erfasst, auch auf kommunale Auftraggeber auszudehnen. Den Kommunalen Vergabegrundsätzen lassen sich daher keine Vorgaben zur Vergabe von Dienstleistungskonzessionen im Unterschwellenbereich entnehmen.

---

460 MBl. NRW 2018, S. 497.

461 *Siegel*, NZBau 2019, 353 (353 f.).

462 MBl. NRW 2018, S. 360.

3. *Kartellrecht*

Das Ziel des Kartellrechts ist der Schutz der Freiheit des Wettbewerbs.[463] Durch die §§ 19, 18 GWB soll sichergestellt werden, dass der Wettbewerb als dynamischer Prozess nicht dadurch gefährdet wird, dass marktbeherrschende Unternehmen durch ihr Verhalten dessen Funktionsbedingungen (immer weiter) außer Kraft setzen.[464] Aus diesem Grund verbietet es § 19 Abs. 1 GWB solchen Unternehmen, ihre marktbeherrschende Stellung missbräuchlich auszunutzen. Auf diese Weise soll auch die Marktgegenseite geschützt und gestärkt werden, damit sie als taugliche Wettbewerbskraft weiterhin dazu beitragen kann, dass der Wettbewerb aufrechterhalten bleibt.

Im Folgenden soll zunächst der Frage nachgegangen, ob auch die Gemeinden in ihrer Stellung als Konzessionsgeber ein Unternehmen i.S.d. § 19 Abs. 1 GWB sein und folglich auch von ihm adressiert werden können (a.)). Im Anschluss daran soll geprüft werden, ob ihnen bei der Vergabe von Dienstleistungskonzessionen, für deren Ausführung die Benutzung des öffentlichen Straßenraums erforderlich ist, auch eine marktbeherrschende Stellung i.S.d. §§ 19 Abs. 1, 18 GWB zukommen kann (b.)). Diese könnte sich daraus ableiten, dass die Gemeinden über den öffentlichen Straßenraum verfügen können, auf welchen die an der Konzession interessierten Unternehmen in besonderem Maße angewiesen sind (wie namentlich Werbeunternehmen oder Abfallsammler). Sodann soll auf die Anforderungen eingegangen werden, die sich für die Vergabe entsprechender Dienstleistungskonzessionen vor dem Hintergrund einer solchen Stellung bzw. dem daraus resultierenden Verbot ihrer missbräuchlichen Ausnutzung ergeben würden (c.)).

---

463 *Wiedemann*, in: Wiedemann, Kartellrecht, 2020, § 1, Rn. 1. Dabei ist unter „Wettbewerb" nicht etwa ein erstrebenswerter Idealzustand oder ein konkretes Marktergebnis zu verstehen. Vielmehr „kann es bei einem Kartellrecht, welches das Ziel verfolgt, den ‚wirksamen Wettbewerb' zu schützen, nur um die Erhaltung einer Plattform (sog. *level playing field*) für antagonistisches Konkurrenzverhalten – ein dynamisches Wettbewerbsgeschehen – gehen und darum, die Freiheit der Wettbewerber im Konkurrenzkampf durch kompetente Wettbewerbsbehörden zu sichern." (Hervorhebung im Original), *Kling/Thomas*, Kartellrecht, 2016, § 2, Rn. 30.

464 *Fuchs*, in: Immenga/Mestmäcker, Wettbewerbsrecht, 2020, Bd. 2, § 19, Rn. 23 ff. (25).

a.) Der Konzessionsgeber als Unternehmen i.S.d. § 19, 18 GWB?

Wie im europäischen Recht liegt auch den Bestimmungen des deutschen Kartellrechts ein funktionaler Unternehmensbegriff zugrunde.[465] Nach der Rechtsprechung des BGH wird die Unternehmenseigenschaft durch „jede selbständige Tätigkeit im geschäftlichen Verkehr begründet, die auf den Austausch von Waren oder gewerblichen Leistungen gerichtet ist, und sich nicht auf die Deckung des privaten Lebensbedarfs beschränkt“[466]. Auf die Rechtsform oder Gewinnerzielungsabsicht kommt es insoweit nicht an.[467]

Anders als der EuGH hat der BGH allerdings bisher die Frage beantwortet, ob bzw. unter welchen Voraussetzungen auch die Beschaffungstätigkeit des Staates vom Unternehmensbegriff erfasst sein soll. In seiner bisherigen Rechtsprechung ging er davon aus, dass die Nachfragetätigkeit der öffentlichen Hand ohne weitere Einschränkung als wirtschaftliche Tätigkeit zu bewerten und infolgedessen auch am Maßstab des Kartellrechts zu messen sei.[468] Demgegenüber vertritt der EuGH in ständiger Rechtsprechung die Auffassung, dass eine wirtschaftliche Tätigkeit dadurch gekennzeichnet sei, dass Güter oder Dienstleistungen auf einem bestimmten Markt angeboten werden. In der FENIN-Entscheidung aus dem Jahr 2006 betonte er, dass die Nachfragetätigkeit des Staates kartellrechtlich nur dann relevant sei, wenn die eingekauften Güter bzw. Dienstleistungen später zu einem wirtschaftlichen Zweck weiterverwendet werden würden.[469] Der BGH war bislang noch nicht gezwungen, zu dieser Rechtsprechung Stellung zu beziehen. Vereinzelt hat er indessen sogar ausdrücklich offen gelassen, ob er sich zu einer Rechtsprechungsänderung veranlasst sieht.[470]

Jedenfalls aber stünde das Unionsrecht einer weiten Auslegung des Unternehmensbegriffs, nach der uneingeschränkt auch die Nachfragetätigkeit des Staates erfasst wäre, nicht entgegen. Denn wenn das europäische Wettbewerbsrecht so ausgelegt wird, dass es in Nachfragesituationen mangels unternehmerischer Tätigkeit schon gar nicht anwendbar ist, kann es auch keinen Vorrang

465 *Krauß*, in: Langen/Bunte, Kartellrecht, 2018, Bd. 1, § 1, Rn. 32; *Fuchs*, in: Immenga/Mestmäcker, Wettbewerbsrecht, 2020, Bd. 2, § 19, Rn. 9.

466 BGH, Urt. v. 06.11.2013 (VBL-Gegenwert I), Rn. 43, juris.

467 *Fuchs*, in: Immenga/Mestmäcker, Wettbewerbsrecht, 2020, Bd. 2, § 19, Rn. 9.

468 *Krauß*, in: Langen/Bunte, Kartellrecht, 2018, Bd. 1, § 1, Rn. 32 f. m.w.N.

469 Siehe oben § 4B.II.

470 BGH, Urt. v. 06.11.2013 – KZR 58/11 (VBL-Gegenwert I), Rn. 52, juris; BGH, Urt. v. 16.06.2015 – KZR 83/13 (Einspeiseentgelt), Rn. 37, juris.

beanspruchen.[471] Aus diesem Grund können auch Art. 3 VO (EG) Nr. 1/2003 bzw. dessen nationale Entsprechung in § 22 GWB, die auf das europäische Wettbewerbsrecht Bezug nehmen und möglicherweise zu dessen Gunsten einen Anwendungsvorrang statuiert hätten, nicht zur Anwendung kommen.[472] Nachfolgend soll deshalb davon ausgegangen werden, dass der Unternehmensbegriff im Kartellrecht auch die Beschaffungstätigkeit der öffentlichen Hand miteinschließt.

Der Einordnung der Konzessionsvergabe als unternehmerische Tätigkeit steht auch nicht entgegen, dass der Konzessionär häufig mit öffentlichen Aufgaben betraut wird. Eine Tätigkeit verliert ihren unternehmerischen Charakter nämlich nicht schon dadurch, dass mit ihr auch öffentliche Zwecke verfolgt werden.[473] Vielmehr ist es für die Einordnung als wirtschaftliche oder nichtwirtschaftliche Tätigkeit grds. nicht von Belang, welches Motiv oder welcher Zweck hinter der Beschaffung steht.[474] Außer Frage steht hingegen, dass eine unternehmerische Tätigkeit der öffentlichen Hand immer dann ausgeschlossen ist, wenn sie hoheitlich handelt.[475] Eine hoheitliche Tätigkeit liegt aber nicht schon dann vor, wenn mit der betreffenden Tätigkeit zugleich auch öffentliche Aufgaben wahrgenommen oder öffentliche Zwecke verfolgt werden. Es geht vielmehr darum, solche Tätigkeiten vom Anwendungsbereich des Kartellrechts auszuschließen, die sich als Ausübung originär hoheitlicher Befugnisse darstellen.[476]

Werden im Wege einer Konzession Dienstleistungen beschafft, zu deren Ausübung der öffentliche Straßenraum in Anspruch genommen werden muss, so handelt es sich dabei um eine unternehmerische Tätigkeit, obschon im Rahmen der Konzession dem Konzessionär auch das Recht zur Sondernutzung eingeräumt wird. Zwar stellt sich die Erteilung des Sondernutzungsrechts als hoheitlich dar, gleichwohl muss aber die Vergabe der Konzession als einheitlicher Vorgang bewertet werden, bei dem die Beschaffung der Dienstleistung

---

471 *Nothdurft*, in: Langen/Bunte, Kartellrecht, 2018, Bd. 1, § 19, Rn. 80; *Zimmer*, in: Immenga/Mestmäcker, Wettbewerbsrecht, 2020, Bd. 2, § 1, Rn. 17, 24.

472 *Rehbinder*, in: Immenga/Mestmäcker, Wettbewerbsrecht, 2019, Bd. 1, Art. 3 VO 1/2003, Rn. 24. Kritisch dazu *Bechtold/Bosch*, GWB, 2018, § 1, Rn. 9, die darin eine „sehr formale Argumentation“ sehen, die am Zweck der Vorschrift vorbei gehen würde.

473 *Krauß*, in: Langen/Bunte, Kartellrecht, 2018, Bd. 1, § 1, Rn. 49.

474 *Säcker/Mohr/Wolf*, Konzessionsverträge im System des europäischen und deutschen Wettbewerbsrechts, 2011, S. 48.

475 Siehe etwa *Krauß*, in: Langen/Bunte, Kartellrecht, 2018, Bd. 1, § 1, Rn. 45 ff.

476 *Säcker/Mohr/Wolf*, Konzessionsverträge im System des europäischen und deutschen Wettbewerbsrechts, 2011, S. 49.

im Vordergrund steht und die Einräumung des Sondernutzungsrechts in seiner Bedeutung dahinter zurücktritt. Denn das Sondernutzungsrecht soll lediglich sicherstellen, dass der Konzessionär die Dienstleistung straßenrechtlich auch ausführen darf.

Im Ergebnis ist daher festzuhalten, dass, anders als im europäischen Kartellrecht, der Unternehmensbegriff im deutschen Kartellrecht so verstanden werden kann, dass die öffentliche Hand als Konzessionsgeber bei der Vergabe von Konzessionen unternehmerisch handelt und deshalb diese Tätigkeit auch am Maßstab des Kartellrechts zu messen ist.

b.) Marktbeherrschende Stellung

Sodann stellt sich die Frage, ob die Gemeinden, die die Dienstleistungskonzessionen vergeben, für deren Ausführung die Benutzung des öffentlichen Straßenraums erforderlich ist, auf dem jeweiligen Markt auch eine marktbeherrschende Stellung haben. Gem. § 18 Abs. 1 GWB ist ein Unternehmen marktbeherrschend, soweit es als Anbieter oder Nachfrager einer bestimmten Art von Waren oder gewerblichen Leistungen auf dem sachlich und räumlich relevanten Markt (1.) ohne Wettbewerber ist, (2.) keinem wesentlichen Wettbewerb ausgesetzt ist oder (3.) eine im Verhältnis zu seinen Wettbewerbern überragende Marktstellung hat. Zunächst ist daher zu klären, was der sachlich und räumlich relevante Markt ist, damit anschließend ermittelt werden kann, ob die Gemeinde auf diesem Markt i.S.d. Nrn. 1–3 eine marktbeherrschende Stellung hat.

aa.) Marktabgrenzung

Dem GWB liegt der Gedanke zugrunde, dass sich die wirtschaftliche Macht eines Unternehmens immer nur auf einem bestimmten Markt auswirkt (sog. Marktmachtkonzept).[477] Damit einher geht, dass die Marktmacht eines Unternehmens nicht – losgelöst vom jeweils betroffenen Markt – mithilfe abstrakter Kriterien (wie z.B. der Unternehmensgröße) bestimmt werden darf.[478] Vielmehr gilt es zunächst im Wege der Marktabgrenzung den relevanten Markt zu ermitteln, der dann bei der Bestimmung der Marktmacht eines Unternehmens die Bezugsgröße bildet.[479]

---

477 *Fuchs*, in: Immenga/Mestmäcker, Wettbewerbsrecht, 2020, Bd. 2, § 18, Rn. 23, 30.
478 *Fuchs*, in: Immenga/Mestmäcker, Wettbewerbsrecht, 2020, Bd. 2, § 18, Rn. 23.
479 *Kühnen*, in: Loewenheim u.a., Kartellrecht, 2020, § 18, Rn. 11 f.

Gewissermaßen fungiert die Marktabgrenzung also als „vorbereitender Filter“[480]. Sie dient keinem Selbstzweck, sondern soll die Ermittlung einer marktbeherrschenden Stellung vereinfachen. Dabei ist sie kein empirischer Erkenntnisakt, sondern ein juristischer Bewertungsvorgang, der immer der Ermittlung von unternehmerischen Verhaltensspielräumen verpflichtet bleibt, die vom Wettbewerb nicht hinreichend kontrolliert werden und deshalb einer rechtlichen Begrenzung bedürfen.[481] Eine schematische Vorgehensweise verbietet sich deshalb immer dann, wenn diese nicht in der Lage ist, die tatsächlichen Machtverhältnisse abzubilden.

Die Reichweite des räumlich und sachlich relevanten Marktes bestimmt sich grds. nach den Ausweichmöglichkeiten der Marktgegenseite.[482] Maßgeblich ist, welche Alternativen ein Anbieter bzw. Nachfrager zu den von einem bestimmten Unternehmen nachgefragten bzw. angebotenen Waren oder gewerblichen Leistungen für sich in Betracht zieht. Anhand der theoretischen Ausweichmöglichkeiten der Marktgegenseite können die wesentlichen Wettbewerbskräfte, denen das betreffende Unternehmen ausgesetzt ist, ermittelt werden.[483] Sie sind für die Frage, ob ein Unternehmen über eine marktbeherrschende Stellung verfügt, von entscheidender Bedeutung, weil sie Aufschluss darüber geben, ob die Verhaltensspielräume des betreffenden Unternehmens durch bestehenden Wettbewerb hinreichend kontrolliert werden. Denn anhand der theoretischen Ausweichmöglichkeiten der Marktgegenseite kann ermittelt werden, inwieweit durch die Markttätigkeit konkurrierender Unternehmen, dem Marktverhalten des betreffenden Unternehmens dadurch Grenzen aufgezeigt werden, dass es auf die Konkurrenz reagieren muss.

Bei all dem muss zwischen Angebots- und Nachfragemärkten unterschieden werden. Während bei Angebotsmärkten die Sicht der Nachfrager entscheidend ist, kommt es bei Nachfragemärkten auf die Perspektive der Anbieter an. Wenn die Gemeinde, wie es hier der Fall ist, eine Dienstleistung beschaffen will, wird sie am Markt als Nachfragerin und die betreffenden Unternehmen als Anbieter dieser Dienstleistung tätig.[484] Freilich spielt bei dieser Beschaffungstätigkeit auch

---

480 *Fuchs,* in: Immenga/Mestmäcker, Wettbewerbsrecht, 2020, Bd. 2, § 18, Rn. 30. Siehe auch *Bechtold/Bosch*, GWB, 2018, § 18, Rn. 6.

481 *Bechtold/Bosch*, GWB, 2018, § 18, Rn. 6; *Fuchs,* in: Immenga/Mestmäcker, Wettbewerbsrecht, 2020, Bd. 2, § 18, Rn. 30.

482 *Bardong*, in: Langen/Bunte, Kartellrecht, 2018, Bd. 1, § 18, Rn. 15, 44; *Bechtold/Bosch*, GWB, 2018, § 18, Rn. 8.

483 BGH, Urt. v. 04.11.2003 – KZR 16/02 (Strom und Telefon I), Rn. 25, juris.

484 Demgegenüber ist das BKartA bei der Vergabe einer Konzession für den Betrieb einer Alarmübertragungsanlage zur Aufschaltung von Brandmeldeanlagen davon

eine Rolle, dass die Gemeinde in diesem Zusammenhang über die Ressource des öffentlichen Straßenraums verfügt. Gleichwohl führt dies nicht dazu, dass sich der hier relevante Markt auf das Gut „öffentlicher Straßenraum" bezieht. Denn dieser wird von der Gemeinde nicht (isoliert) angeboten, vielmehr soll nur das Recht zu dessen Nutzung die Ausführung der Dienstleistung ermöglichen. Hinzu kommt, dass die Verfügung über den öffentlichen Straßenraum für sich genommen gar nicht kartellrechtsrelevant sein könnte, weil sie in Ausübung hoheitlicher Befugnisse geschieht und damit nicht als unternehmerisches Handeln zu werten wäre. Nichtsdestoweniger hat aber die Verfügungsmöglichkeit der Gemeinde über den öffentlichen Straßenraum Auswirkungen auf ihre Marktstellung.[485]

Zudem darf der hier relevante Nachfragemarkt nicht mit dem nachgelagerten Markt verwechselt werden, auf dem sich der Konzessionär als Anbieter seiner Leistungen im Verhältnis zu Dritten, die dessen Dienstleistungen in Anspruch nehmen wollen, bewegt. So ist der Markt hinsichtlich der Vergabe einer Konzession zum Betrieb von Außenwerbeflächen von dem Markt zu unterscheiden, auf dem das begünstigte Werbeunternehmen seine Werbeleistungen im Verhältnis zu seinen Kunden anbietet. Letzterer bildet einen eigenständigen Markt.

Im Folgenden soll nun auf die Bestimmung des sachlich und räumlich relevanten Marktes eingegangen werden.

(1) Sachlich relevanter Markt

Bei den Nachfragemärkten ist zur Bestimmung des sachlich relevanten Marktes zunächst darauf abzustellen, ob der Anbieter seine Dienstleistung auch über alternative Absatzwege vertreiben kann, ohne dass er dabei an seiner Leistung etwas ändern muss.[486] Sofern dies nicht der Fall ist, ist weiter zu prüfen, inwieweit der Anbieter durch eine Leistungsumstellung auf alternative Nachfrager ausweichen kann.[487] Freilich muss ihm eine entsprechende Umstellung auch zumutbar sein. Wo dabei die Grenze der Zumutbarkeit erreicht ist, kann

---

ausgegangen, dass die betreffende Stadt Anbieterin einer Konzession sei. Es hat dann geprüft, ob die Stadt als Anbieterin auf diesem Konzessionsmarkt eine beherrschende Stellung hat, BKart, Beschl. 24.05.2013, B7-30/07.

485 Dazu noch genauer unter § 4B.III.3.b.)bb.).

486 *Fuchs*, in: Immenga/Mestmäcker, Wettbewerbsrecht, 2020, Bd. 2, § 18, Rn. 80; siehe auch *Bardong*, in: Langen/Bunte, Kartellrecht, 2018, Bd. 1, § 18, Rn. 42.

487 *Fuchs*, in: Immenga/Mestmäcker, Wettbewerbsrecht, 2020, Bd. 2, § 18, Rn. 80; siehe auch *Bardong*, in: Langen/Bunte, Kartellrecht, 2018, Bd. 1, § 18, Rn. 42.

aber nicht pauschal beantwortet werden, sondern ist vielmehr mit Blick auf die Eigenheiten der jeweiligen Branche und Leistung zu bestimmen.[488]

Nach Maßgabe dessen kann auch der sachlich relevante Markt für die Dienstleistungen, wie sie hier untersucht werden, nicht pauschal bestimmt werden. Vielmehr muss für jede einzelne Dienstleistung gesondert geprüft werden, inwieweit sie – ggf. nach einer zumutbaren Modifizierung – auch in einem anderen Bereich angeboten werden kann. I.d.R. sind die jeweiligen Dienstleistungen vor allem mit Blick auf die erforderliche Ausstattung und die Arbeitsabläufe aber so spezialisiert, dass andere Absatzwege auch nach einer zumutbaren Angebotsmodifizierung nur selten in Frage kommen dürften.

Beispielsweise bilden die Alttextilsammlung mit Containern und die mit Körben zwei verschiedene Märkte. Der Anbieter einer Containersammlung wird mit seiner Leistung nicht auch die Nachfrage nach Korbsammlungen befriedigen können. Denn die Leistungen sind in ihrer Vorgehensweise so verschieden, dass sich der Nachfrager einer Korbsammlung nicht auch mit einer Containersammlung zufrieden geben würde. Insofern scheidet dieser Bereich als zusätzlicher Absatzweg grds. aus. Eine entsprechende Angebotsumstellung bzw. -erweiterung wäre dem Anbieter nicht zumutbar, weil schon das erforderliche Equipment (Körbe statt Container) und die Arbeitsweise (Körbe austeilen und einsammeln statt Container aufstellen und leeren) gänzlich anders sind. Die Umstellung dürfte eine enorme technische und ggf. auch personelle Umstrukturierung erforderlich machen, die nicht zuletzt auch mit einem hohen finanziellen Aufwand verbunden wäre. Demgegenüber ist im Hinblick auf Außenwerbeflächen (wie etwa Plakattafeln, Litfaßsäulen oder City-Lightboards) ein einheitlicher Markt anzunehmen, da die Außenwerbeträger weitgehend untereinander austauschbar sind.[489]

(2) Räumlich relevanter Markt

Zur Bestimmung des räumlich relevanten Marktes wird bei Nachfragemärkten auf die räumlichen Ausweichmöglichkeiten der Anbieter abgestellt.[490] Für die hier in Rede stehenden Dienstleistungen dürfte dies bedeuten, dass der räumlich relevante Markt eher weit zu fassen wäre. Denn die Anbieter dieser

---

488 *Fuchs*, in: Immenga/Mestmäcker, Wettbewerbsrecht, 2020, Bd. 2, § 18, Rn. 80.

489 *Just*, DVBl. 2012, 416 (417). Siehe auch den Tätigkeitsbericht 2007/2008 des BKartA, BT-Drs. 16/13500, S. 143 f.

490 *Fuchs*, in: Immenga/Mestmäcker, Wettbewerbsrecht, 2020, Bd. 2, § 18, Rn. 85; siehe auch *Bardong*, in: Langen/Bunte, Kartellrecht, 2018, Bd. 1, § 18, Rn. 53.

Dienstleistungen sind bei ihrer Erbringung grds. weder aus technischen noch aus nachfragebezogenen Gründen an bestimmte Orte gebunden. So können beispielsweise Werbeflächen oder Abfallcontainer grds. im gesamten Bundesgebiet aufgestellt werden, wobei es freilich aus ökonomischer Sicht sinnvoll sein kann, wenn sie ihren Aktionsradius auf ein bestimmtes Gebiet begrenzen. Es sind aber keine Gründe dafür ersichtlich, warum ein Anbieter bei der Erbringung der jeweiligen Dienstleistung nur auf ein bestimmtes Gemeindegebiet beschränkt sein sollte. So dürfte ihm nicht nur der Transport der erforderlichen Gegenstände zumindest auch in die umliegenden Gemeindegebiete zumutbar sein, sondern auch die Ausführung der Dienstleistung selbst, und zwar auch dann, wenn mit ihr Überwachungs- oder sonstige Pflichten verbunden sind, die eine regelmäßige Präsenz am Ausführungsort erfordern. In Anbetracht dessen würde der räumlich relevante Markt i.d.R. zumindest eine Vielzahl von Gemeindegebieten erfassen, sodass die einzelne Gemeinde, die eine der hier relevanten Dienstleistungen nachfragt, schon deshalb keine marktbeherrschende Stellung haben könnte, weil sie im Vergleich zu den anderen Gemeinden keine herausragende Stellung auf dem Nachfragemarkt hätte. Dies hätte zur Folge, dass das Verbot des § 19 GWB mangels marktbeherrschender Stellung nicht greifen würde.

Vor dem Hintergrund der tatsächlich bestehenden Verhältnisse, erscheint dieses Ergebnis allerdings fragwürdig. Denn tatsächlich ist es so, dass zwischen den einzelnen Gemeinden, die nach den genannten Maßgaben auf demselben räumlichen Markt tätig wären, kein Wettbewerb besteht. Bei der Vergabe bestimmter Dienstleistungskonzessionen (namentlich für den Betrieb von Außenwerbeflächen oder zum Sammeln von Altkleidern mittels Containern) sieht sich eine Gemeinde i.d.R. nicht durch das Marktverhalten anderer Gemeinden dazu veranlasst, ihr eigenes Verhalten anzupassen. Vielmehr ist es so, dass die Vergabepraktiken anderer Gemeinden keine wesentliche Rolle spielen. Hier zeigt sich, dass die bewährte Vorgehensweise zur Marktabgrenzung nicht in der Lage ist, die „area of effective competition“[491] zu bestimmen. Vielmehr würde sie dazu führen, dass der einzelnen Gemeinde eine Stellung auf dem Markt zugesprochen werden würde (sie wäre nur eine von vielen gleichstarken Nachfragern), die nicht ihrer tatsächlichen Marktmacht entspricht.

Insofern ist es notwendig, den räumlich relevanten Markt auf das Gemeindegebiet zu begrenzen.[492] Denn gerade für die einzelnen Gemeinden ergeben sich

---

491 *Fuchs*, in: Immenga/Mestmäcker, Wettbewerbsrecht, 2020, Bd. 2, § 19, Rn. 11.

492 Vgl. dazu die räumliche Marktabgrenzung für Wegenutzungsverträge i.S.d. § 46 Abs. 2 EnWG bei *Säcker/Mohr/Wolf*, Konzessionsverträge im System des europäischen und deutschen Wettbewerbsrechts, 2011, S. 54 (55 ff.).

Verhaltensspielräume, die durch das Marktverhalten anderer Gemeinden nicht hinreichend kontrolliert werden und insoweit einer rechtlichen Begrenzung bedürfen.[493] An dieser Stelle muss daran erinnert werden, dass die Marktabgrenzung nicht Selbstzweck ist, sondern der Ermittlung einer marktbeherrschenden Stellung dient, deren Ausnutzung Grenzen gesetzt werden sollen. Der relevante Markt muss deshalb immer so bestimmt werden, dass vom Wettbewerb nicht hinreichend kontrollierte Verhaltensspielräume, hier der Gemeinde, einer Begrenzung zugänglich werden.

(3) Zwischenergebnis

Festzuhalten bleibt demnach, dass der sachlich und räumlich relevante Markt für jede Dienstleistung gesondert festgestellt werden muss. Für den Betrieb von Außenwerbeflächen und das Sammeln von Alttextilien mittels Container beschränkt sich der räumlich relevante Markt aber auf das Gemeindegebiet.

bb.) Beherrschende Stellung auf diesem Markt

Für diejenigen von den hier in Rede stehenden Dienstleistungen, deren räumlich relevanter Markt auf das Gemeindegebiet begrenzt ist, hat die jeweilige Gemeinde i.d.R. auch eine marktbeherrschende Stellung.

Für diese Einschätzung ist zunächst relevant, dass die Gemeinde i.d.R. ohne Wettbewerber i.S.d. § 18 Abs. 1 Nr. 1 GWB ist, weil Private an diesen Dienstleistungen kaum ein Interesse haben. Auch wenn es nicht undenkbar ist, so dürfte es dennoch die Ausnahme darstellen, dass Private beispielsweise die Aufstellung einer Containersammlung oder die Anbringung und Verwaltung von Werbeflächen nachfragen. Dabei darf dies nicht mit dem Fall verwechselt werden, dass Private ihre Fläche für entsprechende Dienstleistungen (entgeltlich) zur Verfügung stellen (wie z.B. Supermärkte für Containersammlungen). In diesen Fällen hat der Private nämlich keine Dienstleistung nachgefragt; er vermietet lediglich sein Grundstück und das i.d.R. auch noch auf Nachfrage der Dienstleister, die es nutzen wollen. Sofern aber ausnahmsweise doch auch Private entsprechende Dienstleistungen nachfragen, dürfte dies i.d.R. nicht dazu führen, dass die Gemeinde wesentlichem Wettbewerb ausgesetzt wird.

Zu bedenken ist allerdings, dass die betreffenden Unternehmen ihre Leistungen auf dem nachgelagerten Markt grds. auch erbringen können, ohne Inhaber

---

493 Vgl. *Fuchs*, in: Immenga/Mestmäcker, Wettbewerbsrecht, 2020, Bd. 2, § 19, Rn. 11. Siehe auch *Säcker/Mohr/Wolf*, Konzessionsverträge im System des europäischen und deutschen Wettbewerbsrechts, 2011, S. 54 (55 ff.).

einer entsprechenden Konzession zu sein. Denn ihnen bleibt es unbenommen, ihre Dienstleistungen auf privaten Flächen zu erbringen. So können sie ihre Werbeflächen oder Alttextilcontainer auch auf privatem Grund platzieren und dort ihre Leistungen im Verhältnis zu Dritten anbieten (Schalten von Werbung, unentgeltliche Sammlung von Altkleidern). Bei der Konzession handelt es sich daher nicht um eine Marktzugangsvoraussetzung in dem Sinne, dass es ihnen nur mit der Konzession möglich wäre, in den nachgelagerten Markt einzutreten (Schaltung von Werbung, unentgeltliche Sammlung von Alttextilien).

Gleichwohl ist aber die Konzession für die Stellung eines Unternehmens auf dem nachgelagerten Markt von entscheidender Bedeutung. Denn dasjenige Unternehmen, das konzessioniert wird, darf die in Rede stehenden Dienstleistungen auch im öffentlichen Straßenraum erbringen und dann i.d.R. dort gleich an mehreren Stellen. Dies ist insofern von erheblicher Bedeutung, als sich die Flächen, die das größte wirtschaftliche Potenzial bergen, überwiegend im öffentlichen Straßenraum befinden. In der Praxis kommen die zur Verfügung stehenden privaten Flächen in ihrer Anzahl und Attraktivität nicht an die Flächen des öffentlichen Straßenraums heran. Daher sind die Unternehmen in besonderem Maße darauf angewiesen, für die Gemeinde die von ihr nachgefragte Dienstleistung erbringen zu dürfen und in diesem Zusammenhang ihre Leistung im Verhältnis zu Dritten auch im öffentlichen Straßenraum anbieten zu dürfen.

c.) Verbot der missbräuchlichen Ausnutzung einer marktbeherrschenden Stellung

Sofern nach Maßgabe des § 18 Abs. 1 GWB eine beherrschende Stellung auf dem relevanten Markt bejaht werden muss, darf diese gem. § 19 Abs. 1 GWB nicht missbräuchlich ausgenutzt werden. Eine missbräuchliche Ausnutzung dieser Stellung liegt nach § 19 Abs. 2 Nr. 1 GWB insbesondere dann vor, wenn die Gemeinde ein anderes Unternehmen unmittelbar oder mittelbar unbillig behindert oder ohne sachlich gerechtfertigten Grund unmittelbar oder mittelbar anders behandelt als gleichartige Unternehmen.

Dabei ist unter einer Behinderung jedes Verhalten zu verstehen, das sich auf die wettbewerbliche Betätigungsfreiheit eines anderen Unternehmens objektiv nachteilig auswirkt.[494] Die ungleiche Behandlung, die § 19 Abs. 2 Nr. 1 GWB als echte Alternative zur Behinderung aufführt, ist in Wirklichkeit als deren

494 BGH, Beschl. v. 22.09.1981 (Original-VW-Ersatzteile II), Rn. 26, juris; *Fuchs*, in: Immenga/Mestmäcker, Wettbewerbsrecht, 2020, Bd. 2, § 19, Rn. 84; *Nothdurft*, in: Langen/Bunte, Kartellrecht, 2018, Bd. 1, § 19, Rn. 290.

Unterfall zu begreifen.[495] In ihrem Fall kommt es entscheidend darauf an, dass sie sich im Verhältnis gleichartiger Unternehmen abspielt.

Wenn die öffentliche Hand, wie hier, an ein Unternehmen eine Konzession vergibt, so bedeutet dies für die unterlegenen Bewerber sowohl eine Behinderung als auch eine Diskriminierung.[496] Für sie ist die Konzessionierung eines anderen Unternehmens objektiv nachteilig, weil dadurch ihre Betätigungsmöglichkeit auf dem nachgelagerten Markt eingeschränkt bleibt. Zugleich werden sie anders behandelt, was jedenfalls auch insoweit eine Diskriminierung darstellt, als es sich bei den Beteiligten um gleichartige Unternehmen handelt.

Die Behinderung und Diskriminierung sind aber für sich genommen noch nicht verboten. Das Verbot nach § 19 Abs. 1 GWB greift vielmehr erst dann, wenn die Behinderung unbillig ist bzw. die Diskriminierung ohne sachlich gerechtfertigten Grund erfolgt. Dabei gilt nach ständiger Rechtsprechung des BGH für beide Tatbestandsalternativen derselbe Beurteilungsmaßstab.[497] Ob eine Behinderung unbillig ist bzw. eine Diskriminierung ohne sachlich gerechtfertigten Grund erfolgt, muss auf der Grundlage einer umfassenden Abwägung der Interessen der Beteiligten unter Berücksichtigung der auf die Freiheit des Wettbewerbs gerichteten Zielsetzung des GWB festgestellt werden.[498] Insofern kommt es also immer auf eine einzelfallbezogene Interessenabwägung an.[499] Für die methodische Vorgehensweise bedeutet dies, dass zunächst die berücksichtigungsfähigen Interessen der Beteiligten zu ermitteln sind, die es dann im Rahmen der Abwägung zu gewichten, gegenüberzustellen und vor dem Hintergrund der auf die Freiheit des Wettbewerbs gerichteten Zielsetzung des GWB zu bewerten gilt.[500]

---

495 *Nothdurft*, in: Langen/Bunte, Kartellrecht, 2018, Bd. 1, § 19, Rn. 288.

496 *Säcker/Mohr/Wolf*, Konzessionsverträge im System des europäischen und deutschen Wettbewerbsrechts, 2011, S. 77; vgl. auch OLG Düsseldorf, Urt. v. 26.01.2000 – U (Kart) 6/99, Rn. 24 ff. (29).

497 BGH, Urt. v. 10.12.2019 – KZR 57/19 (Whitelisting/Werbeblocker), Rn. 20, juris; BGH, Urt. v. 23.01.2018 – KZR 48/15 (Vertragswerkstatt), Rn. 34, juris; BGH, Urt. v. 27.04.1999 – KZR 35/97 (Feuerwehrgeräte), Rn. 12, juris.

498 BGH, Urt. v. 10.12.2019 – KZR 57/19 (Whitelisting/Werbeblocker), Rn. 20, juris; BGH, Urt. v. 12.04.2016 – KZR 30/14 (NetCologne), Rn. 48, juris; erstmals BGH, Urt. v. 27.09.1962 – KZR 6/61 (Grote-Revers), Rn. 35, juris. Siehe auch *Loewenheim*, in: ders. u.a., Kartellrecht, 2020, § 19, Rn. 23, 47 m.w.N.

499 *Loewenheim*, in: ders. u.a., Kartellrecht, 2020, § 19, Rn. 18, 47.

500 *Loewenheim*, in: ders. u.a., Kartellrecht, 2020, § 19, Rn. 18, 47.

Mit der Konzessionierung beschafft sich die Gemeinde Dienstleistungen. Dabei können die Interessen, von denen sie sich bei der Auswahl eines Unternehmens leiten lässt, so unterschiedlich sein, dass sich diesbezüglich kaum verallgemeinerungsfähige Aussagen treffen lassen. Dagegen lässt sich das Interesse der Bewerber vergleichsweise einfach zusammenfassen: Sie wollen die Konzession erhalten, um eine weitere (räumliche) Möglichkeit zur Ausübung ihrer Dienstleistung zu erlangen, und damit zugleich auch verhindern, dass sie an andere, mit ihnen auf dem nachgelagerten Markt konkurrierende Unternehmen vergeben wird, weil damit für diese i.d.R. ein erheblicher Wettbewerbsvorteil verbunden wäre.[501]

Von Anfang an steht allerdings fest, dass nicht dem Interesse aller Bewerber Rechnung getragen werden kann, weil die Zahl der zu vergebenden Konzessionen begrenzt ist. Nicht alle von ihnen können deshalb bei der Vergabe berücksichtigt werden. Dieser Umstand ist zugleich auch der Grund dafür, dass eine Konzessionsvergabe, die keinen Bewerber behindert oder diskriminiert, gar nicht denkbar ist.[502] Eine Behinderung bzw. Diskriminierung könnte allenfalls dadurch ausgeschlossen werden, dass die Konzessionsvergabe gänzlich unterbleibt. Dies wäre aber nicht mit der Zielsetzung des GWB vereinbar, denn die Missbrauchskontrolle ist gerade nicht darauf gerichtet, die Markttätigkeit marktbeherrschender Unternehmen gänzlich zu untersagen.[503] Vielmehr zielt sie darauf, ihre Verhaltensspielräume einzuengen, damit auf diese Weise der bestehende Restwettbewerb aufrechterhalten werden kann.[504] Der Wettbewerb soll reguliert, nicht aber im Keim erstickt werden.

Wenn aber das Unterlassen der behindernden und diskriminierenden Konzessionsvergabe keine Option ist, so kann den Interessen der Bewerber nur bei der Auswahl des zukünftigen Konzessionärs Rechnung getragen werden. Die vorzunehmende Interessenabwägung muss sich deshalb auf die Frage nach den anzuwendenden Auswahlkriterien bzw. -verfahren konzentrieren.

Dabei bildet die unternehmerische Handlungsfreiheit der Gemeinden den Ausgangspunkt dieser Abwägung. Die Normadressaten des § 19 GWB sind grds.

---

501 *Säcker/Mohr/Wolf*, Konzessionsverträge im System des europäischen und deutschen Wettbewerbsrechts, 2011, S. 77 f.

502 *Säcker/Mohr/Wolf*, Konzessionsverträge im System des europäischen und deutschen Wettbewerbsrechts, 2011, S. 79.

503 *Loewenheim*, in: ders. u.a., Kartellrecht, 2020, § 19, Rn. 28; *Säcker/Mohr/Wolf*, Konzessionsverträge im System des europäischen und deutschen Wettbewerbsrechts, 2011, S. 78.

504 *Fuchs*, in: Immenga/Mestmäcker, Wettbewerbsrecht, 2020, Bd. 2, § 19, Rn. 23 ff.

frei darin, wie sie sich am Markt betätigen.[505] Erforderlich ist nicht einmal, dass ihr Verhalten nach objektiven Maßstäben als ökonomisch vernünftig bewertet werden kann.[506] Auch ihr Bezugs- und Absatzsystem können sie nach eigenem Ermessen so gestalten, wie sie es für wirtschaftlich sinnvoll und richtig halten.[507] Dazu gehört insbesondere auch, dass sie ihre Vertragspartner grds. frei wählen dürfen.[508] All dies gilt auch für die öffentliche Hand, denn das Kartellrecht weist ihr insoweit keine Sonderstellung zu.[509] Nach seiner Zielsetzung, dem Schutz der Freiheit des Wettbewerbs, ist es grds. nicht von Bedeutung, ob diese durch die öffentliche Hand oder durch ein privates Unternehmen gefährdet wird.

In Anbetracht dessen reicht die unternehmerische Gestaltungsfreiheit der Gemeinden zunächst einmal denkbar weit. Bei der Abwägung sind lediglich solche Interessen von vornherein auszuschließen, die von der Rechtsordnung nicht gebilligt werden.[510] Im Übrigen findet das Interesse der Gemeinden, von ihrer Gestaltungsfreiheit umfassend Gebrauch machen zu dürfen, erst ihre Grenze in der Abwägung mit den Interessen der potenziellen Konzessionäre.[511]

Einschränkungen ihrer, jedenfalls im Kontext des § 19 GWB, grds. bestehenden Freiheit, ihre Vertragspartner frei wählen zu dürfen, ergeben sich hier vor allem mit Blick auf die enorme Marktmacht, die ihnen wegen ihrer Verfügungsmacht hinsichtlich des öffentlichen Straßenraums zukommt (siehe b.)bb.)).[512]

---

505 *Kling/Thomas*, Kartellrecht, 2016, § 20, Rn. 104.

506 *Loewenheim*, in: ders. u.a., Kartellrecht, 2020, § 19, Rn. 20, 47.

507 So die ständige Rechtsprechung des BGH, siehe etwa BGH, Beschl. v. 23.01.2018 – KVR 3/17 (Hochzeitsrabatte I), Rn. 93, juris; BGH, Urt. v. 31.01.2012 – KZR 65/10 (Werbeanzeigen), Rn. 29, juris. Siehe auch *Fuchs*, in: Immenga/Mestmäcker, Wettbewerbsrecht, 2020, Bd. 2, § 19, Rn. 118; *Loewenheim*, in: ders. u.a., Kartellrecht, 2020, § 19, Rn. 20, 47.

508 *Kling/Thomas*, Kartellrecht, 2016, § 20, Rn. 104; vgl. auch BGH, Urt. v. 16.12.1986 – KZR 25/85 (Belieferungsunwürdige Verkaufsstätten II), Rn. 50, juris.

509 *Nothdurft*, in: Langen/Bunte, Kartellrecht, 2018, Bd. 1, § 19, Rn. 62. Im Unterschied zu privaten Unternehmen kann sich die öffentliche Hand aber nicht auf den Grundsatz der Privatautonomie stützen. Dass aber auch sie wirtschaftlich tätig werden kann, entspricht verbreiteter Ansicht.

510 *Nothdurft*, in: Langen/Bunte, Kartellrecht, 2018, Bd. 1, § 19, Rn. 312; siehe auch *Fuchs*, in: Immenga/Mestmäcker, Wettbewerbsrecht, 2020, Bd. 2, § 19, Rn. 108; beide m.w.N. aus der Rechtsprechung.

511 Vgl. *Loewenheim*, in: ders. u.a., Kartellrecht, 2020, § 19, Rn. 20, 47.

512 *Kling/Thomas*, Kartellrecht, 2016, § 20, Rn. 105; *Loewenheim*, in: ders. u.a., Kartellrecht, 2020, § 19, Rn. 29.

Je größer die Marktmacht eines Unternehmens ist, desto mehr Rücksichtnahme kann ihm abverlangt werden, denn mit zunehmender Marktmacht verringern sich gleichzeitig auch die Betätigungs- und Ausweichmöglichkeiten der potenziellen Vertragspartner.[513] Insofern gilt, dass je größer die Marktmacht eines Unternehmens ist, umso höher sind auch die Anforderungen, die sich für die Rechtfertigung einer Behinderung bzw. Diskriminierung ergeben.[514] Dementsprechend ist auch die Auswahlfreiheit der Gemeinden, denen hier eine marktbeherrschende Stellung zukommt, begrenzt.

Vor dem Hintergrund, dass den Gemeinden hier eine enorme Marktmacht zuzuschreiben ist und für die abgelehnten Bewerber die Nichtbegünstigung äußerst belastend ist, weil sie in besonderem Maße darauf angewiesen sind, den öffentlichen Straßenraum zur Ausführung ihrer Dienstleistung in Anspruch nehmen zu dürfen, ist es gerechtfertigt, wenn die Gemeinde bei der Auswahl des Konzessionärs nur auf solche Kriterien und Verfahren zurückgreifen darf, die zumindest jedem Bewerber die gleichen Chancen einräumen.[515] Parallelen bestehen hier zu den sog. Schilderpräger-Fällen, in denen die Gemeinde als marktbeherrschendes Unternehmen Räumlichkeiten für KFZ-Schilderpräger, die für diese gerade besonders attraktiv waren, vermieten wollte.[516] In diesem Zusammenhang wird auch von einem „Sondervergaberecht für Marktbeherrscher“[517] gesprochen, wobei die in diesem Kontext entwickelten Anforderungen grds. auch für private marktbeherrschende Unternehmen gelten.[518]

Aus der marktbeherrschenden Stellung der Gemeinde resultiert also, dass bei der Auswahl nur auf sachliche bzw. objektive Auswahlkriterien zurückgegriffen werden darf.[519] Sie dürfen nicht sachfremd in dem Sinne sein, dass sie nicht in der Lage sind, mit Blick auf die zu vergebende Konzession eine geeignete

513 *Loewenheim*, in: ders. u.a., Kartellrecht, 2020, § 19, Rn. 29; siehe auch *Kling/Thomas*, Kartellrecht, 2016, § 20, Rn. 105.

514 *Loewenheim*, in: ders. u.a., Kartellrecht, 2020, § 19, Rn. 29.

515 *Kling/Thomas*, Kartellrecht, 2016, § 20, Rn. 110. Siehe auh *Säcker/Mohr/Wolf*, Konzessionsverträge im System des europäischen und deutschen Wettbewerbsrechts, 2011, S. 79 ff.

516 Wobei in den dortigen Fällen die Vertragsverhältnisse rein privatrechtlich ausgestaltet sind. Zu den Schilderpräger-Fällen noch genauer unter § 4C.II.3.b.)bb.).

517 *Nothdurft*, in: Langen/Bunte, Kartellrecht, 2018, Bd. 1, § 19, Rn. 423.

518 Vgl. *Nothdurft*, in: Langen/Bunte, Kartellrecht, 2018, Bd. 1, § 19, Rn. 423.

519 *Säcker/Mohr/Wolf*, Konzessionsverträge im System des europäischen und deutschen Wettbewerbsrechts, 2011, S. 79; vgl. auch BGH, Urt. v. 26.05.1987 – KZR 13/85 (Krankentransporte), Rn. 34, juris.

Auswahl zu treffen.[520] Dies heißt indes nicht, dass nicht auch Gesichtspunkte berücksichtigt werden dürften, die nicht in direktem Zusammenhang mit der Dienstleistung stehen, wie z.B. soziale oder umweltpolitische Aspekte.[521]

Zum anderen muss im Rahmen des Auswahlverfahrens gewährleistet werden, dass der Auswahlvorgang hinreichend transparent abläuft. In vielen Fällen wird es daher erforderlich sein, dass die anstehende Vergabe öffentlich bekannt gemacht wird.[522] Im Übrigen wirkt das erhöhte Maß an Transparenz auch wettbewerbsfördernd, weil mehr potenzielle Bewerber von der Vergabe erfahren und sich bewerben.[523] Die Anforderungen sind daher insbesondere auch mit der auf die Freiheit des Wettbewerbs gerichteten Zielsetzung des GWB, die bei der Interessenabwägung einzubeziehen ist, vereinbar. Die konkreten Anforderungen ergeben sich dabei stets vor dem Hintergrund der jeweiligen Einzelfallumstände.

d.) Zusammenfassung

Als Konzessionsgeber sind die Gemeinden auch Unternehmen i.S.d. Kartellrechts, weshalb sie auch von den §§ 19, 18 GWB adressiert werden können. Namentlich bei der Vergabe von Dienstleistungskonzessionen zum Betrieb von Werbeflächen oder zum Sammeln von Alttextilien mittels Containern kann ihnen auch eine marktbeherrschende Stellung zukommen, durch die sie dann gem. § 19 Abs. 2 Nr. 1 GWB zur diskriminierungsfreien Vergabe der Konzession verpflichtet werden. Dies hat in erster Linie zur Folge, dass sie sich bei der Auswahl eines Konzessionärs eines objektiven Auswahlkriteriums bedienen müssen und das Vergabeverfahren hinreichend transparent ablaufen muss, weshalb u.U. eine öffentliche Bekanntmachung zu erfolgen hat.

---

520 Vgl. OLG Düsseldorf, Beschl. v. 10.03.2010 – VI-U (Kart) 13/09, Ls. 3, juris; OLG Düsseldorf, Urt. v. 26.01.2000 – U (Kart) 6/99, Rn. 33, juris.

521 BGH, Urt. v. 07.11.2006 – KZR 2/06 (Bevorzugung einer Behindertenwerkstatt), Rn. 15, juris; *Kling/Thomas*, Kartellrecht, 2016, § 20, Rn. 110; *Säcker/Mohr/Wolf*, Konzessionsverträge im System des europäischen und deutschen Wettbewerbsrechts, 2011, S. 80. Siehe auch OLG Düsseldorf, Urt. v. 26.01.2000 – U (Kart) 6/99, Rn. 33, juris.

522 BGH, Urt. v. 07.11.2006 – KZR 2/06 (Bevorzugung einer Behindertenwerkstatt), Rn. 16, juris; OLG Düsseldorf, Urt. v. 26.01.2000 – U (Kart) 6/99, Rn. 30 ff., juris; *Kling/Thomas*, Kartellrecht, 2016, § 20, Rn. 110; *Säcker/Mohr/Wolf*, Konzessionsverträge im System des europäischen und deutschen Wettbewerbsrechts, 2011, S. 79.

523 *Säcker/Mohr/Wolf*, Konzessionsverträge im System des europäischen und deutschen Wettbewerbsrechts, 2011, S. 79.

Vor diesem Hintergrund lässt sich daher auch festhalten, dass sich hinsichtlich der durch das Verfassungs- und Unionsrecht statuierten Vorgaben an die Vergabe der Konzession keine wesentlichen Unterschiede ergeben.

C. Konkurrenz durch kommunale Unternehmen

Im Folgenden soll nun untersucht werden, ob sich die verfassungs-, unions- und einfachgesetzlichen Maßgaben, die bei der Vergabe von Dienstleistungskonzessionen mit Sondernutzungsbezug zu beachten sind, verändern, wenn auch ein kommunales Unternehmen als Konzessionär in Frage kommt. Dabei soll zunächst dargestellt werden, warum die Gemeinden nicht verpflichtet sind, Dienstleistungen am Markt zu beschaffen (I.), um dann der Frage nachzugehen, ob die Gemeinden dann auch bei einer Beschaffung ein kommunales Unternehmen privilegieren dürfen (II.).

I. Pflicht zur Beschaffung?

Der Staat ist grds. nicht verpflichtet, bestimmte Leistungen am Markt zu beschaffen.[524] Vielmehr kann er frei darüber entscheiden, ob er die ihm obliegenden Aufgaben mithilfe eigener Mittel erledigen oder aber sich zu diesem Zweck der Leistungen Dritter bedienen will.[525] Dies gilt auch für die Kommunen. Sie haben die Wahl, ob sie ihre Aufgaben selbst (also vor allem mithilfe von Eigenbetrieben) erfüllen oder aber entsprechende Leistungen am Markt nachfragen wollen. Sie sind nicht verpflichtet, etwa Aufgaben der örtlichen Daseinsvorsorge, deren Erfüllung zunächst einmal ihnen vorbehalten ist, für den Markt zu öffnen, indem sie durch die Nachfrage entsprechender Leistungen am Markt diese Aufgaben aus dem rein verwaltungsinternen Bereich entlassen und für Private ein neues Betätigungsfeld schaffen bzw. ein bestehendes erweitern. Für die Annahme einer solchen Beschaffungspflicht fehlt es schlicht an einer rechtlichen Grundlage.

---

524 *Bultmann*, Beihilfenrecht und Vergaberecht, 2004, S. 65; *Burgi*, Vergaberecht, 2021, § 2, Rn. 23 („Die Entscheidung darüber, ob eine Beschaffung am Markt stattfinden […] soll, […] liegt grundsätzlich im politischen Ermessen des Staates."); *Reidt*, in: ders./Stickler/Glahs, Vergaberecht, 2017, Vor §§ 97–154, Rn. 14. Siehe auch *Pünder/Klafki*, in: Pünder/Schellenberg, Vergaberecht, 2019, § 108 GWB, Rn. 1.

525 *Reidt*, in: ders./Stickler/Glahs, Vergaberecht, 2017, Vor §§ 97–154, Rn. 14.

1. *Verfassungsrecht*

Grundrechte vermögen eine solche Pflicht nicht zu begründen, weil es sich bei der Vergabe eines öffentlichen Auftrags aus grundrechtsfunktionaler Sicht um die Gewährung einer staatlichen Leistung handelt,[526] die Grundrechte aber nach weit überwiegender Auffassung grds. keine originären Leistungsansprüche, d.h. Ansprüche, die auf die Gewährung einer staatlichen Leistung gerichtet sind, vermitteln können.[527] Insofern scheidet auch eine entsprechende Pflicht des Staates aus, die mit einem solchen Anspruch des Grundrechtsträgers korrespondieren würde. Grundrechtsträger können sich allenfalls auf ein aus Art. 3 Abs. 1 GG abzuleitendes Teilhaberecht berufen, das ihnen aber nur einen Anspruch auf Partizipation an einer bereits vorhanden staatlichen Leistung einräumt und insofern nicht für das „Ob", sondern allenfalls für das „Wie" der Beschaffung von Bedeutung ist.[528]

2. *Unionsrecht*

Und auch aus dem Unionsrecht lässt sich eine entsprechende Pflicht nicht herleiten. Vielmehr ergibt sich aus Art. 14 AEUV i.V.m. dem Protokoll Nr. 26 zum AEUV, dass die Mitgliedstaaten frei darüber entscheiden können, ob und in welcher Weise, also durch eigene oder fremde personelle bzw. sächliche Mittel, sie die ihnen obliegenden Aufgaben erfüllen wollen.[529] Dieses Recht wird auch von der Konzessions-RL vorausgesetzt, wenn es in ihrem Erwägungsgrund 5 heißt, dass „mit dieser Richtlinie das Recht der Mitgliedstaaten und ihrer Behörden, darüber zu entscheiden, ob Bau- oder Dienstleistungen für die Öffentlichkeit direkt erbracht oder Dritte damit beauftragt werden, in keiner Weise beschränkt werden [sollte]."[530]

---

526 *Wollenschläger*, Verteilungsverfahren, 2010, S. 199.

527 Siehe *Jarass*, in: Merten/Papier, HdbGr, 2006, Bd. 2, § 38, Rn. 26. Zu den Argumenten siehe ausführlich *Rüfner*, in: Merten/Papier, HdbGr, 2006, Bd. 2, § 40, Rn. 11 ff.

528 Siehe zum Teilhaberecht oben unter § 3B.I.1.

529 So *Burgi*, Vergaberecht, 2021, § 11, Rn. 10; siehe auch EuGH, Urt. v. 11.01.2005 – C-26/03 (Stadt Halle), Rn. 48, juris („Eine öffentliche Stelle, die ein öffentlicher Auftraggeber ist, hat die Möglichkeit, ihre im allgemeinen Interesse liegenden Aufgaben mit ihren eigenen administrativen, technischen und sonstigen Mitteln zu erfüllen, ohne gezwungen zu sein, sich an externe Einrichtungen zu wenden, die nicht zu ihren Dienststellen gehören.").

530 Siehe dazu auch jüngst EuGH, Urt. v. 03.10.2019 – C-285/18, Rn. 47, juris.

3. *Vergaberecht*

Das Vergaberecht verhält sich nicht zum „Ob", sondern betrifft allein das „Wie" der Beschaffung. Es kommt erst dann zur Anwendung, wenn sich ein öffentlicher Auftraggeber dazu entschieden hat, bestimmte Leistungen am Markt nachzufragen, und es anschließend „nur noch" um die Frage geht, wer die Leistung erbringen soll.[531] In den Fällen, in denen eine Kommune einen Eigenbetrieb mit der Erbringung einer Leistung „beauftragt", hat sie sich gegen eine Beschaffung am Markt entschieden. Dass diese Vorgehensweise vergaberechtlich irrelevant ist, ergibt sich schon daraus, dass ein vergaberechtlich relevanter Vorgang stets einen Vertrag voraussetzt, der naturgemäß nur zwischen (mindestens) zwei Rechtssubjekten zustande kommen kann.[532] An diesem fehlt es aber gerade, wenn sich der öffentliche Auftraggeber eines Unternehmens bedient, das nicht über eine eigene Rechtspersönlichkeit verfügt und deshalb auch gar nicht zum Abschluss von Verträgen in der Lage ist (sog. In-house-Geschäft im engeren Sinne).[533] Darüber hinaus ist auch denkbar, dass sich ein öffentlicher Auftraggeber zwar nicht eines Eigenbetriebs, dafür aber einer juristischen Person des öffentlichen oder privaten Rechts bedient, zu der sie in einem besonderen Näheverhältnis steht (etwa aufgrund mehrheitlicher oder ausschließlicher Kapitalbeteiligung). Anders als bei einem In-house-Geschäft im engeren Sinne, bei dem der öffentliche Auftraggeber schon rechtlich gesehen niemand anderen beauftragt, handelt es sich bei einem solchen In-house-Geschäft im weiteren Sinne um einen Vorgang zwischen zwei verschiedenen Rechtssubjekten. In diesem Fall sind der öffentliche Auftraggeber und die beauftragte juristische Person aber so eng miteinander verbunden, dass es sich bei der Leistungserbringung

---

531 *Dörr*, in: Burgi/Dreher, Vergaberecht, 2017, Bd. 1, Einleitung, Rn. 5 („Letzteres [das Vergaberecht, Anm. Verf.] regelt ausschließlich das Verfahren, in dem der Vertragspartner der öffentlichen Hand für ein konkretes Beschaffungsvorhaben ausgewählt wird. Unberührt davon bleibt die Freiheit des Auftraggebers, den Gegenstand der Beschaffung allein nach seinen Bedürfnissen und Vorstellungen zu bestimmen: Merkmale und Eigenschaften des Auftragsgegenstands, ja die Notwendigkeit oder Zweckmäßigkeit der Beschaffung überhaupt unterliegen allein seiner Dispositionsbefugnis; sie dürfen dem Auftraggeber weder von interessierten Unternehmen aufgedrängt, noch von Nachprüfungsinstanzen vorgeschrieben werden.").

532 Siehe etwa die Definition der Konzession in § 105 Abs. 1 GWB.

533 *Ganske*, in: Reidt/Stickler/Glahs, Vergaberecht, 2017, § 108, Rn. 5; *Pünder/Klafki*, in: Pünder/Schellenberg, Vergaberecht, 2019, § 108 GWB, Rn. 1 ff. (2); siehe auch *Dreher*, NZBau 2004, 14 (15); differenzierend *Säcker/Wolf*, in: Säcker, MüKoWettbR, 2018, Bd. 3, § 108, Rn. 18 ff.

durch die juristische Person aus materieller Sicht um eine Eigenerledigung des Auftraggebers handelt.[534] Gewissermaßen kann also die Leistung, die von der betreffenden Stelle erbracht wird, dem öffentlichen Auftraggeber zugerechnet werden.[535] In Anbetracht dessen bestimmt § 108 GWB, der im Wesentlichen auf der EuGH-Rechtsprechung zur Privilegierung staatlicher Eigenerledigung bzw. deren Kodifizierung in den einschlägigen Vergaberichtlinien beruht,[536] dass die In-house-Geschäfte im weiteren Sinne unter den dort genannten Voraussetzungen, wie auch schon die In-house-Geschäfte im engeren Sinne, vergaberechtsfrei sein sollen. Insoweit lässt das GWB-Vergaberecht also eine Privilegierung kommunaler Eigenwahrnehmung von Aufgaben und die damit verbundene Bevorzugung von kommunalen Unternehmen (ohne bzw. mit eigener Rechtspersönlichkeit) zu.

4. *Kartellrecht*

Das Kartellrecht enthält demgegenüber weder explizite Aussagen zum „Ob“ noch zum „Wie“ einer Beschaffung. Anders als im Vergaberecht stehen bei den hier relevanten §§ 18, 19 GWB aber auch nicht die Beschaffungen eines öffentlichen Auftraggebers im Mittelpunkt, sondern die marktbeherrschende Stellung eines Unternehmens, deren missbräuchliche Ausnutzung verhindert werden soll. Gleichwohl ergeben sich aus dem Kartellrecht keinerlei Anhaltspunkte für eine Beschaffungspflicht von Kommunen.

5. *Zusammenfassung*

Eine Pflicht zur Beschaffung kann weder aus dem Verfassungs- oder Unionsrecht noch aus dem Vergabe- oder Kartellrecht hergeleitet werden.

II. Privilegierung kommunaler Unternehmen bei der Beschaffung

Die rechtlichen Grenzen, die bei der Begünstigung eines kommunalen Unternehmens nicht überschritten werden dürfen, können sich auch hier aus dem Verfassungs-, Unions- und einfachgesetzlichen Recht ergeben.

---

534 *Ganske*, in: Reidt/Stickler/Glahs, Vergaberecht, 2017, § 108, Rn. 5.

535 *Ganske*, in: Reidt/Stickler/Glahs, Vergaberecht, 2017, § 108, Rn. 5; *Pünder/Klafki*, in: Pünder/Schellenberg, Vergaberecht, 2019, § 108 GWB, Rn. 1 ff. (3).

536 *Ganske*, in: Reidt/Stickler/Glahs, Vergaberecht, 2017, § 108, Rn. 2 ff.

1. *Verfassungsrechtlicher Rahmen*

Aus der Sicht eines privaten Unternehmens stellt die Vergabe einer Dienstleistungskonzession an ein kommunales Unternehmen eine Ungleichbehandlung i.S.d. Art. 3 Abs. 1 GG dar, die einer Rechtfertigung durch einen sachlichen Grund bedarf. Die Anforderungen an die Gewichtigkeit des Rechtfertigungsgrundes hängen maßgeblich davon ab, inwieweit mit der Ungleichbehandlung eine freiheitsrechtliche Betroffenheit der unterlegenen Bewerber einhergeht.[537] Im Zusammenhang mit der Vergabe von öffentlichen Aufträgen und Konzessionen bestimmt sich die Intensität der freiheitsrechtlichen Betroffenheit vor allem danach, in welchem Maße die unterlegenen Bewerber auf die konkrete Vergabe objektiv angewiesen sind.[538] Es ergeben sich hier keine Unterschiede zu einer Ungleichbehandlung unter ausschließlich privaten Unternehmen, weshalb im Übrigen auf die Ausführungen dazu verwiesen werden kann.[539]

2. *Unionsrechtlicher Rahmen*

Sofern die Vergabe einer Dienstleistungskonzession einen grenzüberschreitenden Bezug aufweist, ist sie ferner am Maßstab des Unionsrechts zu messen. In diesem Zusammenhang hatte der EuGH entschieden, dass auch die Vergabe einer Dienstleistungskonzession den Anforderungen der Niederlassungs- und Dienstleistungsfreiheit sowie den Grundsätzen der Gleichbehandlung, Nichtdiskriminierung und Transparenz genügen müsse.[540]

In der Rs. *Parking Brixen* stellte er aber auch fest, dass diese Vorschriften dann nicht anzuwenden seien, „wenn eine öffentliche Stelle ihre im allgemeinen Interesse liegenden Aufgaben mit ihren eigenen administrativen, technischen und sonstigen Mitteln erfüllt, ohne sich an externe Einrichtungen zu wenden"[541]. Ihre Anwendung sei im Bereich der öffentlichen Dienstleistungskonzessionen dann ausgeschlossen, wenn die konzessionierende öffentliche Stelle über die konzessionierende Einrichtung eine Kontrolle ausübe wie über ihre eigenen

---

537 § 4B.I.

538 § 4B.I.

539 § 4B.I.

540 § 4B.II.

541 EuGH, Urt. v. 13.10.2005 – C-458/03 (Parking Brixen), Rn. 61, juris. Vgl. auch EuGH, Urt. v. 11.01.2005 – C-26/03 (Stadt Halle), Rn. 48, juris.

Dienststellen und wenn diese Einrichtung zugleich ihre Tätigkeit im Wesentlichen für die Stelle verrichte, die ihre Anteile innehat.[542]

Insofern ist also der Freiraum, den das europäische Primärrecht den öffentlichen Auftraggebern mit Blick auf die Privilegierung eines kommunalen Unternehmens unter den genannten Voraussetzungen gewährt, weitaus größer als im Verfassungsrecht. Denn während das einschlägige europäische Primärrecht nach der Rechtsprechung des EuGH schon gar nicht anwendbar ist, muss sich die Privilegierung nach nationalem Verfassungsrecht zumindest am Maßstab von Art. 3 Abs. 1 GG messen lassen.

Werden die vom EuGH aufgestellten Kriterien hingegen nicht erfüllt, liegt kein „interner Vorgang" vor mit der Folge, dass die aus der Dienstleistungsfreiheit und den mit ihr zusammenhängenden Grundsätzen der Gleichbehandlung, Nichtdiskriminierung und Transparenz abzuleitenden Anforderungen an die Verteilungskriterien bzw. das Verteilungsverfahren (insbesondere die Pflicht zur Ausschreibung) weiterhin Geltung beanspruchen.[543]

Vor dem Hintergrund, dass nach der Rechtsprechung des EuGH das Unionsrecht bei „internen Vorgängen" schon gar nicht anwendbar ist, kam der Abgrenzung zwischen vergaberechtsfreier Eigenerledigung und ausschreibungspflichtigem Beschaffungsvorgang lange Zeit immense Bedeutung zu. Der EuGH hat im Laufe der Zeit in einer ganzen Reihe von Entscheidungen immer weiter herausgearbeitet, welche Kriterien bei dieser Abgrenzung zu beachten seien.[544] Auf der Grundlage dieser Rechtsprechung, die in den wesentlichen Punkten

---

542 EuGH, Urt. v. 13.10.2005 – C-458/03 (Parking Brixen), Rn. 62, juris; EuGH, Urt. v. 06.04.2006 – C-410/04 (ANAV), Rn. 24, juris; EuGH, Urt. v. 13.11.2008 – C-324/07 (Coditel Brabant), Rn. 26, juris.

543 EuGH, Urt. v. 13.10.2005 – C-458/03 (Parking Brixen), Rn. 71 ff., juris. Zu den Anforderungen an die Verteilungskriterien und -verfahren siehe oben § 4B.II i.V.m. § 3B.II.1.a.) und § 3B.II.1.b.).

544 Zu nennen sind ferner namentlich EuGH, Urt. v. 18.11.1999 – C-107/98 (Teckal), juris; EuGH, Urt. v. 11.01.2005 – C-26/03 (Stadt Halle), juris; EuGH, Urt. v. 11.05.2006 – C-340/04 (Carbotermo), juris; EuGH, Urt. v. 13.11.2008 – C-324/07 (Coditel Brabant), juris; EuGH, Urt. v. 10.09.2009 – C-573/07 (Sea), juris; EuGH, Urt. v. 29.11.2012 – C-182/11 (Econord), juris. Zur horizontalen Zusammenarbeit siehe insbesondere EuGH, Urt. v. 09.06.2009 – C-480/06 (Stadtreinigung Hamburg), juris; EuGH, Urt. v. 19.12.2012 – C-159/11 (Lecce), juris; EuGH, Urt. v. 13.06.2013 – C-386/11 (Piepenbrock). Zur Entwicklung der Rechtsprechung siehe auch das Arbeitsdokument der Kommissionsdienststellen über die Anwendung des EU-Vergaberechts im Fall von Beziehungen zwischen öffentlichen Auftraggebern (öffentlich-öffentliche Zusammenarbeit), SEK (2011) 1169 endg. vom 04.10.2011.

übernommen wurde, hat der Unionsgesetzgeber die Privilegierung dieser Vorgänge nun sekundärrechtlich verankert.[545] Für Konzessionen bestimmt Art. 17 der Konzessions-RL unter welchen Bedingungen Konzessionen zwischen öffentlich-rechtlichen Körperschaften nicht in den Anwendungsbereich der Richtlinie fallen und damit auch nicht den allgemeinen Anforderungen an die Konzessionsvergabe unterliegen. Der Art. 17 der Konzessions-RL wurde wiederum durch § 108 GWB in nationales Recht umgesetzt. Die Konzessions-RL und das GWB-Vergaberecht sind aber nur dann anwendbar, wenn der geschätzte Wert der Dienstleistungskonzession einen Wert von aktuell 5.350.000 Euro erreicht, weshalb sie mit Blick auf die hier untersuchten Fallgestaltungen von sehr geringer Relevanz sein dürften. Unterhalb dieses Schwellenwertes ist weiterhin die Rechtsprechung des EuGH zum Primärrecht maßgeblich.[546]

Für das europäische Wettbewerbsrecht ergeben sich mit Blick auf die Privilegierung eines kommunalen Unternehmens keine Besonderheiten. Art. 102 AEUV ist nach der Rechtsprechung des EuGH grds. nicht auf die Vergabe von Dienstleistungskonzessionen anwendbar und auch Art. 106 Abs. 1 AEUV i.V.m. Art. 102 AEUV werden grds. schon deshalb keine Vorgaben zu entnehmen sein, weil die hier untersuchungsgegenständlichen Dienstleistungskonzessionen in aller Regel nicht in der Lage sein werden, dem kommunalen Unternehmen zu einer beherrschenden Stellung auf dem Binnenmarkt zu verhelfen.[547]

545 Dabei wurden die Vorgaben des EuGH nicht 1:1 umgesetzt. Unklar ist daher zur Zeit, ob sich in bestimmten Fällen, in denen der Anwendungsbereich der einschlägigen Vergabe-Richtlinie wegen Eingreifens des dort normierten In-house-Privilegs nicht eröffnet ist, gleichwohl eine Ausschreibungspflicht aus dem Primärrecht ableiten lässt, *Gerlach*, NZBau 2020, 426 (429); siehe auch *Säcker/Wolf*, in: Säcker, MüKoWettbR, 2018, Bd. 3, § 108, Rn. 10.

546 Dass die Konzessions-RL nicht anwendbar ist, sei es, weil das „In-house-Privileg" eingreift oder weil der erforderliche Schwellenwert nicht erreicht wird, hat dabei keine Auswirkungen auf das Primärrecht bzw. die dazu ergangene Rechtsprechung. Andernfalls könnte der Unionsgesetzgeber durch Sekundärrecht das Primärrecht beeinflussen.

547 Zum Anwendungsbereich von Art. 102 AEUV siehe § 4B.II.

3. *Einfachgesetzlicher Rahmen*

Die einfachgesetzlichen Maßgaben ergeben sich namentlich aus dem GWB-Vergaberecht und aus dem Kartellrecht. Sie sind grds. nebeneinander anwendbar.[548]

a.) Vergaberechtliche Maßgaben

Das GWB-Vergaberecht lässt unter den Voraussetzungen des § 108 GWB eine Privilegierung kommunaler Unternehmen zu. Dieser gilt nach dessen Abs. 8 auch für die Vergabe von Konzessionen. Er bestimmt, dass unter den dort genannten Voraussetzungen Vergaben im Bereich der öffentlich-öffentlichen Zusammenarbeit vergaberechtsfrei sind. Dabei differenziert er im Wesentlichen zwischen einer vertikalen Zusammenarbeit (In-house-Geschäfte) und einer horizontalen Zusammenarbeit (In-state-Geschäfte, insbesondere interkommunale Zusammenarbeit). Während die vertikale Zusammenarbeit (§ 108 Abs. 1–5 GWB) dadurch gekennzeichnet ist, dass der öffentliche Auftraggeber mit einer ihm nachgeordneten juristischen Person einen Vertrag schließt, handelt es sich in den Fällen der horizontalen Zusammenarbeit um Verträge zwischen zwei oder mehreren öffentlichen Auftraggebern (§ 108 Abs. 6 GWB).[549] Sind die in § 108 GWB normierten Voraussetzungen erfüllt, ist das GWB-Vergaberecht nicht anzuwenden. Zu bedenken ist dabei aber, dass in den hier relevanten Fällen das GWB-Vergaberecht regelmäßig schon deshalb nicht zur Anwendung kommt, weil der erforderliche Schwellenwert von derzeit 5.350.000 Euro nicht erreicht wird. Insofern kommt § 108 GWB für die hier untersuchten Fallkonstellationen jedenfalls in direkter Anwendung kaum Relevanz zu.

Denkbar ist allerdings, dass der § 108 GWB für Vergaben im Bereich unterhalb von 5.350.000 Euro analog anzuwenden ist.[550] Denn wenn die Privilegien für Vergaben im Oberschwellenbereich gelten, so müssen sie doch erst recht auch für die wirtschaftlich unbedeutenderen Vergaben im Unterschwellenbereich Anwendung finden. Insofern kann also von einer vergleichbaren Interessenlage, die für eine analoge Anwendung des § 108 GWB erforderlich ist, ausgegangen werden. Die für die Analogie erforderliche planwidrige Regelungslücke ergibt sich daraus, dass der Gesetzgeber aufgrund unionsrechtlicher Vorgaben nur den

548 Vgl. *Kling*, NZBau 2018, 715 (715); *Nothdurft*, in: Langen/Bunte, Kartellrecht, 2018, Bd. 1, § 19, Rn. 420.

549 *Burgi*, Vergaberecht, 2021, § 11, Rn. 5 f.

550 So z.B. *Siegel*, NZBau 2019, 353 (354).

Oberschwellenbereich regeln musste, auf welchen sich dann auch nur die Ausnahmevorschrift des § 108 GWB bezieht.

Allerdings ist eine analoge Anwendung des § 108 GWB zunächst nicht weiterführend, weil dieser nur bestimmt, dass der 4. Teil des GWB nicht anwendbar ist, was er für die Unterschwellenvergaben ja sowieso schon – mangels Erreichens des Schwellenwertes – nicht wäre. Gleichwohl kann man aber aus einer analogen Anwendung des § 108 GWB ableiten, dass auch die In-house-Vergaben im Unterschwellenbereich unter den dort genannten Voraussetzungen keinen weiteren Anforderungen unterstehen sollen, die sich dann aber nur aus dem für Unterschwellenvergaben maßgeblichen Kartellrecht ergeben könnten. Denn das europäische Primärrecht ist in diesen Fällen ja ohnehin nicht anwendbar und die Anforderungen des Verfassungsrechts blieben davon selbstverständlich unberührt.

Nachfolgend sollen nun die kartellrechtlichen Maßgaben dargestellt werden, die bei einer Privilegierung kommunaler Unternehmen zu beachten sind, da das Kartellrecht – auch wenn man eine analoge Anwendung des § 108 GWB bejaht – jedenfalls soweit anwendbar bleibt, wie die Voraussetzungen des § 108 GWB an die vertikale bzw. horizontale Zusammenarbeit zwischen öffentlichem Auftraggeber und kommunalem Unternehmen nicht erfüllt sind.

b.) Kartellrechtliche Maßgaben: Privilegierung als missbräuchliche Ausnutzung einer marktbeherrschenden Stellung?

Die kartellrechtliche Zulässigkeit der Privilegierung kommunaler Unternehmen richtet sich, wie auch die Begünstigung eines privaten Unternehmens im Verhältnis zu anderen privaten Unternehmen, nach § 19 Abs. 1, 2 Nr. 1 GWB.[551] Voraussetzung für dessen Anwendbarkeit ist zunächst, dass die Gemeinde eine beherrschende Stellung auf dem einschlägigen Markt hat.[552] Ist dies der Fall, so ist ihr die missbräuchliche Ausnutzung dieser marktbeherrschenden Stellung untersagt. Ein solcher Missbrauch liegt entsprechend § 19 Abs. 2 Nr. 1 GWB insbesondere dann vor, wenn die Gemeinde ein anderes Unternehmen unmittelbar oder mittelbar unbillig behindert oder ohne sachlich gerechtfertigten Grund unmittelbar oder mittelbar anders behandelt als gleichartige Unternehmen.

Grds. stellt die Vergabe einer Dienstleistungskonzession aus der Sicht der nicht begünstigten Bewerber sowohl eine Behinderung als auch eine Diskriminierung dar.[553] Bevorzugt die Gemeinde aber ein kommunales Unternehmen

551 Siehe oben § 4B.III.3.
552 Siehe dazu § 4B.III.3.b.).
553 § 4B.III.3.c.).

so liegt darin jedenfalls keine Diskriminierung, weil diese stets eine Andersbehandlung im Vergleich zu einem gleichartigen Unternehmen voraussetzt, konzernverbundene Unternehmen aber, wie es ein gemeindeeigenes Unternehmen im Verhältnis zur Gemeinde darstellt, mit Blick auf die wirtschaftliche Einheit nicht als gleichartige Unternehmen angesehen werden können.[554] Scheidet also in Anbetracht der bestehenden Konzernverbundenheit eine Diskriminierung nach § 19 Abs. 2 Nr. 1 Alt. 2 GWB aus, so ist weiter der Frage nachzugehen, ob in der Privilegierung eines gemeindeeigenen Unternehmens eine unbillige Behinderung gesehen werden kann.

aa.) Kartellrechtliche Irrelevanz kommunalwirtschaftsrechtlicher Unzulässigkeit

Zunächst ist festzuhalten, dass eine etwaige Unzulässigkeit der kommunalwirtschaftlichen Betätigung durch das gemeindeeigene Unternehmen, die sich aus einem Verstoß gegen die kommunalwirtschaftsrechtliche Subsidiaritätsklausel[555] ergeben kann, kartellrechtlich irrelevant ist.[556] Die Privilegierung eines kommunalen Unternehmens, das sich in unzulässiger Weise wirtschaftlich betätigt, hat jedenfalls insofern keine kartellrechtlichen Auswirkungen, als allein darin keine nicht zu rechtfertigende Behinderung der unterlegenen Bewerber i.S.d. § 19 Abs. 2 Nr. 1 GWB liegt.[557] Richtigerweise bildet nämlich nicht das

---

554 BGH, Urt. v. 31.01.2012 – KZR 65/10 (Werbeanzeigen), Rn. 14, juris; BGH, Urt. v. 24.10.2011 – KZR 7/10 (Grossistenkündigung), Rn. 31, juris; BGH, Urt. v. 24.09.2002 – KZR 4/01 (Kommunaler Schilderprägebetrieb), Rn. 22, juris; *Kling/Thomas*, Kartellrecht, 2016, § 20, Rn. 100; *Loewenheim*, in: ders. u.a., Kartellrecht, 2020, § 19, Rn. 44 f.; *Nothdurft*, in: Langen/Bunte, Kartellrecht, 2018, Bd. 1, § 19, Rn. 303; *Ostendorf/Grün*, WuW 2008, 950 (952).

555 Kritisch zu diesem Begriff, wenn sich die Gemeinde – wie es etwa § 107 Abs. 1 S. 1 Nr. 3 GO NRW vorsieht – nur dann nicht wirtschaftlich betätigen darf, wenn der öffentliche Zweck durch andere Unternehmen besser und wirtschaftlicher erfüllt werden kann, *Hellermann*, Örtliche Daseinsvorsorge und gemeindliche Selbstverwaltung, 2000, S. 214 f. Nach dieser Regelung werde ein Zurücktreten kommunalwirtschaftlicher Betätigung bei gleich guter und wirtschaftlicher Zweckerfüllung gerade nicht verlangt, weshalb insoweit von einer Subsidiarität nicht die Rede sein könne, *Hellermann*, a.a.O., S. 215.

556 Siehe etwa im Zusammenhang mit der Vergabe von Strom- und Gaskonzessionen *Hellermann*, Die gemeindliche Entscheidung über die Vergabe von Strom- und Gaskonzessionsverträgen, 2013, S. 44 ff.

557 Demgegenüber wurde in der Rechtsprechung vereinzelt angenommen, dass der Verstoß gegen kommunalwirtschaftsrechtliche Vorschriften auch lauterkeits- oder

Kartellrecht, sondern allein das Gemeindewirtschaftsrecht den rechtlichen Rahmen im Umgang mit unzulässiger gemeindewirtschaftlicher Betätigung. Während das Kartellrecht die Frage betrifft, wie sich (kommunale) Unternehmen auf dem Markt zu verhalten haben, regelt das Gemeindewirtschaftsrecht die dieser Frage vorgelagerten Voraussetzungen ihres Marktzutritts.[558] Das bedeutet, dass wenn ein privates Unternehmen die Unzulässigkeit gemeindewirtschaftlicher Betätigung beanstanden will, es dies auch auf der Basis des einschlägigen Kommunalrechts (in NRW nach §§ 107 ff. GO NRW) tun muss. Das Kartellrecht vermag hingegen keine weitere Option darzubieten, wie sich private Unternehmen gegen kommunalwirtschaftliche Konkurrenz zur Wehr setzen können.

bb.) Zulässigkeit der Privilegierung kommunaler Unternehmen als konzernverbundene Unternehmen?

Im Kern stellt sich aber vor allem die Frage, ob darin, dass die Gemeinde ein kommunales und insofern aus kartellrechtlicher Sicht ein konzernverbundenes Unternehmen privilegiert, auch eine Behinderung zu sehen ist, die als unbillig bewertet werden muss. Ob dies der Fall ist, bestimmt sich auf der Grundlage einer umfassenden Abwägung der Interessen der Beteiligten unter Berücksichtigung der auf die Freiheit des Wettbewerbs gerichteten Zielsetzung des GWB.[559]

Dabei ist anerkannt, dass die Bevorzugung konzernverbundener Unternehmen grds. keine unbillige Behinderung darstellt.[560] Unternehmen haben ein

---

vergaberechtliche Auswirkungen haben könne. Zum Lauterkeitsrecht siehe etwa OLG Hamm, Urt. v. 23.09.1997 – 4 U 99/97, Rn. 32 ff., juris, anders aber BGH, Urt. v. 25.04.2002 – I ZR 250/00 (Elektroarbeiten), Rn. 21, juris. Zur vergaberechtlichen Konstellation siehe z.B. OLG Düsseldorf, NZBau 2002, 626 (628), andererseits aber OVG Münster, Beschl. v. 01.04.2008 – 15 B 122/08, Rn. 16 ff., juris; wie letzteres auch *Ennuschat*, NVwZ 2008, 966 (967 f.).

558 *Hellermann*, Die gemeindliche Entscheidung über die Vergabe von Strom- und Gaskonzessionsverträgen, 2013, S. 46.

559 BGH, Urt. v. 10.12.2019 – KZR 57/19 (Whitelisting/Werbeblocker), Rn. 36, juris. Siehe auch *Loewenheim*, in: ders. u.a., Kartellrecht, 2020, § 19, Rn. 23 m.w.N. aus dem Schrifttum.

560 Siehe etwa BGH, Urt. v. 24.09.2002 – KZR 4/01 (Kommunaler Schilderprägebetrieb), Rn. 25, juris; OLG Düsseldorf, Urt. v. 13.12.2006 – VI-U (Kart) 36/05, Rn. 28, juris; OLG Frankfurt, Urt. v. 10.10.2006 – 11 U 3/05 (Kart), Rn. 84, juris; OLG Frankfurt, Urt. v. 19.09.2006 – 11 U 44/05 (Kart), Rn. 46 f., juris; *Schultz*, in: Langen/Bunte, Kartellrecht, 10. Auflage, 2006, Bd. 1, § 20, Rn. 153. Kritisch zum „Konzernprivileg" *Ostendorf/Grün*, WuW 2008, 950 (957 ff.).

berechtigtes und schützenswertes Interesse daran, diejenigen Unternehmen zu begünstigen, die ihnen wirtschaftlich zugeordnet sind. Eine Pflicht, fremden Wettbewerb zu fördern, besteht demgegenüber grds. nicht.[561] Marktbeherrschende Unternehmen sollen, genau wie jedes andere Unternehmen auch, grds. frei darüber entscheiden können, ob sie bestimmte Leistungen durch ein Tochterunternehmen erbringen lassen oder aber auf die Leistung Dritter zurückgreifen wollen.[562]

Der BGH vertritt allerdings die Auffassung, dass dieses „Konzernprivileg" nicht gelte, wenn sich die überragende Stellung, über die eine Gemeinde als Unternehmen auf dem betreffenden Markt verfügt, unmittelbar aus ihrer öffentlichen Aufgabe ableitet.[563] In der Entscheidung zum kommunalen Schilderprägebetrieb, in welcher eine Gemeinde einen begehrten Gewerberaum ohne die Durchführung eines wettbewerblichen Auswahlverfahrens an ein kommunales Schilderprägeunternehmen vermietet hatte, führte er dazu aus:

> *„Die öffentliche Hand, die sich privatwirtschaftlich betätigt, darf sich bei der Wahrnehmung ihrer erwerbswirtschaftlichen Betätigung nicht dadurch einen unsachlichen Vorsprung vor ihren Mitbewerbern verschaffen, dass sie ihre hoheitlichen Befugnisse zur Durchsetzung ihrer privatwirtschaftlichen Interessen und zur Förderung ihres Wettbewerbs einsetzt oder die privaten Mitbewerber mit Mitteln verdrängt, die diesen nicht zugänglich sind, ihr dagegen aufgrund ihrer öffentlich-rechtlichen Sonderstellung zur Verfügung stehen, etwa indem sie eine öffentlich-rechtliche Monopolstellung ausnutzt […]. […]*
> *Es stellt eine unzulässige Verquickung der öffentlich-rechtlichen Aufgaben mit einer erwerbswirtschaftlichen Tätigkeit dar, wenn ein Träger öffentlicher Gewalt die beherrschende Stellung, über die er in dem durch die Hoheitsverwaltung eröffneten Markt verfügt, in der Weise ausnutzt, dass er die durch die Verwaltungstätigkeit erzeugte Nachfrage nach Gütern unter Verdrängung leistungsbereiter privater Wettbewerber nur deswegen selbst befriedigt, um auf diese Weise für sich den größten wirtschaftlichen Vorteil zu erzielen."*[564]

Diese Rechtsprechung setzt dem Auswahlverhalten der Gemeinden mit Blick auf die Privilegierung eines gemeindeeigenen Unternehmens Grenzen.

---

561 OLG Düsseldorf, Urt. v. 13.12.2006 – VI-U (Kart) 36/05, Rn. 28, juris; OLG Frankfurt, Urt. v. 10.10.2006 – 11 U 3/05 (Kart), Rn. 84, juris; OLG Frankfurt, Urt. v. 19.09.2006 – 11 U 44/05 (Kart), Rn. 47, juris; *Ostendorf/Grün*, WuW 2008, 950 (952); siehe allgemein dazu *Loewenheim*, in: ders. u.a., Kartellrecht, 2020, § 19, Rn. 20.

562 *Säcker/Mohr/Wolf*, Konzessionsverträge im System des europäischen und deutschen Wettbewerbsrechts, 2011, S. 118.

563 BGH, Urt. v. 24.09.2002 – KZR 4/01 (Kommunaler Schilderprägebetrieb), Rn. 26, juris.

564 BGH, Urt. v. 24.09.2002 – KZR 4/01 (Kommunaler Schilderprägebetrieb), Rn. 26 f., juris.

Ausgangspunkt ist ihre Doppelrolle, die sie dort einerseits als marktbeherrschende Anbieterin auf dem relevanten Markt für Gewerbeflächen für Schilderpräger und andererseits in Form einer – in dem Fall – hundertprozentigen Tochtergesellschaft als entsprechenden Gegenpart eingenommen hatte. Sofern die marktbeherrschende Stellung der Gemeinde auf eine öffentlich-rechtliche Sonderstellung zurückgeht, soll es ihr versagt sein, diese besondere Stellung auszunutzen, wobei ein solches Ausnutzen immer dann anzunehmen sein soll, wenn sie ein gemeindeeigenes Unternehmen aus allein wirtschaftlichen Gründen begünstigen will. Eine Gemeinde, die kraft ihrer besonderen Stellung als Hoheitsträgerin zugleich auch eine exponierte Stellung am Markt hat, soll sich durch ihre besondere Position nicht in der Lage sehen, private Mitbewerber vom Markt verdrängen zu können.

Auch hier ist es grds. denkbar, dass eine Gemeinde eine solche Doppelrolle einnimmt: Auf der einen Seite als marktbeherrschende Nachfragerin von Dienstleistungen mit Straßenbezug und auf der anderen Seite als Anbieterin eben solcher Leistungen.[565]

Anders aber als in dem genannten Schilderpräger-Fall handelt es sich hier um einen Beschaffungsvorgang. Würde man diese Rechtsprechung auch auf die Vergabe der hier untersuchten Dienstleistungskonzessionen übertragen, hätte dies zur Folge, dass innerhalb des Anwendungsbereichs von § 108 GWB (bzw. von § 108 GWB analog für Vergaben im Unterschwellenbereich), also in dem Fall, in dem die Voraussetzungen an eine vertikale bzw. horizontale Zusammenarbeit vorliegen, und außerhalb seines Anwendungsbereichs diametral unterschiedlich mit der Privilegierung von Eigengesellschaften umgegangen werden würde. Während im Anwendungsbereich des § 108 GWB (analog) nach den dort genannten Voraussetzungen eine Begünstigung von Eigengesellschaften zulässig ist, müsste die Schilderpräger-Rechtsprechung hier so verstanden werden, dass, wenn nur das Kartellrecht zur Anwendung kommen würde, marktbeherrschende Gemeinden – gerade als Ausnahme vom Konzernprivileg – dies grds. nicht dürften. Dies würde bedeuten, dass minimale Unterschiede, die über die Anwendbarkeit des § 108 GWB (analog) entscheiden könnten, zu völlig unterschiedlichen Ergebnissen führen würden.

Insofern zeigt sich hier, dass im Unterschied zum Vergaberecht, das durchaus eine Begünstigung kommunaler Eigengesellschaften zulässt, das Kartellrecht grds. nur die Marktmacht der Gemeinden im Blick hat. Vor dem Hintergrund

---

565 Zur marktbeherrschenden Stellung der Gemeinde als Nachfragerin siehe § 4B.III.3.b.) bb.).

aber, dass es sich in den hier zugrunde liegenden Fällen um einen Beschaffungsvorgang handelt, dürfen – auch wenn der § 108 GWB weder direkt noch analog zur Anwendung kommt – die vergaberechtlichen Wertungen dem Kartellrecht nicht gänzlich untergeordnet werden. Daher muss hier, wie für alle anderen Unternehmen auch, jedenfalls im Grundsatz gelten, dass die Gemeinde auch bei enormer Marktmacht ihre eigenen Gesellschaften privilegieren darf.

Anderes kann nur in Ausnahmefällen gelten, etwa dann, wenn die Marktmacht der einzelnen Gemeinde so immens ist, dass die Begünstigung einer Eigengesellschaft dazu führen würde, dass auf dem nachgelagerten Markt gar kein Wettbewerb mehr stattfinden könnte. Dann kann die im Rahmen von § 19 Abs. 2 Nr. 1 GWB vorzunehmende Interessenabwägung so ausfallen, dass das Konzernprivileg nicht uneingeschränkt gilt.

Zwingend von diesem Fall zu unterscheiden ist aber die Situation, in der die Gemeinde nicht als Nachfragerin entsprechender Dienstleistungen auftritt, sondern öffentliche und private Unternehmen – ohne dass eine Beschaffungsabsicht der Gemeinde vorliegt – um die Benutzung des öffentlichen Raums zur Ausführung einer bestimmten Dienstleistung konkurrieren. In diesen Fällen tritt die Gemeinde „nur" als Verwalterin des öffentlichen Straßenraums auf, während die Beteiligten um die Erteilung einer Sondernutzungserlaubnis bzw. um den Abschluss eines entsprechenden öffentlich-rechtlichen Vertrags in Konkurrenz zueinander treten. Dabei handelt die Gemeinde hoheitlich, was auch der Grund dafür ist, dass ihr Verhalten nicht der Kontrolle durch das Kartellrecht unterliegt.[566]

Diskutiert wird die Relevanz der Schilderpräger-Rechtsprechung bzw. das Eingreifen eines „Konzernprivilegs" vor allem auch im Zusammenhang mit der Bevorzugung kommunaler Unternehmen bei der Vergabe von Strom- und Gaskonzessionen nach § 46 EnWG.[567] Auch dort konkurrieren private und gemeindeeigne Energieversorgungsunternehmen um den Abschluss eines Konzessionsvertrags, der ihnen das Recht einräumen würde, die öffentlichen

---

566 Siehe oben § 3B.III.

567 Gegen die Relevanz der Schilderpräger-Rechtsprechung *Hellermann*, Die gemeindliche Entscheidung über die Vergabe von Strom- und Gaskonzessionsverträgen, 2013, S. 47 ff.; *Hoch/Theobald*, KSzW 2011, 300 (305 f.). Dafür *Säcker/Mohr/Wolf*, Konzessionsverträge im System des europäischen und deutschen Wettbewerbsrechts, 2011, S. 118 ff.; *Schwensfeier*, in: Kermel, Praxishandbuch der Konzessionsverträge und der Konzessionsabgaben, 2012, Kap. 5, Rn. 184 ff. Siehe auch *Nothdurft*, in: Langen/Bunte, Kartellrecht, 2018, Bd. 1, § 19, Rn. 424.

Verkehrswege für die Verlegung und den Betrieb von Leitungen zu benutzen.[568] Auch bei dieser Auswahlentscheidung der Gemeinden stellt sich die Frage, ob bzw. welche Vorgaben sich dafür aus dem Kartellrecht ergeben. Von einigen Autoren wird bereits bezweifelt, dass das Kartellrecht überhaupt anwendbar sei, weil in der Konzessionsvergabe kein unternehmerisches Handeln der Gemeinde liege und/oder die Gemeinde keine marktbeherrschende Stellung habe.[569] Im Übrigen sei es widersprüchlich, wenn man auf der einen Seite das unternehmerische Handeln mit der Begründung annehmen würde, dass die Gemeinde bei der Konzessionsvergabe auf der Grundlage ihres Privateigentums handeln würde, ihr auf der anderen Seite aber die Bevorzugung eines eigenen Unternehmens mit Verweis auf ihre spezifisch hoheitlich begründete Stellung versagen würde.[570] Der BGH ist dagegen der Auffassung, dass sich die Gemeinden, wenn sie die Nutzung ihrer öffentlichen Verkehrswege zum Netzbetrieb einem Eigenbetrieb übertragen wollen, „weder auf ein ‚Konzernprivileg' noch auf die Grundsätze des im Vergaberecht anerkannten ‚In-house-Geschäfts' berufen"[571] können.[572] Die dortigen Argumentationen basieren jedoch anders als hier auf einer spezifisch energiewirtschaftsrechtlichen Ausgangssituation, bei der insbesondere auch der Zielsetzung der §§ 46, 1 Abs. 1 EnWG eine besondere Bedeutung zukommt.[573]

568 Zur Frage, ob dieser eine Dienstleistungskonzession im vergaberechtlichen Sinne vermittelt, siehe *Hohenstein-Bartholl/Jacob*, RdE 2017, 454 ff. (im Ergebnis abgelehnt).

569 *Hellermann*, Die gemeindliche Entscheidung über die Vergabe von Strom- und Gaskonzessionsverträgen, 2013, S. 42 ff. m.w.N.; *ders.*, in: Britz/Hellermann/Hermes, EnWG, 2015, § 46, Rn. 66d.

570 *Hellermann*, Die gemeindliche Entscheidung über die Vergabe von Strom- und Gaskonzessionsverträgen, 2013, S. 49; *ders.*, EnWZ 2013, 147 (154).

571 BGH, Urt. v. 17.12.2013 – KZR 65/12 (Stromnetz Heiligenhafen), Rn. 31, juris. Gegen diese Entscheidung hatte die betroffene Gemeinde Kommunalverfassungsbeschwerde eingelegt, die allerdings vom BVerfG nicht zur Entscheidung angenommen wurde. Nach der Auffassung des Gerichts sei die Beschwerde unzulässig, weil gerichtliche Entscheidungen grds. nicht tauglicher Beschwerdegegenstand eine Kommunalverfassungsbeschwerde sein könnten, BVerfG, Beschl. v. 22.08.2016 – 2 BvR 2953/14, Rn. 16 ff., juris.

572 So auch *Bundesnetzagentur/Bundeskartellamt*, Leitfaden zur Vergabe von Strom- und Gaskonzessionen, 2015, Rn. 22; *Schwensfeier*, in: Kermel, Praxishandbuch der Konzessionsverträge und der Konzessionsabgaben, 2012, Kap. 5, Rn. 184 ff.; kritisch zu diesem BGH-Urteil *Hellermann*, EnWZ 2014, 339; siehe auch schon vorher *ders.*, EnWZ 2013, 147 (153 f.).

573 Vgl. etwa BGH, Urt. v. 17.12.2013 – KZR 65/12 (Stromnetz Heiligenhafen), Rn. 15 ff., juris; siehe auch BGH, Urt. v. 17.12.2013 – KZR 66/12 (Stromnetz Berkenthin), Rn. 16 ff., juris.

Deshalb können die dortigen Argumentationslinien nicht einfach auf die hiesigen Fallkonstellationen übertragen werden, weshalb dieser Problematik hier auch nicht weiter nachgegangen werden soll.

4. *Zwischenergebnis*

Konkurriert auch ein kommunales Unternehmen um die Dienstleistungskonzession, richten sich die verfassungsrechtlichen Maßgaben nach Art. 3 Abs. 1 GG. Insoweit ergeben sich keine Unterschiede im Vergleich zu einer Konkurrenzsituation unter ausschließlich Privaten.

Die bei der Vergabe von Dienstleistungskonzessionen grds. zu beachtenden Anforderungen des europäischen Primärrechts gelten nach der Rechtsprechung des EuGH nicht, wenn die konzessionierende öffentliche Stelle über die konzessionierte Einrichtung eine Kontrolle ausübt wie über ihre eigenen Dienststellen und wenn diese Einrichtung zugleich ihre Tätigkeit im Wesentlichen für die Stelle verrichtet, die ihre Anteile innehat.[574]

Die Anforderungen an die Konzessionsvergabe, die durch die Konzessions-RL und den 4. Teil des GWB statuiert werden, gelten in Anlehnung an diese Rechtsprechung unter den in Art. 17 der Konzessions-RL bzw. § 108 GWB genannten Voraussetzungen nicht für eine öffentlich-öffentliche Zusammenarbeit. Dabei ist aber zu berücksichtigen, dass die Konzessions-RL und der 4. Teil des GWB nur für Vergaben, die den Schwellenwert von derzeit 5.350.000 Euro erreichen, anwendbar sind. Unterhalb dieses Schwellenwertes kommt allerdings eine analoge Anwendung des § 108 GWB in Betracht.

Im Kontext des kartellrechtlichen Missbrauchsverbots nach § 19 Abs. 2 Nr. 1 GWB gilt, dass Gemeinden grds., wie alle anderen Unternehmen auch, ihre eigenen Gesellschaften privilegieren dürfen, wobei es aber Ausnahmen geben kann.

D. Rechtsschutz

Der Rechtsschutz gegen die an einen Konkurrenten vergebene Dienstleistungskonzession richtet sich zunächst danach, ob ihr geschätzter Vertragswert den aktuellen GWB-Schwellenwert von 5.350.000 Euro erreicht. Sofern dies der Fall ist, unterliegt die Vergabe der Konzession der Nachprüfung durch die Vergabekammern (§§ 155 ff. GWB).

---

574 EuGH, Urt. v. 13.10.2005 – C-458/03 (Parking Brixen), Rn. 62, juris; EuGH, Urt. v. 06.04.2006 – C-410/04 (ANAV), Rn. 24, juris; EuGH, Urt. v. 13.11.2008 – C-324/07 (Coditel Brabant), Rn. 26, juris.

Für Konzessionen unterhalb des Schwellenwertes existiert demgegenüber kein spezielles Rechtsschutzregime, sodass sich der Rechtsschutz nach den allgemeinen Vorschriften richtet. Deshalb kommt es für den Rechtsweg zunächst darauf an, ob die Konzession als öffentlich-rechtlicher oder als privatrechtlicher Vertrag einzustufen ist, wobei sich die Abgrenzung nach dem Vertragsgegenstand richtet.[575] Handelt es sich um einen öffentlich-rechtlichen Vertrag, was in den hier relevanten Fallkonstellationen nicht selten der Fall sein dürfte, sind die §§ 54 ff. VwVfG NRW die streitentscheidenden Normen, sodass gem. § 40 Abs. 1 S. 1 VwGO der Verwaltungsrechtsweg eröffnet ist.

Ist der Vertrag unter Verstoß gegen Art. 3 Abs. 1 GG oder gegen europäisches Primärrecht zustande gekommen, so ist dieser nach § 58 Abs. 1 VwVfG NRW schwebend unwirksam. Insoweit gelten die Ausführungen zum Rechtsschutz bei öffentlich-rechtlichen Verträgen ohne Beschaffungsbezug entsprechend.[576] Liegt hingegen ein Verstoß gegen § 19 GWB vor, so ist der Vertrag nicht nur schwebend unwirksam, sondern gem. § 59 Abs. 1 VwVfG NRW i.V.m. § 134 BGB sogar nichtig.[577]

Sofern die Wirksamkeit des Vertrags in Frage steht, kann der unterlegene Bewerber – vorausgesetzt er hat ein entsprechendes Feststellungsinteresse – Feststellungsklage erheben (§ 43 Abs. 1 VwGO). Dabei muss allerdings beachtet werden, dass die Feststellungsklage grds. subsidiär ist (§ 43 Abs. 2 S. 1 VwGO). Begehrt er hingegen den Vertragsschluss, so ist die Leistungsklage die statthafte Klageart.[578] Der entsprechende Eilrechtsschutz richtet sich in beiden Fällen nach § 123 Abs. 1 VwGO. Im Übrigen sind etwaige kartellrechtliche Beseitigungs-, Unterlassungs- oder Schadensersatzansprüche nach § 33 f. GWB, die aus einem Verstoß gegen § 19 GWB resultieren, vor den ordentlichen Gerichten geltend zu machen.

575 *Sodan*, in: ders./Ziekow, VwGO, 2018, § 40, Rn. 393.

576 § 3D.II.

577 *Säcker/Mohr/Wolf*, Konzessionsverträge im System des europäischen und deutschen Wettbewerbsrechts, 2011, S. 29.

578 Siehe oben § 3D.II.

§ 5 Fallgruppen

Nachdem im dritten und vierten Kapitel (§ 3 und § 4) die rechtlichen Grenzen der Verteilung zum einen von bloßen Sondernutzungsrechten und zum anderen von Sondernutzungsrechten, die Bestandteil einer Dienstleistungskonzession sind und es insofern eigentlich eher um die Verteilung der Konzession geht, abstrakt erörtert wurden, soll nun untersucht werden, welche konkreten Anforderungen sich daraus für die hier untersuchten Fallgruppen ergeben.

Zu den Fallgruppen zählen die Sondernutzung zum Betrieb einer Außengastronomie (A.), zum Betrieb einer Carsharingstation (B.), zur Veranstaltung eines Marktes oder Festes (C.), zum Betrieb von Außenwerbeflächen (D.) oder zum Aufstellen von Abfallcontainern (E.). Ihre Auswahl beruht auf ihrer Bedeutung, die sie bisher in der behördlichen und Rechtsprechungs-Praxis hatten.

Innerhalb der einzelnen Fallgruppen wird zunächst aufgezeigt, unter welchen Voraussetzungen im Zusammenhang mit der jeweils untersuchten Sondernutzung eine von der Verwaltung zu überwindende Verteilungssituation entsteht.

Sodann sollen die rechtlichen Anforderungen an die Verteilung dargestellt werden. Bei einigen Fallgruppen ist sowohl die Verteilung nur eines Sondernutzungsrechts, wo es dann um die rechtlichen Grenzen der Ausübung des Verteilungsermessens geht, als auch die Vergabe einer Dienstleistungskonzession denkbar, bei der es die Anforderungen an die Vergabekriterien und das Vergabeverfahren zu ermitteln gilt.

Zum Schluss sollen die Rechtsschutzmöglichkeiten der unterlegenen Bewerber aufgezeigt werden.

A. Außengastronomie

I. Verteilungssituation

Die dieser Fallgruppe zugrunde liegende Verteilungssituation ist dadurch gekennzeichnet, dass mehrere Gastronomen darum konkurrieren, eine bestimmte öffentliche Straßenfläche, die sich typischerweise in unmittelbarer Nähe zu ihren Gastronomiebetrieben befindet, für eine Außengastronomie benutzen zu dürfen.[579] Weil durch das Aufstellen von Tischen und Stühlen der Gemeingebrauch an der betreffenden Straßenfläche dauerhaft ausgeschlossen

579 Dazu siehe auch *Scheidler*, GewArch 2012, 285.

wird, ist diese Form der Straßenbenutzung nicht mehr vom erlaubnisfreien Straßenanliegergebrauch gedeckt (§ 14a Abs. 1 StrWG NRW).[580] Sie bedarf daher als Sondernutzung gem. § 18 Abs. 1 S. 2, 1 StrWG NRW der Erlaubnis durch die zuständige Straßenbaubehörde.[581]

Da die Gastronomen i.d.R. um eine bestimmte Straßenfläche konkurrieren, die – weil es sie nur einmal gibt – natürlich knapp ist, handelt es sich um eine knappheitsbedingte Konkurrenzsituation, bei der das entsprechende Sondernutzungsrecht den Gegenstand der Verteilung bildet.[582] Dabei entsteht die Verteilungssituation aber erst dann, wenn die Gastronomen die betreffende Fläche in annähernd gleicher Weise nutzen wollen, sodass sie wegen Art. 3 Abs. 1 GG auch gleichbehandelt werden müssen.[583] Sehr unwahrscheinlich ist hingegen, dass für mehrere Gastronomen bei isolierter Bewertung ihrer Sondernutzungsanträge das straßenrechtliche Ermessen der Straßenbaubehörde aus unterschiedlichen Gründen auf Null reduziert ist, sodass es dadurch zu konkurrierenden Ansprüchen auf Erlaubniserteilung und mithin zu einer Verteilungssituation kommt.[584]

Ferner müssen die konkurrierenden Sondernutzungsbegehren auch im maßgeblichen Beurteilungszeitpunkt der Erlaubniserteilung vorliegen. Andernfalls handelt es sich nämlich nicht um eine Verteilungssituation, sodass auch keine Verteilung des Sondernutzungsrechts geboten ist.[585] Hat ein Gastronom sein Nutzungsinteresse erst an die Behörde herangetragen, als die Erlaubnis schon erteilt war, so kann sein Interesse aber u.U. bei der nächsten Erlaubniserteilung

---

580 Dazu siehe auch oben § 2B.II.

581 *Scheidler*, GewArch 2012, 285 (285).

582 Zum Sondernutzungsrecht als Gegenstand der Verteilung siehe § 3A.I.1 und zur natürlichen Knappheit § 3A.I.2.

583 § 3A.II.2.b.)aa.).

584 § 3A.II.2.b.)aa.).

585 So aber war es in einem Fall, den der VGH München zu entscheiden hatte (Urt. v. 23.07.2009 – 8 B 08.3282, juris). Dort hatte der Kläger, ein Gastronom, eine Sondernutzungserlaubnis für eine Freisitzfläche beantragt. Die zuständige Behörde lehnte den Antrag ab, weil sie für diese Fläche schon einige Zeit vorher einem anderen Cafébetreiber eine unbefristete (aber widerrufliche) Sondernutzungserlaubnis erteilt hatte. Der Kläger war der Ansicht, dass er einen Anspruch auf Widerruf der Erlaubnis habe. In einem solchen Fall liegt schon keine Verteilungssituation vor, sodass auch keine Auswahlentscheidung getroffen werden muss. Ein Anspruch, der auf den Widerruf der Erlaubnis gerichtet ist, kommt nach m.E. nur dann in Frage, wenn der Umstand, dass die Erlaubnis einem anderen unbefristet erteilt wurde, nicht mit Art. 3 Abs. 1 GG vereinbar wäre. Dies war in jenem Fall aber nicht anzunehmen. In ähnlicher Weise hat dies auch der VGH München vertreten, Rn. 40.

berücksichtigt werden, sofern es bis dahin fortbesteht. Zu diesem späteren Zeitpunkt wäre dann nämlich eine Verteilungssituation gegeben.

II. Rechtlicher Rahmen

Für die Bestimmung des rechtlichen Rahmens ist hier zunächst entscheidend, dass der Betrieb einer Außengastronomie i.d.R. nicht von einem öffentlichen Auftraggeber nachgefragt wird. Ein mit dieser Tätigkeit verbundener Beschaffungsvorgang kommt daher grds. nicht Frage mit der Folge, dass auch die entsprechenden Rechtsvorschriften nicht anwendbar sind. Ferner weisen diese Sachverhalte i.d.R. keine Binnenmarktrelevanz auf, weshalb auch das Unionsrecht grds. keinen Einfluss auf den rechtlichen Rahmen hat. Und auch Konstellationen mit Beteiligung öffentlicher Unternehmen kommen nicht ernsthaft in Betracht. Für die Verteilung maßgebend bleibt daher nur das Verfassungsrecht (Art. 3 Abs. 1 GG).[586]

1. Verteilungskriterien

Ausgehend vom generellen Vorrang materieller Verteilungskriterien gilt auch hier, dass sich die Straßenbaubehörde grds. eines inhaltlichen Verteilungskriteriums bedienen muss.[587] Dies kann sowohl an die Interessen der Allgemeinheit als auch an die Belange der Gastronomen anknüpfen.[588] So kann die Auswahl z.B. danach erfolgen, wer das attraktivste bzw. beliebteste Angebot hat, als auch danach, wer am ehesten auf zusätzliche Verkaufsfläche angewiesen ist. Denkbar ist aber auch, dass sich die Behörde beispielsweise für das Kriterium der Attraktivität entscheidet, dann aber im Rahmen des ihr zu stehenden Einschätzungsspielraums zu dem Ergebnis gelangt, dass das Angebot aller Bewerber annähernd gleich attraktiv ist. In diesem Fall kann sie auf ein formales Verteilungskriterium zurückgreifen, weil die Bewerber in ihrer für die Verteilung relevanten Eigenschaft identisch sind.[589] Wichtig ist aber, dass sich die Behörde im Vorfeld der Verteilung über eine Priorisierung Gedanken gemacht und eine entsprechende Abwägungsentscheidung getroffen hat.[590]

---

586 Zur Maßgeblichkeit des Art. 3 Abs. 1 GG in diesen Konstellationen siehe auch *Scheidler*, GewArch 2012, 285 (288).

587 § 3B.I.2.a.)bb.)(1)(cc).

588 Vgl. § 3B.I.2.a.)bb.)(1)(aa).

589 § 3B.I.2.a.)bb.)(1)(cc). Speziell für konkurrierende Sondernutzungsanträge, die auf den Betrieb einer Außengastronomie gerichtet sind, siehe dazu auch *Scheidler*, GewArch 2012, 285 (289).

590 § 3B.I.2.a.)bb.)(1)(cc).

Bei einer erneuten Verteilung des Sondernutzungsrechts muss ggf. darauf geachtet werden, dass auch neue Bewerber die Chance erhalten, den betreffenden Straßenraum nutzen zu dürfen. Andernfalls würde die Verteilung gegen den Grundsatz der Chancengleichheit verstoßen.[591] Insoweit ist die Situation mit der Vergabe von Standplätzen auf Märkten und Messen vergleichbar. Ggf. muss dabei aber auch berücksichtigt werden, dass der Gastronom, der im Rahmen der Erstverteilung begünstigt wurde, bestimmte Investitionen getätigt hat, die sich amortisieren können sollten.

2. *Verteilungsverfahren*

Bei der Frage, welche Anforderungen sich für das Verteilungsverfahren ergeben, muss berücksichtigt werden, dass es den Bewerbern hier – anders als bei allen anderen Fallgruppen – um die Benutzung einer konkreten Straßenfläche geht. Beim Betrieb von Carsharingstationen, beim Aufstellen von Außenwerbung oder Abfallcontainern und auch beim Veranstalten eines Marktes oder Festes ist hingegen der Ort der Ausführung eher von untergeordneter Bedeutung. In diesen Fällen geht es den Bewerbern primär darum, die Tätigkeit überhaupt ausführen zu dürfen. Für die Gastronomen kommt dagegen der Betrieb einer Außengastronomie nur auf einer Fläche ernsthaft in Frage, die an ihren eigentlichen Gastronomiebetrieb angrenzt.

Für das Verteilungsverfahren ist dieser Umstand deshalb relevant, weil insofern der Kreis der potenziellen Bewerber von vornherein bestimmbar ist. So zählen zu diesem nur diejenigen Gastronomen, deren Betrieb sich in unmittelbarer Nähe zur betreffenden Straßenfläche befindet. Die potenziellen Interessenten können deshalb ggf. gezielt von der anstehenden Verteilung benachrichtigt werden, freilich vorausgesetzt der damit verbundene Aufwand ist noch vertretbar.[592] Einer öffentlichen Bekanntmachung bedarf es aber in jedem Fall nicht.

Hat sich die Behörde für ein Verteilungskriterium entschieden, dessen Erfüllung bzw. deren konkrete Art und Weise vom Gastronomen beeinflussbar ist, muss sie dieses allen Bewerbern, sofern zumutbar, im Vorhinein mitteilen, damit sie ggf. ihre Zuteilungschancen erhöhen können.[593] Die Erstellung eines Verteilungskonzepts ist hingegen grds. nicht erforderlich, weil der Aufwand unverhältnismäßig wäre.[594] Im Übrigen gilt aber auch hier, dass bei allen

591 Vgl. BVerwG, Urt. v. 1984 – 1 C 24/82, juris. Siehe auch *Wollenschläger*, in: v. Mangoldt/Klein/Starck, GG, 2018, Bd. 1, Art. 3, Rn. 307 m.w.N. aus dem Schrifttum.

592 § 3B.I.2.a.)bb.)(2).

593 § 3B.I.2.a.)bb.)(2).

594 § 3B.I.2.a.)bb.)(2).

Verfahrensschritten das Gebot der Chancengleichheit und Neutralität beachtet werden muss.[595] Auch eine Begründung der Verteilungsentscheidung ist erforderlich, da nur so effektiver Rechtsschutz gewährleistet werden kann.[596]

III. Rechtsschutz

Beim Rechtsschutz ergeben sich keine Besonderheiten, weshalb an dieser Stelle auf die allgemeinen Ausführungen verwiesen sei.[597]

B. Carsharing

I. Verteilungssituation

Im Bereich des Carsharings entsteht eine Verteilungssituation immer dann, wenn mehrere Carsharinganbieter darum konkurrieren, eine oder mehrere öffentliche Straßenflächen zum Betrieb einer Carsharingstation nutzen zu dürfen. In seiner rechtlichen Handhabung ist dieser Verteilungskonflikt im Vergleich zu allen anderen Fallgruppen besonders, weil durch das Carsharinggesetz des Bundes vom 5.07.2017 (CsgG) und mittlerweile auch durch vergleichbare Vorschriften von insgesamt acht Bundesländern die Verteilung der Stellflächen näher geregelt wird.[598]

Zunächst ist festzustellen, dass es sich auch beim Betrieb einer Carsharingstation um eine Sondernutzung handelt. Denn nicht das Parken der Kunden, das als Teil des ruhenden Verkehrs vom Gemeingebrauch erfasst wäre,[599] bildet den Anknüpfungspunkt der rechtlichen Bewertung.[600] Vielmehr geht es hier darum, das Carsharing als eine besondere Form der Gewerbeausübung im öffentlichen Straßenraum zu privilegieren.[601] Weil dadurch, dass auf den betreffenden Straßenflächen die Carsharingfahrzeuge zur Verfügung gestellt werden, der Gemeingebrauch an ihnen dauerhaft ausgeschlossen wird, bedarf die entsprechende Nutzung einer Sondernutzungserlaubnis (vgl. auch § 5 Abs. 2 S. 1 CsgG, § 18a Abs. 2 S. 1 StrWG NRW).

595 § 3B.I.2.a.)bb.)(2).
596 § 3B.I.2.a.)bb.)(2).
597 § 3D.I.
598 Siehe Fn. 135.
599 § 2B.I.3.a.).
600 *Sauthoff*, Öffentliche Straßen, 2020, § 8, Rn. 472.
601 *Sauthoff*, Öffentliche Straßen, 2020, § 8, Rn. 472.

Die für Verteilungssituationen charakteristische knappheitsbedingte Konkurrenzsituation hat ihren Ausgangspunkt dabei darin, dass die Straßenflächen, die zum Zweck des Carsharings genutzt werden sollen, von den Kommunen begrenzt werden (§ 5 Abs. 1 CsgG, § 18a Abs. 1 StrWG NRW). Weil aber grds. eine Vielzahl an Flächen im Gemeinde- bzw. Stadtgebiet für eine entsprechende Nutzung in Frage gekommen wäre, handelt es sich um einen Fall der gewillkürten Knappheit. Dabei ist die Beschränkung, die verfassungsrechtlich als Eingriff in den Schutzbereich der Berufsfreiheit zu deuten ist, aber in den allermeisten Fällen schon deshalb gerechtfertigt, weil nur so eine unkontrollierte und übermäßige Nutzung verhindert werden kann, durch welche nicht zuletzt auch die Funktionsfähigkeit des gesamten Carsharingbetriebs gefährdet wäre.[602] Reichen dann die von der Kommune festgelegten Flächen nicht aus, um die Nachfrage nach ihnen zu befriedigen, ist sie gezwungen, eine Auswahl unter allen Carsharinganbietern zu treffen.

Dieser Verteilungskonflikt stellt sich vor allem beim sog. stationsbasierten Carsharing, einem Angebotsmodell, das auf vorab reservierbaren Fahrzeugen und örtlich festgelegten Abhol- oder Rückgabestellen beruht (§ 2 Nr. 4 CsgG). Beim Alternativmodell, dem stationsunabhängigen Carsharing, kann die Nutzung des Fahrzeugs dagegen ohne Rücksicht auf vorab örtlich festgelegte Abhol- und Rückgabestellen begonnen und beendet werden (§ 2 Nr. 4 CsgG). Dieses Modell ist also nicht auf die Nutzung bestimmter Straßenflächen angewiesen.

II. Rechtlicher Rahmen

Bei der Bestimmung der rechtlichen Anforderungen an die Verteilung müssen die spezielleren Vorgaben des CsgG bzw. der landesrechtlichen Vorschriften, sofern sie anwendbar sind, vorrangig beachtet werden.

Die Regelungen des CsgG gelten nur für die Ortsdurchfahrten im Zuge einer Bundesstraße (§ 5 Abs. 1 S. 1 CsgG), wo allerdings der Bedarf nach Carsharingstellflächen eher gering sein dürfte, denn von den Endkunden werden Carsharingfahrzeuge typischerweise im innerstädtischen Raum nachgefragt. Darüber hinaus bestehen in den Bundesländern Baden-Württemberg, Bayern, Bremen, Niedersachsen, Nordrhein-Westfalen, Rheinland-Pfalz, Sachsen und Thüringen spezielle Regelungen, die sich teils mehr, teils weniger an der Struktur und den Vorgaben des § 5 CsgG orientieren.[603] Exemplarisch soll hier auf

602 Zur verfassungsrechtlichen Einordnung der Verknappung von Sondernutzungsrechten siehe § 3B.I.1.b.).

603 Zu diesen siehe Fn. 135.

die nordrhein-westfälische Regelung eingegangen werden. Sie zeigt sehr deutlich, was auch auf die übrigen landesrechtlichen Vorschriften zutrifft, dass der Gesetzgeber in diesem Fall das Sondernutzungsrecht als Verteilungsobjekt begriffen hat.

1. Verteilung nach § 18a StrWG NRW

§ 18a StrWG NRW, der ausweislich seiner Überschrift die Sondernutzung durch stationsbasiertes Carsharing regelt, gliedert sich im Wesentlichen in zwei Stufen. Zunächst bestimmt § 18a Abs. 1 StrWG NRW, dass die Gemeinde die Flächen festlegen kann, die als Stellflächen für die Carsharingfahrzeuge genutzt werden sollen. § 18a Abs. 2–4 StrWG NRW regelt sodann das Verfahren, nach dem die zuvor festgesetzten Flächen zu vergeben sind.

Gem. § 18a Abs. 2 S. 1 StrWG NRW sind die Flächen im Wege eines diskriminierungsfreien und transparenten Auswahlverfahrens einem oder mehreren geeigneten und zuverlässigen Carsharinganbietern durch Erteilung einer Sondernutzungserlaubnis für einen Zeitraum von längstens acht Jahren zur Verfügung zu stellen. Dabei können gem. § 18a Abs. 3 S. 1 StrWG NRW als Eignungskriterien auch umweltbezogene oder solche Kriterien herangezogen werden, die einer Verringerung des motorisierten Individualverkehrs oder einer Entlastung von straßenverkehrsbedingten Luftschadstoffen dienlich sind. Ferner ist im Auswahlverfahren festzulegen, wie verfahren wird, wenn pro Fläche mehr als ein Unternehmen einen Antrag auf Sondernutzung stellt (§ 18a Abs. 2 S. 2 StrWG NRW). Weitere Verfahrensvorgaben werden durch § 18a Abs. 4 StrWG NRW statuiert: Das Auswahlverfahren ist öffentlich bekannt zu machen (S. 1), wobei die Bekanntmachung alle für die Teilnahme an dem Verfahren erforderlichen Informationen (insbesondere zum Verfahrensablauf, zur Übermittlung von Unterlagen und zu den Eignungskriterien) und die vorgesehene Dauer der Sondernutzung enthalten muss (S. 2, 3). Ferner ist das Verfahren von Beginn an fortlaufend zu dokumentieren und alle wesentlichen Entscheidungen sind zu begründen (S. 4, 5). Gemeinden mit nicht mehr als 80.000 Einwohnern können u.U. von einzelnen Vorgaben abweichen (S. 6). Im Übrigen wird auf die allgemeinen Vorschriften zur Sondernutzung verwiesen (§ 18a Abs. 2 S. 4 StrWG NRW).

Demnach enthält § 18a Abs. 2–4 StrWG NRW sowohl konkrete Maßgaben hinsichtlich der Auswahlkriterien als auch der Ausgestaltung des Auswahlverfahrens. Auffällig ist dabei, dass das Verfahren im Vergleich zur Erteilung einer gewöhnlichen Sondernutzungserlaubnis stark formalisiert und in seiner

Struktur dem förmlichen GWB-Vergabeverfahren angenähert wurde.[604] Überraschend ist dies aber deshalb nicht, weil in Verteilungssituationen generell eine besondere Formalisierung des Verfahrens geboten sein kann. Aus Art. 3 Abs. 1 GG (und für die Verteilung von Carsharingflächen sogar auch aus Art. 12 der Dienstleistungs-RL, auf welche in der Gesetzesbegründung auch ausdrücklich Bezug genommen wird)[605] ergibt sich das Erfordernis eines diskriminierungsfreien und transparenten Auswahlverfahrens.[606] Daraus ließen sich auch die Verfahrensanforderungen des Abs. 4 ableiten.[607] Insofern konkretisiert § 18a Abs. 2–4 StrWG NRW das, was auch übergeordnetem Recht hätte entnommen werden können.

Ferner steht dieses Verfahren auch mit der zweistufigen Vorgehensweise zur Verteilung eines Sondernutzungsrechts im Einklang.[608] An dieser Stelle sei daran erinnert, dass im Grundsatz zuerst ermittelt werden muss, ob überhaupt eine Verteilungssituation besteht. Zu dieser kommt es nämlich erst dann, wenn mehrere Personen die betreffende Fläche in einer aus straßenrechtlicher Sicht unbedenklichen und zudem annähernd gleichen Weise benutzen wollen, weshalb sie wegen Art. 3 Abs. 1 GG auch gleich behandelt werden müssen.[609] Die Auflösung dieses Verteilungskonflikts erfolgt dann mithilfe eines sachgerechten Verteilungskriteriums und -verfahrens, wobei das Kriterium nicht zwingend straßenrechtlichen Bezug haben muss.[610]

Dass die begehrten Nutzungen zum Betrieb von Carsharingstationen straßenrechtlich unbedenklich sind, ergibt sich hier im Wesentlichen schon daraus, dass die Gemeinde bei der Bestimmung der geeigneten Flächen gem. § 18a Abs. 1 S. 2 StrWG NRW i.V.m. § 5 Abs. 1 S. 3 CsgG darauf zu achten hat, dass die Anforderungen an die Sicherheit und Leichtigkeit des Verkehrs gewahrt sind. Insofern dürfte auch die typische Nutzung zu diesem Zweck, wenn nicht besondere Umstände hinzutreten, unbedenklich sein. Darüber hinaus sind die beabsichtigten Benutzungen auch annähernd identisch. Alle Bewerber wollen die betreffende Straßenfläche zum Betrieb einer Carsharingstation nutzen, wobei die geplanten Nutzungen in ihrer jeweiligen Art und Weise nicht so

---

604 So zum CsgG auch *Braun*, NZBau 2018, 321 (322).
605 LT NRW-Drs. 17/4304, S. 23.
606 § 3B.I.2.a.)bb.)(2).
607 Vgl. für die Verfahrensanforderungen nach Art. 3 Abs. 1 GG § 3B.I.2.a.)bb.)(2).
608 Dazu § 3A.II.2.b.)cc.).
609 § 3A.II.2.b.)aa.).
610 § 3A.II.2.b.)bb.).

unterschiedlich sein dürften, dass mit Blick auf Art. 3 Abs. 1 GG eine andere straßenrechtliche Behandlung gerechtfertigt wäre. So macht es doch aus straßenrechtlicher Sicht keinen Unterschied, ob auf den vorgesehenen Stellflächen die Fahrzeuge des Carsharinganbieters A oder des Anbieters B stehen. Dementsprechend bestehen also mehrere aus straßenrechtlicher Sicht unbedenkliche und im Wesentlichen gleiche Sondernutzungsbegehren nebeneinander, was zur Entstehung einer Verteilungssituation führt.

Die Verteilung selbst wird dann durch § 18a Abs. 2–4 StrWG NRW geregelt. Die maßgeblichen Verteilungskriterien sind die Geeignetheit und die Zuverlässigkeit des Anbieters (§ 18a Abs. 2 S. 1 StrWG NRW). Ferner muss im Auswahlverfahren festgelegt werden, wie vorzugehen ist, wenn mehrere Bewerber diese Voraussetzungen erfüllen (vgl. § 18a Abs. 2 S. 2 StrWG NRW).[611] Nicht erforderlich wäre es gewesen, in § 18a Abs. 3 StrWG NRW zu normieren, dass die Auswahl des Anbieters auch nach umweltbezogenen Kriterien erfolgen kann, denn das Verteilungskriterium muss ohnehin nicht zwingend straßenrechtlicher Natur sein.[612]

---

611 Nach dem CsgG des Bundes entscheidet in diesen Fällen das Los, § 5 Abs. 3 S. 4 CsgG. Insofern kommt gleichsam noch ein Hilfsverteilungskriterium dazu. Dabei ist nach den unter § 3B.I.2.a.)bb.)(1)(cc) dargestellten Voraussetzungen unbedenklich, dass es sich bei diesem Kriterium um ein formales Verteilungskriterium handelt.

612 Siehe § 3A.II.2.b.)bb.). Siehe demgegenüber aber die Gesetzesbegründung, LT NRW-Drs. 17/4304, S. 23: „Nach der Rechtsprechung (beispielsweise OVG NRW, Urteil vom 20.04.2007 - 11 A 2361/05 –, juris) dürfen bei der Entscheidung über eine straßenrechtliche Sondernutzungserlaubnis nur Kriterien herangezogen werden, die einen sachlichen Bezug zur Straße aufweisen. Dem Landesgesetzgeber steht es jedoch offen, den Kreis der zulässigen Ermessenskriterien in eigener Kompetenz zu öffnen und zu erweitern. Zur Förderung auch umweltbezogener Ziele, etwa der Luftreinhaltung in den Städten, sollen gemäß § 18a Absatz 3 daher auch umweltbezogene oder solche Kriterien für die Auswahl eines geeigneten Carsharing-Anbieters festgelegt werden können, die an den Ausstoß straßenverkehrsbedingter Luftschadstoffe oder an elektrische Antriebsarten anknüpfen.“ Würde man annehmen, dass ohne diese Regelung bei der Auswahl nur auf straßenrechtliche Kriterien zurückgegriffen werden dürfte, so stellte sich doch die Frage, welche Kriterien in diesem Fall überhaupt in der Lage wären, eine Unterscheidung vorzunehmen. Vor dem Hintergrund, dass die Auswirkungen auf die Sicherheit und Leichtigkeit des Verkehrs gleich sind, erscheint eine Differenzierung anhand straßenrechtlicher Kriterien kaum möglich. Im Übrigen wäre dann auch die Zuverlässigkeit als Verteilungskriterium unzulässig, weil es sich dabei grds. auch nicht um ein straßenrechtliches Kriterium handelt, siehe Fn. 190.

Bemerkenswert ist auch, dass nach § 18a Abs. 2 S. 1 StrWG NRW das Auswahlverfahren auch durch ein von der Gemeinde beliehenes kommunales Unternehmen durchgeführt werden darf. In der Gesetzesbegründung heißt es dazu, dass mit Abs. 2 die Befugnis zur Beleihung eines kommunalen Unternehmens mit dem Auswahlverfahren und der Erteilung der Sondernutzungserlaubnis erteilt werde.[613] Dafür könne es in einzelnen Gemeinden ein praktisches Bedürfnis geben, um verschiedene Mobilitätsleistungen (z.B. in Kombination mit einem Leihfahrradsystem) aus einer Hand anbieten zu können.[614] Auch das Bayerische Straßen- und Wegegesetz und das Landesstraßengesetz von Rheinland-Pfalz enthalten eine solche Regelung. In ihren Gesetzesbegründungen wird ebenfalls auf das praktische Bedürfnis hingewiesen. Dort heißt es allerdings weiter, dass die Gemeinden sicherzustellen hätten, dass sowohl die Beleihung als auch das durch das beliehene Unternehmen durchgeführte Verfahren allen rechtlichen Anforderungen genügen.[615] „Dazu gehört auch die Prüfung einer etwaigen Konkurrenzsituation kommunaler Unternehmen zu Anbietern aus der freien Wirtschaft."[616] Sofern damit gemeint ist, dass im Falle einer Konkurrenzsituation geprüft werden müsse, ob nicht dem privaten Unternehmen der Vorrang einzuräumen sei, so gilt dies auch im Rahmen der nordrhein-westfälischen Regelung. Denn u.U. kann in der unreflektierten Privilegierung eines kommunalen Anbieters ein Verstoß gegen Art. 3 Abs. 1 GG liegen. Auch Ungleichbehandlungen von kommunalen und privaten Unternehmen müssen sich am Maßstab von Art. 3 Abs. 1 GG messen lassen, dessen Verletzung dann vom privaten Unternehmen geltend gemacht werden könnte.[617] Dies bedeutet, dass die Privilegierung eines kommunalen Unternehmens im Einzelfall durch einen sachlichen Grund gerechtfertigt sein muss. Dabei dürfte jedoch die Differenzierung, die danach erfolgt, ob mehrere Mobilitätsleistungen aus einer Hand angeboten werden können, grds. auf einem hinreichend tragfähigen, sachlichen Grund beruhen. Denn der Vorteil eines umfassenden Leistungsangebots durch nur einen Anbieter liegt darin, dass die Leistungen miteinander einfacher verknüpft werden können. Für die Verbraucherfreundlichkeit des Angebots ist dies ganz entscheidend. Insofern ist dieses Differenzierungskriterium also unbedenklich. In der konkreten Verteilungssituation muss allerdings geprüft werden, ob es nicht auch von einem

---

613 LT NRW-Drs. 17/4304, S. 22.
614 LT NRW-Drs. 17/4304, S. 22.
615 BayLT-Drs. 17/21734, S. 5; LT RP-Drs. 17/10907, S. 9 f.
616 BayLT-Drs. 17/21734, S. 5; LT RP-Drs. 17/10907, S. 9 f.
617 § 3C.I.

privaten Bewerber erfüllt wird. Dass aber auf diese Weise diejenigen Unternehmen benachteiligt werden, die nicht mehrere Mobilitätsleistungen aus einer Hand anbieten (können), und dies typischerweise auf private Unternehmen zutrifft, ist irrelevant. Denn die Gemeinden sind nicht verpflichtet, die Verteilung von Sondernutzungsrechten so zu gestalten, dass sie für private Unternehmen besonders günstig ist.

2. *Verteilung in den Bundesländern ohne Regelung*

In den Bundesländern, in denen keine spezifischen Regelungen existieren, richtet sich die Verteilung nach den allgemeinen Grundsätzen. Zunächst stellt sich daher die Frage, ob in der Vermittlung eines Sondernutzungsrechts zum Betrieb einer Carsharingstation zugleich auch die Vergabe einer Dienstleistungskonzession zu sehen ist. Dann wären auch vergabe- oder kartellrechtliche Maßgaben zu beachten. Gem. § 105 Abs. 1 Nr. 2 GWB sind Dienstleistungskonzessionen entgeltliche Verträge, mit denen ein Konzessionsgeber ein oder mehrere Unternehmen mit der Erbringung und der Verwaltung einer Dienstleistung betraut, die nicht in der Erbringung einer Bauleistung i.S.d. Nr. 1 besteht. Dabei liegt die Gegenleistung entweder allein in dem Recht zur Verwertung der Dienstleistungen oder in diesem Recht zuzüglich einer Zahlung.[618] Hier könnte die Gemeinde den Carsharinganbieter mit der Erbringung und der Verwaltung von Carsharingdienstleistungen betrauen.[619] Typisch für eine Konzession ist hier, dass sich der Anbieter im Verhältnis zu seinen Kunden refinanzieren soll.[620] Gleichwohl verfolgt die Gemeinde i.d.R. aber keinen Beschaffungszweck. Sie hat zwar ein umwelt- und auch verkehrspolitisches Interesse daran, dass Carsharingstationen betrieben werden.[621] I.d.R. will sie aber nicht, dass der Anbieter die Leistung gerade auch für sie erbringt, d.h. dass sie Trägerin der Stationen wird.[622] Deshalb ist das Vergabe- bzw. Kartellrecht grds. nicht anwendbar,[623] was zur Folge hat, dass sich die Verteilung nur nach Art. 3 Abs. 1 GG und Art. 12 der

---

618 Zu den Merkmalen einer Dienstleistungskonzession im Einzelnen siehe ausführlich § 4A.

619 Vgl. *Schröder*, NVwZ 2018, 1604 (1606 f.), der für den Regelfall aber eine Dienstleistungskonzession verneint. So auch *Burgi*, NVwZ 2017, 257 (261) und *Wüstenberg*, GewArch 2019, 409 (412).

620 *Schröder*, NVwZ 2018, 1604 (1608).

621 *Burgi*, NVwZ 2017, 257 (261).

622 *Burgi*, NVwZ 2017, 257 (261).

623 *Burgi*, NVwZ 2017, 257 (261).

Dienstleistungs-RL, die auch bei reinen Inlandssachverhalten anwendbar ist,[624] richtet. Dies gilt auch, wenn kommunale Unternehmen mit um das Sondernutzungsrecht konkurrieren.[625] Im Ergebnis muss die Verteilung aber ähnlichen Anforderungen wie denen des § 18a StrWG NRW genügen. So ist vor allem auf den Vorrang materieller Verteilungskriterien und bei der Ausgestaltung des Verteilungsverfahrens darauf zu achten, dass ein nicht näher bekannter Personenkreis ein Interesse an dem Sondernutzungsrecht haben kann, weshalb grds. eine öffentliche Ausschreibung durchzuführen ist.[626]

III. Rechtsschutz

Im Falle einer nach § 18a Abs. 2 S. 1 StrWG NRW einem anderen erteilten Sondernutzungserlaubnis gelten für den Rechtsschutz der unterlegenen Bewerber im Grundsatz die allgemeinen Maßgaben.[627] Statthafte Klageart ist die Verpflichtungsklage kombiniert mit einer Drittanfechtungsklage.[628] Besonders ist allerdings, dass sich die unterlegenen Bewerber nicht auf ihr allgemeines Recht auf sachgerechte Bewerberauswahl aus Art. 3 Abs. 1 GG berufen müssen, sondern eine Verletzung von § 18a StrWG NRW geltend machen können. Dieser ist hier spezieller und bildet deshalb den vorrangig zu beachtenden Maßstab. Mit Blick auf die durch ihn statuierten Anforderungen an die Verteilung ist er auch drittschützender Natur.[629] So dienen etwa die Maßgaben des § 18a Abs. 2 S. 1 StrWG NRW, nach welchem die Flächen im Wege eines diskriminierungsfreien und transparenten Auswahlverfahrens zur Verfügung zu stellen sind, oder die Verfahrensvorgaben nach Abs. 4 in erster Linie dem Schutz der Bewerber. Eine mögliche Verletzung können sie daher auch gerichtlich geltend machen.

In den Bundesländern, in denen es an einer spezialgesetzlichen Regelung wie dem § 18a StrWG NRW fehlt, können sich die unterlegenen Bewerber auf ihr Recht auf sachgerechte Bewerberauswahl aus Art. 3 Abs. 1 GG berufen. Es gelten die allgemeinen Maßgaben.[630]

---

624 *Kluth*, in: Calliess/Ruffert, EUV/AEUV, 2016, Art. 59 AEUV, Rn. 24.
625 § 3C.
626 § 3B.I.2.a.)bb.)(1)(cc), § 3B.I.2.a.)bb.)(2).
627 § 3D.I.
628 § 3D.I.
629 So auch *Burgi*, NVwZ 2017, 257 (261).
630 § 3D.I.

C. Veranstaltung von Märkten und Festen

I. Verteilungssituation

Die Verteilungssituation im Zusammenhang mit der Veranstaltung von Märkten und Festen setzt voraus, dass mehrere Personen auf derselben öffentlichen Straßenfläche und zur selben Zeit einen Markt oder ein Fest veranstalten wollen. Da die betreffende Straßenfläche nur einmal vorhanden ist, handelt es sich im Falle des Bewerberüberhangs um natürliche Knappheit, aus der dann die für Verteilungssituationen konstitutive knappheitsbedingte Konkurrenzsituation resultiert.[631] Die unter den Bewerbern bestehende Konkurrenz ist aber nur insoweit relevant, wie die beabsichtigten Straßenbenutzungen zum einen straßenrechtlich unproblematisch und zum anderen aus straßenrechtlicher Sicht auch so gleich sind, dass, wenn dem einen Bewerber eine Erlaubnis erteilt werden würde, wegen Art. 3 Abs. 1 GG eigentlich auch die anderen Bewerber begünstigt werden müssten.[632]

Dabei muss die Verteilungssituation, in der mehrere Bewerber darum konkurrieren, den öffentlichen Straßenraum zur Veranstaltung eines Marktes oder Festes benutzen zu dürfen, von der Situation unterschieden werden, in der die Marktbeschicker knappheitsbedingt um die Standplätze auf diesen Veranstaltungen in Konkurrenz zueinander treten. Denn für die Standplatzvergabe existieren speziellere Verteilungsregime, zu denen zwar gewisse Parallelen bestehen, deren rechtlicher Anknüpfungspunkt aber ein anderer ist.

So bestimmt § 70 Abs. 1 GewO für Veranstaltungen, die gem. § 69 GewO von der zuständigen Behörde festgesetzt wurden, dass jedermann, der dem Teilnehmerkreis der Veranstaltung angehört, nach Maßgabe der für alle Veranstaltungsteilnehmer geltenden Bestimmungen zur Teilnahme an der Veranstaltung berechtigt ist. Reicht der zur Verfügung stehende Platz nicht aus, kann der Veranstalter gem. § 70 Abs. 3 GewO einzelne Aussteller bzw. Anbieter von der Teilnahme ausschließen, wobei die Auswahl auch hier nach sachgerechten Kriterien zu erfolgen hat.[633] Auch in diesem Fall muss sich die Auswahlentscheidung am Maßstab des Art. 3 Abs. 1 GG messen lassen.[634] Verteilungsobjekt ist hier aber nicht das Sondernutzungsrecht, sondern das Recht zur Teilnahme an der

---

631 § 3A.I.2.
632 § 3A.II.2.b.)aa.).
633 *Pielow*, in: ders., BeckOK GewO, Stand: 01.03.2021, § 70, Rn. 26.
634 *Pielow*, in: ders., BeckOK GewO, Stand: 01.03.2021, § 70, Rn. 29.

Veranstaltung. Rechtlicher Anknüpfungspunkt ist demnach nicht § 18 StrWG NRW, sondern § 70 Abs. 3 GewO.

Ferner kann ein von der Gemeinde veranstalteter Markt auch die Voraussetzungen einer öffentlichen Einrichtung erfüllen.[635] Wurde der Markt nicht festgesetzt und greift deshalb nicht das speziellere Verteilungsregime der GewO, bleibt Raum für eine kommunalrechtliche Handhabung. Für den Markt als öffentliche Einrichtung gilt dann gem. § 8 Abs. 2 GO NRW, dass alle Einwohner der Gemeinde und unter den Voraussetzungen des Abs. 3 auch die Grundbesitzer und Gewerbetreibende, die nicht in der Gemeinde wohnen, berechtigt sind, ihn im Rahmen des geltenden Rechts zu nutzen. Durch die Widmung können auch Ortsfremde zur Nutzung des Marktes zugelassen werden.[636] Unter diesen Voraussetzungen haben dann auch die Beschicker als Nutzer des Marktes einen Anspruch auf Zuteilung eines Standplatzes.[637] Im Fall des Bewerberüberhangs reduziert sich dieser Anspruch aber zu einem Anspruch auf gerechte Teilhabe, für welchen ebenfalls Art. 3 Abs. 1 GG maßgebend ist.[638]

Darüber hinaus wird überwiegend vertreten, dass die Gemeinde, die einen Markt veranstaltet, die Standplätze auch über die Erteilung entsprechender Sondernutzungserlaubnisse vergeben könne (sog. straßenrechtliches Modell).[639] I.d.R. wird aber in der Veranstaltung des Marktes zugleich auch eine konkludente

---

635 *Kniesel*, GewArch 2013, 270 (270, 272 ff.).

636 *Kniesel*, GewArch 2013, 270 (273).

637 Zum Benutzerstatus der Beschicker siehe ausführlich *Kniesel*, GewArch 2013, 270 (273).

638 *Hellermann*, in: Dietlein/Hellermann, 2021, § 2, Rn. 273.

639 *Kniesel*, GewArch 2013, 270 (271); *Meßmer*, GewArch 2002, 409 (409). Im Rahmen dieses Modells wird dann die Auffassung vertreten, dass bei Bewerberüberhang die Auswahl der Beschicker nur anhand formaler Kriterien erfolgen dürfe (Priorität, rollierendes System usw.). Denn vor dem Hintergrund, dass bei der Erteilung einer Sondernutzungserlaubnis grds. nur straßenrechtliche Belange berücksichtigt werden dürfen, sei der Rückgriff auf materielle Kriterien, die an die Person oder an das Angebot des Bewerbers anknüpfen, unzulässig. So *Kniesel*, GewArch 2013, 270 (271); *Meßmer*, GewArch 2002, 409 (410 f.). Geht man allerdings wie hier davon aus, dass konkurrierende Sondernutzungsbegehren zunächst für sich genommen straßenrechtlich bewertet werden müssen und dann unter der Voraussetzung, dass sie straßenrechtlich unbedenklich und ferner aus straßenrechtlicher Sicht so gleich sind, dass sie wegen Art. 3 Abs. 1 GG nicht unterschiedlich behandelt werden dürften, eine Verteilungssituation angenommen werden muss, die dann wiederum vorrangig nach materiellen Kriterien aufzulösen ist, gelangt man genau zum gegenteiligen Ergebnis (siehe § 3A.II.2.b.)aa.), § 3A.II.2.b.)bb.), § 3B.I.2.a.)bb.)(1)(cc)).

Widmung zur öffentlichen Einrichtung zu sehen sein.[640] Dann richtet sich auch in diesen Fällen die Standplatzvergabe nach § 8 Abs. 2 GO NRW i.V.m. Art. 3 Abs. 1 GG, hinter welchem § 18 StrWG NRW zurücktritt. Sofern unklar ist, ob der Markt (konkludent) gewidmet wurde oder nicht, wird unter der Voraussetzung, dass er der Allgemeinheit zugänglich gemacht wurde, die Widmung vermutet.[641] Dann kommt die Standplatzvergabe im Wege straßenrechtlicher Sondernutzungserlaubnisse nur noch in Frage, wenn die Gemeinde unzweifelhaft zu erkennen gibt, dass sie den Markt nicht als öffentliche Einrichtung betreiben will.[642] Denn dadurch wäre die Vermutung widerlegt.

II. Rechtlicher Rahmen

Bei der Bestimmung des rechtlichen Rahmens kommt es zunächst darauf an, ob das Sondernutzungsrecht Bestandteil einer Dienstleistungskonzession ist oder ob es isoliert, d.h. ohne in einen Beschaffungsvorgang eingebettet zu sein, vermittelt werden soll.

1. Dienstleistungskonzession

Innerhalb dieser Fallgruppe kommt eine Dienstleistungskonzession i.S.d. § 105 Abs. 1 Nr. 2 GWB, durch welche ein Unternehmen mit der Erbringung und der Verwaltung einer Dienstleistung betraut wird, wobei die Gegenleistung entweder allein in dem Recht zur Verwertung der Dienstleistung oder in dem Recht zuzüglich einer Zahlung besteht, immer dann in Betracht, wenn die Gemeinde ein Unternehmen mit der eigenverantwortlichen Veranstaltung eines Marktes oder Festes betrauen will. Erforderlich ist dabei, dass die Gemeinde das Unternehmen nicht nur zur Durchführung des Marktes berechtigt, sondern sich dieses ihr gegenüber auch dazu verpflichtet. Das Sondernutzungsrecht, das dem Unternehmen die Benutzung des öffentlichen Straßenraums zu diesem Zweck überhaupt erst gestattet, sollte im Rahmen der Konzession mitgewährt werden.[643]

---

640 *Gröpl*, GewArch 1995, 367 (372). Vgl. auch VGH Mannheim, Urt. v. 17.03.2000 – 5 S 369/99, Ls., juris, der zwar von der Möglichkeit der Standplatzvergabe im Wege straßenrechtlicher Sondernutzungserlaubnisse ausgeht, gleichzeitig aber darauf hinweist, dass in dem zugrunde liegenden Fall der Markt nicht nach § 69 Abs. 1 GewO festgesetzt und auch keine öffentliche Einrichtung (konkludent) geschaffen wurde.

641 Vgl. *Dietlein*, JURA 2002, 445 (448).

642 Vgl. *Dietlein*, JURA 2002, 445 (448).

643 In der Rechtsprechung wurde vereinzelt die Auffassung vertreten, dass auch in der alleinigen Erteilung einer Sondernutzungserlaubnis zur Veranstaltung eines Marktes

Darüber hinaus können die Parteien weitere Einzelheiten vertraglich festlegen. Im Übrigen steht es dem Unternehmen aber grds. frei, wie es den Markt organisieren und durchführen will.[644] Eine Konzession setzt aber weiter voraus, dass das Unternehmen auch berechtigt ist, seine Dienstleistung im Verhältnis zu den Beschickern oder Besuchern zu verwerten, indem es von ihnen ein entsprechendes Nutzungsentgelt verlangen kann. Insofern geht dann auch das für Konzessionen konstitutive Betriebsrisiko der Verwertung der Dienstleistung auf das Unternehmen über (§ 105 Abs. 2 GWB). Unmittelbare vertragliche Beziehungen zwischen der Gemeinde und den Beschickern bzw. Besuchern bestehen demgegenüber grds. nicht.[645]

Sind die Voraussetzungen einer Dienstleistungskonzession erfüllt und erreicht ihr geschätzter Vertragswert den aktuellen GWB-Schwellenwert von 5.350.000 Euro, richtet sich die Vergabe nach den einschlägigen Vorschriften des GWB-Vergaberechts i.V.m. der KonzVgV. Dies dürfte insbesondere bei Jahr- oder Weihnachtsmärkten in größeren Städten regelmäßig der Fall sein. Wird der Schwellenwert hingegen nicht erreicht, kann das GWB-Vergaberecht für die Vergabe der Dienstleistungskonzession nicht maßgeblich sein.

Denkbar ist aber, dass eine Gemeinde vor dem Hintergrund, dass solche Veranstaltungen regelmäßig nur im öffentlichen Straßenraum durchgeführt werden können, über den nur sie verfügen kann, eine marktbeherrschende Stellung bei der Nachfrage bestimmter Veranstaltungsformen hat. Dann muss bei der Vergabe der Konzession auch § 19 GWB beachtet werden.

Im Übrigen gelten die Maßgaben des Art. 3 Abs. 1 GG,[646] wobei zu berücksichtigen sein kann, dass die Veranstalter ggf. in besonderem Maße auf die Konzession angewiesen sind. Dann hat die Auswahl mithilfe sachgerechter Verteilungskriterien und im Rahmen eines diskriminierungsfreien Verteilungsverfahrens zu erfolgen.[647] Dabei gilt auch hier der grds. Vorrang materieller vor formalen Verteilungskriterien.[648] Bei Sachverhalten mit Binnenmarktrelevanz,

---

eine Dienstleistungskonzession gesehen werden könne, VG Hamburg, Beschl. v. 20.09.2012 – 11 E 1658/12, Rn. 36, juris. Zweifelhaft ist dies aber deshalb, weil es dann an den erforderlichen wechselseitigen Verpflichtungen fehlt, siehe dazu § 4A.I.

644 *Gröpl*, GewArch 1995, 367 (371).

645 *Gröpl*, GewArch 1995, 367 (371).

646 VG Hamburg, Beschl. v. 20.09.2012 – 11 E 1658/12, Rn. 34, 37, juris.

647 § 4B.I i.V.m. § 3B.I.2.a.)bb.).

648 § 4B.I i.V.m. § 3B.I.2.a.)bb.)(1)(cc).

die im Rahmen dieser Fallgruppe durchaus denkbar ist,[649] muss zudem darauf geachtet werden, dass die durch das Unionsrecht statuierten Vorgaben beachtet werden, wenngleich diese im Wesentlichen mit denen des Verfassungsrechts übereinstimmen.[650] In diesen Fällen ist insbesondere erforderlich, dass das Verteilungskriterium so gewählt wird, dass die Bewerber anderer Mitgliedstaaten nicht diskriminiert werden.[651] In verfahrensrechtlicher Hinsicht muss darauf geachtet werden, dass die anstehende Vergabe der Konzession – bei Binnenmarktrelevanz auch über die nationalen Grenzen hinaus – bekannt gemacht wird.[652] Im Übrigen muss das Verfahren so ausgestaltet sein, dass es den Grundsätzen der Chancengleichheit und Transparenz, was sich sowohl aus Art. 3 Abs. 1 GG als auch aus dem Unionsrecht ableiten lässt, hinreichend Rechnung trägt.[653] Erforderlich ist ferner, dass die Auswahlentscheidung begründet wird.[654]

2. *Einfaches Sondernutzungsrecht*

Geht hingegen die Initiative zur Veranstaltung eines Marktes oder Festes nicht von der Gemeinde aus, sondern wollen mehrere private Unternehmen von sich aus einen Markt veranstalten, kommt eine Dienstleistungskonzession nicht in Frage. Im Falle einer Konkurrenzsituation richtet sich dann die Verteilung nach den Anforderungen des Art. 3 Abs. 1 GG.[655] Bei Binnenmarktrelevanz müssen ebenfalls die Vorgaben des Unionsrechts beachtet werden.[656] Hinsichtlich der daraus abzuleitenden Anforderungen an die Verteilung kann insoweit auf die obigen Ausführungen verwiesen werden.

---

649 Vgl. etwa VG Köln, Urt. v. 16.10.2008 – 1 K 4507/08, juris; VG Hamburg, Beschl. v. 20.09.2012 – 11 E 1658/12, juris.

650 § 3B.II.4 a.E. So auch VG Hamburg, Beschl. v. 20.09.2012 – 11 E 1658/12, Rn. 34, 35, juris.

651 § 4B.II i.V.m. § 3B.II.1.a.).

652 Zur aus Art. 3 Abs. 1 GG abzuleitenden Bekanntmachungspflicht siehe § 4B.I i.V.m. § 3B.I.2.a.)bb.)(2). Zu einer unionsweiten Bekanntmachung siehe § 4B.II i.V.m. § 3B. II.1.b.).

653 Siehe § 4B.I i.V.m. § 3B.I.2.a.)bb.)(2) und zum Unionsrecht § 4B.II.

654 § 4B.I i.V.m. § 3B.I.2.a.)bb.)(2).

655 Dazu im Einzelnen § 3B.I.2.a.)bb.).

656 § 3B.II.

III. Rechtsschutz

Für den Rechtsschutz kommt es zunächst entscheidend darauf an, ob das Sondernutzungsrecht im Rahmen einer Dienstleistungskonzession vermittelt wird oder nicht.

Sofern dies der Fall ist und ihr geschätzter Vertragswert den aktuellen GWB-Schwellenwert von 5.350.000 Euro erreicht, kann der unterlegene Bewerber Rechtsschutz vor den Vergabekammern ersuchen, welche dann auf Antrag ein Nachprüfungsverfahren einleiten (§ 160 Abs. 1 GWB). Sofern dies aber verneint werden muss, ist für den Rechtsweg maßgeblich, ob es sich bei der Konzession um einen öffentlich-rechtlichen oder einen privatrechtlichen Vertrag handelt. Entscheidend ist dabei, welcher Stellenwert dem Sondernutzungsrecht im Gesamtgefüge des Vertrags zukommt.[657]

Dasselbe gilt im Übrigen auch für Verträge, durch die ohne, dass ein Beschaffungsvorgang vorliegt, ein Sondernutzungsrecht vermittelt wird. Wird demgegenüber an einen Dritten eine Sondernutzungserlaubnis erteilt, so kann sich der unterlegene Bewerber vor den Verwaltungsgerichten dagegen zur Wehr setzen. Im Übrigen kann für die gerichtliche Geltendmachung des verletzten Rechts auf die allgemeinen Ausführungen dazu verwiesen werden.[658]

D. Außenwerbung

I. Verteilungssituation

Im Rahmen dieser Fallgruppe ist eine Verteilungssituation immer dann denkbar, wenn mehrere Personen darum konkurrieren, eine oder mehrere bestimmte öffentliche Straßenflächen zu Werbezwecken nutzen zu dürfen. Gemeint ist sowohl die Werbung mittels freistehender Werbeanlagen (wie etwa Plakattafeln, Litfaßsäulen oder City-Lightboards) als auch mit solchen Werbeflächen, die an Warteunterständen des ÖPNV oder an anderem Stadtmobiliar angebracht sind.[659] In beiden Fällen ragen die Anlagen typischerweise in den öffentlichen Straßenraum hinein, sodass es sich um eine Inanspruchnahme dieses Raums handelt, die – weil sie keinen Gebrauch der Straße „zum Verkehr" darstellt – als

---

657 Zum Ganzen siehe § 4D.

658 § 3D.

659 *Reidt*, in: Bultmann u.a., FS Battis, 2014, S. 437 (438).

Sondernutzung der Erlaubnis bedarf.[660] Im Grundsatz gilt dies auch ungeachtet einer etwaig erforderlichen Baugenehmigung für eine noch zu errichtende Anlage.[661] Sofern es sich im Einzelfall bei der Straßenbenutzung zu Werbezwecken um erlaubnisfreien Straßenanliegergebrauch handelt, ist dieser Fall nicht mehr von dem hier näher untersuchten Verteilungskonflikt erfasst und soll deshalb auch nicht weiter behandelt werden.[662]

Eine Verteilungssituation kann zunächst in den Fällen bestehen, in denen mehrere Personen darum konkurrieren, eine konkrete Straßenfläche zu Werbezwecken benutzen zu dürfen. Dieser Fall ist aber von sehr geringer praktischer Relevanz, weshalb nachfolgend nicht weiter auf ihn eingegangen werden soll.

Die weitaus bedeutsamere Fallkonstellation ist hingegen dadurch gekennzeichnet, dass mehrere Personen nicht nur eine, sondern eine Vielzahl von Werbeflächen im Gemeindegebiet nutzen wollen. Die Gemeinde kann in diesen Fällen entweder eine Sondernutzungserlaubnis erteilen, die zur Benutzung mehrerer Straßenflächen berechtigt, oder einen entsprechenden öffentlich-rechtlichen Vertrag schließen. Dabei hat sie in aller Regel die Straßenflächen, die zu Werbezwecken genutzt werden dürfen, zahlenmäßig begrenzt, weshalb es sich im Falle des Bewerberüberhangs um gewillkürte Knappheit handelt.[663] Konkurrieren um diese Straßenflächen nun mehrere Bewerber, die sie in derselben Weise nutzen wollen und die deshalb wegen Art. 3 Abs. 1 GG auch gleich behandelt werden müssen, entsteht eine Verteilungssituation.

Dabei sind hinsichtlich der öffentlich-rechtlichen Verträge eine Vielzahl von Vertragsgestaltungen denkbar. Im Schrifttum und auch in der Rechtsprechung besonders viel Aufmerksamkeit erfahren haben solche Werbenutzungsverträge, in denen einem Werbeunternehmen das Recht zur exklusiven Benutzung sämtlicher im Gemeindegebiet zur Verfügung stehenden Werbeflächen eingeräumt wird. Bei ihnen tritt die Verteilungsproblematik insofern verschärft auf, als nur einem einzigen Bewerber das Sondernutzungsrecht zugeteilt werden soll.

An den Exklusivverträgen als problematisch angesehen wird vor allem, dass, wenn nach Abschluss eines entsprechenden Vertrages ein anderes

---

660 *Reidt*, in: Bultmann u.a., FS Battis, 2014, S. 437 (438); *Schlarmann/Wagner*, DVBl. 2007, 1470 (1471); dazu siehe auch *Heber*, in: Kodal, Straßenrecht, 2021, Kap. 26, Rn. 176 ff.

661 *Rhein/Zitzen*, NJOZ 2013, 1161 (1165). Siehe aber z.B. auch Art. 21 BayStrWG, § 16 Abs. 6 StrG BW.

662 Zur Straßenbenutzung zu Werbezwecken als Anliegergebrauch siehe § 2B.II.

663 § 3A.I.2.

Werbeunternehmen eine Sondernutzung zu Werbezwecken beantragt, diese Anträge von den Gemeinden regelmäßig mit Verweis auf den Exklusivvertrag abgelehnt werden.[664] Kritisiert wird daran, dass die Ablehnung nicht auf straßenrechtliche Erwägungen gestützt werden würde, was aber bei der Entscheidung über ein Sondernutzungsbegehren zwingend erforderlich sei.[665] Solange aber die Exklusivität straßenrechtlich begründet werden kann – etwa damit, dass auf diese Weise eine Überhäufung des Straßenlandes mit allen möglichen Werbeanlagen vermieden wird oder eine einfachere Überwachung möglich ist, was wiederum einen positiven Effekt auf das Straßen- und Stadtbild hat – ist auch eine darauf gestützte Ablehnung nicht zu beanstanden.[666]

Hinsichtlich der Bewerberauswahl wirkt sich der Umstand, dass ein Exklusivvertrag vergeben werden soll, insofern aus, als sich angesichts der schwerwiegenderen Folgen (die Sondernutzung zu Werbezwecken ist dann grds. dem Begünstigten vorbehalten) die Anforderungen namentlich an das Verteilungsverfahren erhöhen. In ihren Fällen dürfte vor allem eine öffentliche Bekanntmachung der anstehenden Vergabe erforderlich sein, damit alle potenziell Interessierten Personen auch die Möglichkeit haben, sich zu bewerben.

II. Rechtlicher Rahmen

Bei der Bestimmung des rechtlichen Rahmens muss auch hier wieder zunächst danach differenziert werden, ob eine Dienstleistungskonzession vorliegt oder nicht.

---

664 Siehe dazu etwa VGH Kassel, Urt. v. 21.09.2005 – 2 UE 2140/02, juris; VGH Mannheim, Urt. v. 12.12.1996 – 8 S 1725/96, juris; OVG Münster, Urt. v. 06.06.1990 – 23 A 2104/87, juris. Siehe auch VGH München, Urt. v. 29.10.2008 – 8 B 05.1468, juris.

665 *Schlarmann/Wagner*, DVBl. 2007, 1470 (1473 ff.); VGH Kassel, Urt. v. 21.09.2005 – 2 UE 2140/02, Rn. 22 ff., juris.

666 Vgl. VGH Mannheim, Urt. v. 12.12.1996 – 8 S 1725/96, Rn. 34, juris; OVG Münster, Urt. v. 06.06.1990 – 23 A 2104/87, Rn. 57 ff., juris. Siehe dazu auch VGH München, Urt. v. 29.10.2008 – 8 B 05.1468, juris, nach welchem einer Werbeträgerfirma Sondernutzungsrechte für die Aufstellung von Werbeanlagen in einem Gemeindegebiet nicht pauschal übertragen werden dürfen, da dies gegen das den straßenrechtlichen Sondernutzungserlaubnisvorschriften zu entnehmende Verbot, Sondernutzungen ohne Würdigung der Einzelfallumstände zu erlauben, verstoße.

1. *Dienstleistungskonzession*

Ein Beschaffungsvorgang der Gemeinde ist grds. immer dann anzunehmen, wenn sie dem anderen Teil nicht nur ein Sondernutzungsrecht vermitteln will, sondern sich dieser auch zur Erbringung einer Dienstleistung verpflichten soll. Typischerweise geht es dabei um Vertragsgestaltungen, in denen die Gemeinde einem Werbeunternehmen ein Sondernutzungsrecht für mehrere Werbeflächen einräumt und das Unternehmen sich dazu verpflichtet, diese Flächen für die Gemeinde zu unterhalten und zu betreiben.[667] Sofern die Gegenleistung der Gemeinde darin besteht, dass sie es dem Unternehmen gestattet, diese für sie erbrachte Leistung zu verwerten, handelt es sich um eine Dienstleistungskonzession (§ 105 Abs. 1 Nr. 2 GWB).[668] Das Verwertungsrecht liegt dann in dem Werberecht an den betreffenden Werbeflächen.[669] Die Verwertung erfolgt dadurch, dass es die Werbeträger im Verhältnis zu Dritten vermarktet, also von denjenigen, die ihre Werbung auf den betreffenden Flächen schalten wollen, ein Entgelt dafür verlangt.[670] Dabei geht auch das Betriebsrisiko auf das Werbeunternehmen über, weil es das Risiko der erfolgreichen Vermarktung trägt.

Erreicht der geschätzte Vertragswert den aktuellen GWB-Schwellenwert von 5.350.000 Euro, richtet sich die Vergabe der Dienstleistungskonzession nach den einschlägigen Vorschriften des GWB-Vergaberechts und der KonzVgV.

Zu den kartellrechtlichen Anforderungen, die bei Verträgen zwischen Kommunen und Außenwerbern zu beachten sind, hat sich das Bundeskartellamt im Jahr 2009 in einem Eckpunktepapier, das die Ergebnisse einer Sektoruntersuchung im Bereich Außenwerbung zusammenfasst, geäußert. Dort heißt es, dass die Sektoruntersuchung bestimmte Regelungen in den Verträgen zwischen Kommunen und Außenwerbern als wettbewerblich problematisch identifiziert habe.[671] Dazu zählen namentlich sehr lange Laufzeiten, der Abschluss von

---

667 Denkbar ist auch, dass sich das Unternehmen noch zur vorherigen Errichtung entsprechender Anlagen verpflichtet, wobei dies an der vergaberechtlichen Bewertung dieses Vertrags i.d.R. wenig ändern wird, weil der Vertrag in seinem Schwerpunkt nach wie vor durch die Dienst- und nicht die Bauleistung geprägt sein dürfte.

668 Zu weiteren Vertragsgestaltungen siehe *Reidt*, in: Bultmann u.a., FS Battis, 2014, S. 437 (444).

669 *Reidt*, in: Bultmann u.a., FS Battis, 2014, S. 437 (441 ff.).

670 *Just*, DVBl. 2012, 416 (419).

671 Eckpunktepapier zu den Ergebnissen der Sektoruntersuchung im Bereich Außenwerbung vom 26.11.2009, S. 1.

Exklusivverträgen und sog. englische Klauseln (Vorpachtrechte des aktuellen Vertragspartners).[672]

Im Unterschied zu den Fällen, in denen die Gemeinde bei der Vermittlung von Sondernutzungsrechten zu Werbezwecken im Schwerpunkt hoheitlich handelt, untersteht ihr Verhalten bei der Vergabe einer Konzession der Kontrolle durch das Kartellrecht.[673] Zudem hat die Gemeinde dabei i.d.R. auch eine marktbeherrschende Stellung.[674] Zwar können die Werbeunternehmen ihre Leistungen grds. auch auf privaten Flächen erbringen. Diese reichen aber, was ihre Anzahl und Attraktivität anbetrifft nicht an die öffentlichen Flächen heran,[675] sodass die Konzessionierung, durch welche dem Konzessionär auch die Benutzung des öffentlichen Straßenraums gestattet wird, von immenser Bedeutung für die wettbewerbliche Stellung eines Werbeunternehmens im Verhältnis zu seinen Konkurrenten ist. Einer Gemeinde kann daher kraft ihrer Verfügungsbefugnis über den öffentlichen Straßenraum eine marktbeherrschende Stellung zukommen.[676]

Gem. § 19 Abs. 1, 2 Nr. 1 GWB darf die Gemeinde diese Stellung dann nicht dadurch missbrauchen, dass sie ein Unternehmen ohne sachlich gerechtfertigten Grund unmittelbar oder mittelbar anders behandelt als gleichartige Unternehmen.[677] Eine solche Diskriminierung kann – wie vom Bundeskartellamt festgestellt – etwa in den langen Laufzeiten, den Exklusivverträgen oder in der Einräumung eines Vorpachtrechts liegen.[678] In seinem Eckpunktepapier hat das Bundeskartellamt Punkte aufgelistet, die, sofern sie beachtet werden, die Entstehung kartellrechtlicher Probleme vermeiden sollen. Danach soll die Vergabe von Außenwerbeflächen insbesondere „nach den Grundsätzen eines eng an die

672 Eckpunktepapier zu den Ergebnissen der Sektoruntersuchung im Bereich Außenwerbung vom 26.11.2009, S. 1. Siehe auch den Tätigkeitsbericht 2007/2008 des BKartA, BT-Drs. 16/13500, S. 146.

673 Siehe dazu § 4B.III.3.a.).

674 Zur Marktabgrenzung bei Außenwerbeflächen und zur marktbeherrschenden Stellung der Gemeinde als Nachfragerin auf diesem Markt siehe ausführlich oben § 4B.III.3.b.) aa.) und § 4B.III.3.b.)bb.). Siehe auch *Just*, DVBl. 2012, 416 (416 ff.).

675 So im Ergebnis auch *Just*, DVBl. 2012, 416 (418). Siehe auch den Tätigkeitsbericht 2007/2008 des BKartA, BT-Drs. 16/13500, S. 146.

676 § 4B.III.3.b.)bb.).

677 § 4B.III.3.c.).

678 Vgl. den Tätigkeitsbericht 2007/2008 des BKartA, BT-Drs. 16/13500, S. 146; siehe auch *Just*, DVBl. 2012, 416 (418 f.).

vergaberechtlichen Grundsätze angelehnten transparenten und diskriminierungsfreien Verfahrens"[679] erfolgen.

Sofern weder das Vergabe- noch das Kartellrecht von Relevanz ist, richtet sich die Vergabe der Konzession nach Art. 3 Abs. 1 GG und dem europäischen Primärrecht. Für die daraus abzuleitenden Anforderungen kann auf die entsprechenden Ausführungen zur Veranstaltung von Märkten und Festen verwiesen werden.[680]

2. *Einfaches Sondernutzungsrecht*

Geht es hingegen allein darum, dass dem Werbeunternehmen ein (ausschließliches) Sondernutzungsrecht vermittelt werden soll, ohne dass sich dieses im Gegenzug auch zur Erbringung einer Dienstleistung verpflichten soll, ist ein Beschaffungsvorgang zu verneinen.[681] Dass das Werbeunternehmen ggf. für die Berechtigung zur Sondernutzung eine Gebühr oder ein Entgelt zahlen muss, ist insoweit irrelevant.[682] In diesen Fällen ist weder das Vergabe- noch das Kartellrecht anwendbar.[683]

Die Verteilung des Sondernutzungsrechts richtet sich dann nach Art. 3 Abs. 1 GG. Sofern ein grenzüberschreitender Sachverhalt vorliegt, was vor allem in größeren Städten nicht selten der Fall sein dürfte, ist ferner das europäische Primärrecht maßgeblich.[684] Dies gilt sowohl bei der Erteilung einer Sondernutzungserlaubnis als auch beim Abschluss eines öffentlich-rechtlichen Vertrags.

---

679 Eckpunktepapier zu den Ergebnissen der Sektoruntersuchung im Bereich Außenwerbung vom 26.11.2009, S. 2.

680 § 5C.II.1 a.E. Im Schrifttum besonders hervorgehoben wurde in diesem Zusammenhang, dass sich aus dem Verfassungsrecht und dem europäischen Primärrecht eine Pflicht zur Bekanntmachung ergebe. Siehe etwa *Bulla/Schneider*, ZfBR 2011, 657 (659); *Reidt*, in: Bultmann u.a., FS Battis, 2014, S. 437 (446); *Rhein/Zitzen*, NJOZ 2013, 1161 (1166 f.).

681 *Reidt*, in: Bultmann u.a., FS Battis, 2014, S. 437 (441); *Rhein/Zitzen*, NJOZ 2013, 1161 (1166).

682 *Reidt*, in: Bultmann u.a., FS Battis, 2014, S. 437 (441 f.).

683 Zur Anwendbarkeit des Kartellrechts im Kontext von Werbenutzungsverträgen siehe schon oben § 3B.III. Erheblich zweifelnd hinsichtlich der Anwendbarkeit des Kartellrechts auch VGH Mannheim, Urt. v. 12.12.1996 – 8 S 1725/96, Rn. 32, juris.

684 Siehe dazu *Reidt*, in: Bultmann u.a., FS Battis, 2014, S. 437 (446), nach dem ein grenzüberschreitender Bezug „jedenfalls bei der Vergabe von ausschließlichen Werberechten in größeren Städten und Gemeinden regelmäßig zu bejahen ist"; *Rhein/Zitzen*, NJOZ 2013, 1161 (1166).

Auch an dieser Stelle kann insoweit auf die entsprechenden Ausführungen zur Veranstaltung von Märkten und Festen verwiesen werden.[685]

III. Rechtsschutz

Auch hier muss zunächst danach differenziert werden, ob eine Dienstleistungskonzession vergeben werden soll oder nicht. Muss dies bejaht werden und erreicht der geschätzte Vertragswert den aktuellen GWB-Schwellenwert von 5.350.000 Euro, kann der unterlegene Bewerber bei den Vergabekammern die Nachprüfung beantragen (§ 160 Abs. 1 GWB).

Im Übrigen handelt es sich bei den Werbenutzungsverträgen i.d.R. um öffentlich-rechtliche Verträge, und zwar sowohl in den Fällen mit als auch in denen ohne Beschaffungsbezug.[686] Insofern sind hinsichtlich des Vertragsschlusses bzw. der Auswahl des Vertragspartners, durch welche ggf. die Rechte der unterlegenen Bewerber verletzt werden, die §§ 54 ff. VwVfG NRW die streitentscheidenden Normen. Entsprechende Streitigkeiten müssen daher vor den Verwaltungsgerichten ausgetragen werden. Im Übrigen kann hier auf die allgemeinen Ausführungen zum Rechtsschutz verwiesen werden.[687] Und auch für den Fall, dass das Sondernutzungsrecht durch Sondernutzungserlaubnis gewährt wird, ergeben sich grds. keine Besonderheiten.[688]

E. Aufstellen von Abfallcontainern

I Die abfallrechtliche Ausgangslage

Der Sachverhalt, der dieser Fallgruppe zugrunde liegt, ist dadurch gekennzeichnet, dass mehrere Abfallsammler darum konkurrieren, auf einer oder mehreren bestimmten Flächen im öffentlichen Straßenraum Abfallcontainer (v.a. Alttextilcontainer) aufstellen zu dürfen.

In der Praxis dürfte diese Fallgruppe die weitaus bedeutsamste sein. So ist es in den letzten Jahren zu einer regelrechten Flut an entsprechenden Sondernutzungsanträgen gekommen, die nicht zuletzt auch zu einer ganzen Reihe an gerichtlichen Entscheidungen geführt hat.[689] Schon seit geraumer Zeit wird

---

685 § 5C.II.2.

686 *Just*, DVBl. 2012, 416 (421) m.w.N. aus der Rechtsprechung.

687 Siehe § 4D bzw. § 3D.II.

688 § 3D.I.

689 *Thärichen/Ameskamp*, AbfallR 2013, 176 (176).

Abfall nicht mehr nur als „unbrauchbarer Überrest“[690], sondern vielmehr als Wirtschaftsgut begriffen. Auch das Geschäft mit Alttextilien ist offenbar sehr lukrativ, die Konkurrenz daher auch besonders groß. Nunmehr hat der „Kampf um den Abfall“, der in den letzten Jahren zunehmend heftiger geführt wurde, auch das Straßenrecht erreicht. Bei kaum einer anderen Fallgruppe dürfte der öffentliche Straßenraum so hart umkämpft sein wie bei dieser.

In rechtlicher Hinsicht ist diese Fallgruppe insofern besonders, als neben dem Straßenrecht auch das KrWG eine zentrale Rolle spielt.[691] Dieses regelt zum einen die Entsorgungstätigkeit des öffentlich-rechtlichen Entsorgungsträgers und zum anderen die Zulässigkeit gemeinnütziger (§ 3 Abs. 17 KrWG) und gewerblicher Sammlungen (§ 3 Abs. 18 KrWG). Im Folgenden soll nun die abfallrechtliche Rechtslage, soweit sie für die spätere Bestimmung des rechtlichen Rahmens der Verteilung von Containerstellplätzen relevant ist, näher dargestellt werden.

Im Grundsatz gilt, dass unter den in § 17 Abs. 1 S. 1 KrWG genannten Voraussetzungen die Erzeuger oder Besitzer von Abfällen aus privaten Haushaltungen, wozu auch Alttextilien gehören, verpflichtet sind, diese Abfälle den nach Landesrecht zur Entsorgung verpflichteten juristischen Personen (öffentlich-rechtliche Entsorgungsträger)[692] zu überlassen. Von diesem Grundsatz statuiert der § 17 Abs. 2 S. 1 KrWG Ausnahmen, von denen hier die Nummern 3 und 4 relevant sind. Nach diesen besteht die Überlassungspflicht an den öffentlich-rechtlichen Entsorgungsträger grds. nicht für Abfälle, die durch gemeinnützige Sammlung (Nr. 3) oder durch gewerbliche Sammlung (Nr. 4) einer ordnungsgemäßen und schadlosen Verwertung zugeführt werden. Hinsichtlich der gewerblichen Sammlungen gilt diese Ausnahme aber nur so weit, wie der Sammlung überwiegende öffentliche Interessen nicht entgegenstehen.

Die Durchführung dieser Sammlungen ist ohne Erlaubnis möglich. D.h. private Sammlungen sind grds. zulässig; eine Genehmigungspflicht o.Ä. besteht nicht. Der Träger der Sammlung ist aber gem. § 18 Abs. 1 KrWG verpflichtet, seine gemeinnützige bzw. gewerbliche Sammlung spätestens drei Monate vor ihrer beabsichtigten Aufnahme bei der zuständigen Behörde anzuzeigen. Diese kann dann nach Maßgabe des § 18 Abs. 5 S. 1 KrWG die angezeigte Sammlung von Bedingungen abhängig machen, sie zeitlich befristen oder für sie Auflagen

---

690 So die Definition des Dudens, Stichwort: Abfall, abrufbar unter https://www.duden.de/node/1074/revision/1100 (letzter Abruf am 01.03.2021).

691 Zum Spannungsverhältnis zwischen dem Kreislaufwirtschafts- und dem Straßenrecht siehe ausführlich *Bühs*, Zum Sammeln alter Kleider, 2017.

692 In NRW sind dies die Kreise und kreisfreien Städte, § 5 Abs. 1 LAbfG NRW.

vorsehen. Nach § 18 Abs. 5 S. 2 KrWG muss sie die Sammlung untersagen, wenn die Einhaltung der in § 17 Abs. 2 S. 1 Nr. 3 oder Nr. 4 KrWG genannten Voraussetzungen anders nicht zu gewährleisten ist. D.h. die Durchführung einer gemeinnützigen Sammlung muss untersagt werden, wenn nicht gewährleistet ist, dass sie die Abfälle ordnungsgemäß und schadlos verwertet. Eine gewerbliche Sammlung kann von der zuständigen Behörde aus demselben Grund untersagt werden, ferner aber auch dann, wenn der Sammlung überwiegende öffentliche Interessen entgegenstehen. Was überwiegende öffentliche Interessen sind, erklärt § 17 Abs. 3 KrWG: Überwiegende öffentliche Interessen stehen einer gewerblichen Sammlung unter anderem dann entgegen, wenn die Sammlung in ihrer konkreten Ausgestaltung, auch im Zusammenwirken mit anderen Sammlungen, die Funktionsfähigkeit des öffentlich-rechtlichen Entsorgungsträgers gefährdet. Dabei ist nach § 17 Abs. 3 S. 2 KrWG eine solche Gefährdung der Funktionsfähigkeit immer dann anzunehmen, wenn die Erfüllung seiner Entsorgungspflichten zu wirtschaftlich ausgewogenen Bedingungen verhindert oder die Planungssicherheit und Organisationsverantwortung wesentlich beeinträchtigt wird. Im Einzelnen ist dieser Abs. 3 nicht nur sehr komplex, sondern auch in seiner Anwendung in der Praxis mit teils erheblichen Unsicherheiten verbunden.[693] Im Zusammenspiel mit § 18 Abs. 5 S. 2, § 17 Abs. 2 S. 1 Nr. 4 KrWG verdeutlicht er aber, dass das KrWG im Grundsatz von einem Nebeneinander von öffentlich-rechtlichem Entsorgungsträger und gewerblichen Sammlungen ausgeht. Erst wenn die Funktionsfähigkeit des öffentlich-rechtlichen Entsorgungsträgers gefährdet ist, darf die zuständige Behörde die gewerbliche Sammlung untersagen. Im Übrigen aber hat sie keine Möglichkeit, die Durchführung der Sammlung zu unterbinden.

Ist die Durchführung der (Container-)Sammlung nach abfallrechtlichen Maßgaben gestattet, so hat dies aber noch keine Auswirkungen auf ihre straßenrechtliche Zulässigkeit.[694] Vielmehr sind die abfallrechtliche und die straßenrechtliche Zulässigkeit an unterschiedlichen Maßstäben und getrennt voneinander zu beurteilen. Das bedeutet, dass für die Durchführung einer Containersammlung, die nach Abfallrecht zulässig ist, ferner noch eine

693 Siehe etwa *Dippel*, in: Schink/Versteyl, KrWG, 2016, § 17, Rn. 55; *Ernst*, in: Kopp-Assenmacher, KrWG, 2015, § 17, Rn. 79; *Karpenstein/Dingemann*, in: Jarass/Petersen, KrWG, 2014, § 17, Rn. 225.

694 *Naumann*, BayVBl. 2010, 102 (102); *Queitsch*, AbfallR 2016, 142 (142); *Thärichen/Ameskamp*, AbfallR 2013, 176 (176).

straßenrechtliche Sondernutzungserlaubnis erforderlich ist, sofern es sich dabei um eine Sondernutzung handelt.

II. Verteilungssituation

Werden im öffentlichen Straßenraum – zu welchem auch unselbstständige Parkplätze gehören (§ 2 Abs. 2 Nr. 1b StrWG NRW) –[695] Abfallcontainer platziert, so handelt es sich dabei offenkundig nicht mehr um eine Benutzung der Straße zum Verkehr und damit auch nicht mehr um Gemeingebrauch, sondern um Sondernutzung.[696] Dabei setzt eine Sondernutzung aber nicht zwingend voraus, dass sich der Container auch auf einer öffentlichen Straßenfläche befindet. Ausreichend ist vielmehr auch, dass er, wenn er auf einer privaten Fläche steht, nur vom öffentlichen Grund aus befüllt werden kann.[697] Denn bei den damit verbundenen Handlungen handelt es sich ebenfalls nicht mehr um eine Benutzung der Straße zu Verkehrszwecken.

Sofern nun mehrere Abfallsammler darum konkurrieren, auf einer oder mehreren bestimmten Straßenflächen ihre Abfallcontainer aufstellen zu dürfen, kommt es zur Verteilungssituation. Denkbar, zugleich aber auch wenig praxisrelevant, ist der Fall, in dem die Sammler um eine konkrete Fläche in Konkurrenz zueinander treten. I.d.R. ist es hingegen so, dass die Gemeinde bestimmte Flächen festgelegt hat, die dann zu diesem Zweck genutzt werden dürfen.[698] In diesen Fällen beruht die Konkurrenzsituation bei Bewerberüberhang – anders als im ersten Fall – nicht auf natürlicher, sondern auf gewillkürter Knappheit.[699] Oft will die Gemeinde dann auch noch, ähnlich wie bei den Werbenutzungsverträgen, nur einem Sammler das Recht zur Benutzung aller zur Verfügung gestellten Standplätze einräumen.[700] Hinzu kommt, dass regelmäßig nicht nur private Sammler, sondern auch der öffentlich-rechtliche Entsorgungsträger an den Stellflächen interessiert ist.

---

695 Unselbstständig sind Parkplätze, soweit sie mit einer Fahrbahn in Zusammenhang stehen, § 2 Abs. 2 Nr. 1b StrWG NRW. Selbstständige Parkplätze, die eine eigene Wegeanlage darstellen und mit der Straße nur über eine Zufahrt verbunden sind, bedürfen hingegen einer eigenen Widmung, *Sauthoff*, Öffentliche Straßen, 2020, § 2, Rn. 87.

696 *Naumann*, BayVBl. 2010, 102 (102); *Thärichen/Ameskamp*, AbfallR 2013, 176 (177 f.).

697 *Queitsch*, AbfallR 2016, 142 (143); *Thärichen/Ameskamp*, AbfallR 2013, 176 (177 f.).

698 Siehe § 3A.I.2.

699 § 3A.I.2.

700 Zur Problematik der „Entsorgung aus einer Hand" siehe § 5E.III.1.

Wurde das Sondernutzungsrecht einem Bewerber zugeteilt, so ist die Verteilungssituation beendet. Die zuständige Behörde kann dann die nachfolgenden Anträge mit der Begründung ablehnen, es stünden keine freien Flächen mehr zur Verfügung.[701] Die Kapazität ist erschöpft, was die Zuteilung aus tatsächlichen Gründen hindert.

III. Rechtlicher Rahmen

Auch hier muss bei der Bestimmung des rechtlichen Rahmens zunächst danach differenziert werden, ob nur das Sondernutzungsrecht vermittelt werden soll oder ob dieses vielmehr Bestandteil einer Dienstleistungskonzession sein soll.

1. Einfaches Sondernutzungsrecht

Hinsichtlich der ersten Fallkonstellation, die in der Praxis die relevantere sein dürfte, wird überwiegend vertreten, dass sich die Ermessensausübung bei der Erteilung einer entsprechenden Sondernutzungserlaubnis an Gründen orientieren müsse, die über einen sachlichen Bezug zur Straße verfügen. Verwiesen wird in diesem Zusammenhang auf § 40 VwVfG NRW, nach dem die zuständige Behörde ihr Ermessen entsprechend dem Zweck der Ermächtigung auszuüben habe.[702] Nach diesen Maßgaben dürften andere Erwägungen, insbesondere solche des KrWG, der Verteilungsentscheidung nicht zugrunde gelegt werden.

Wohl vor dem Hintergrund, dass die beabsichtigten Sondernutzungen häufig so ähnlich sind, dass ihre Auswirkungen auf die Sicherheit und Leichtigkeit des Verkehrs usw. identisch sind und deshalb aufgrund straßenrechtlicher Erwägungen gar keine Auswahl getroffen werden kann, wird häufig die Auffassung vertreten, dass bei der Auswahl auch der Rückgriff auf formale Verteilungskriterien zulässig sein soll.[703] Dabei haben formale im Vergleich zu materiellen Kriterien wohl den Vorteil, dass sie wegen ihrer Inhaltsleere gegenüber dem Vorwurf, sie seien sachfremd, resistent sind.

Nach hier vertretener Auffassung gilt es hingegen das straßenrechtliche Ermessen und das Verteilungsermessen voneinander zu trennen.[704] Beantragen mehrere Abfallsammler eine annähernd gleiche Sondernutzung derselben

---

701 *Queitsch*, AbfallR 2016, 142 (144).

702 § 3A.II.2.a.).

703 So etwa für das Kriterium der Priorität OVG Münster, Urt. v. 16.06.2015 – 11 A 1131/13, Rn. 50, juris; VG Gelsenkirchen, Urt. v. 20.11.2015 – 14 K 1438/13, Rn. 59, juris.

704 § 3A.II.3.

Fläche, so unterscheiden sich diese Begehren in straßenrechtlicher Hinsicht nicht, weshalb sie wegen Art. 3 Abs. 1 GG auch gleichbehandelt werden müssten. Angesichts der begrenzten Kapazität ist es aber gerade nicht möglich, allen Bewerbern das Sondernutzungsrecht zuzuteilen. Vor dem Hintergrund der Knappheit entsteht also eine Verteilungssituation, die es dann unter Einhaltung der gesetzlichen Grenzen, welche namentlich durch Art. 3 Abs. 1 GG gezogen werden, aufzulösen gilt.

Dabei haben, wie aufgezeigt, materielle Verteilungskriterien Vorrang vor formalen Verteilungskriterien, was aber nicht heißt, dass bei der Auswahl irgendwelche Kriterien inhaltlicher Art zugrunde gelegt werden dürfen.[705] Nach Maßgabe des Art. 3 Abs. 1 GG muss die Auswahlentscheidung stets durch einen *sachlichen* Grund gerechtfertigt werden können. Zwingend erforderlich ist daher, dass das Verteilungskriterium einen inhaltlichen Bezug zum Verteilungsgegenstand bzw. Verteilungsthema aufweist. Es muss allerdings nicht streng straßenrechtlicher Natur sein.[706] Im Übrigen wurde den straßenrechtlichen Anforderungen ja auch schon zur Geltung verholfen, denn bei der Verteilung dürfen ja ohnehin nur solche Begehren berücksichtigt werden, die auch straßenrechtlich zulässig sind.[707]

In diesem Zusammenhang besonders viel diskutiert wurde die sog. „Entsorgung aus einer Hand". Dieses Konzept sieht vor, dass nur einem Sammler das Recht zur Nutzung aller im Gemeindegebiet für Abfallcontainer vorgesehenen Straßenflächen eingeräumt werden soll. Es beruht auf der Erwägung, dass die Stellflächen vor allem für Wertstoffinseln einfacher überwacht werden können sollen, wenn es für sie im gesamten Gemeingebiet nur einen Ansprechpartner geben würde. Im Falle einer Verschmutzung, die auch zur Beeinträchtigung der Sicherheit und Leichtigkeit des Verkehrs führen kann, könnten die Verantwortlichen einfacher und schneller ermittelt und zur Säuberung angehalten werden.

Faktisch wird durch dieses Konzept der öffentlich-rechtliche Entsorgungsträger privilegiert, weil private Sammler i.d.R. nur eine oder wenige Abfallfraktionen sammeln und insofern keine „Entsorgung aus einer Hand" anbieten können. Problematisch daran ist, dass den privaten Sammlern dadurch Sammelmöglichkeiten genommen werden, auf die sie häufig in existenzieller Weise angewiesen sind. Private Flächen vermögen dieses Defizit nicht zu kompensieren. Insofern kann dieses Konzept in letzter Konsequenz dazu führen, dass private Sammler gänzlich vom Markt verschwinden. Dieses Ergebnis ist aber mit

705 Zum Vorrang materieller Verteilungskriterien siehe § 3B.I.2.a.)bb.)(1)(cc).
706 Dazu ausführlich § 3A.II.2.b.)bb.).
707 § 3A.II.2.b.)bb.).

der abfallrechtlichen Zielsetzung des Gesetzgebers, Abfallsammlungen für Wettbewerb zu öffnen, nicht vereinbar.[708] Vielmehr bewirkt es eine Verengung des Marktzugangs und gerät insofern mit dieser Zielsetzung in Konflikt.[709]

Dazu hat das OVG Lüneburg grundlegend ausgeführt:

> *„Das Kreislaufwirtschaftsgesetz hat vor allem in den §§ 17 und 18 ein eigenes Regelungsregime für die Zulässigkeit gewerblicher und gemeinnütziger Sammlungen aufgestellt, dessen Grundzüge in die Ermessenserwägungen nach § 18 NStrG einzubeziehen sind […]. Konzepte, wie etwa das einer „Wertstoffinseln aus einer Hand", müssen deshalb nicht per se ermessenfehlerhaft sein, jedoch darf das vom Gesetzgeber bewusst geschaffene differenzierte System der Beurteilung der Zulässigkeit gewerblicher Sammlungen nicht über die Gewährung und Versagung straßenrechtlicher Erlaubnisse unterlaufen werden […]. Insbesondere dürfen derartige Konzepte nicht intendieren, die Monopolstellung eines Entsorgungsträgers auf die dem Wettbewerb geöffneten Bereiche des Abfallmarktes auszudehnen, indem ihm eine dominierende Stellung bei der Sammlung (auch) dieser Abfälle verschafft wird, die konkurrierende gewerbliche Sammlungen von vornherein unwirtschaftlich macht, was gegebenenfalls durch Ermittlungen zu klären ist […]. Erforderlich ist, dass ausreichende Überlegungen angestellt werden, ob das Konzept der „Entsorgung aus einer Hand" nicht durch andere Maßnahmen in gleicher oder ähnlicher Weise gewährleistet werden kann, die nicht von vornherein eine Verengung des Nutzerkreises bedingen […]."*[710]

Dass nach Maßgabe dessen bei der Erteilung eines Sondernutzungsrechts bzw. beim Abschluss eines entsprechenden öffentlich-rechtlichen Vertrags auch Erwägungen des Kreislaufwirtschaftsrechts mit einbezogen werden dürfen, steht nicht im Widerspruch dazu, dass gem. § 40 VwVfG NRW der Entscheidung darüber grds. nur straßenrechtliche Erwägungen zugrunde gelegt werden dürfen.[711] Denn hier geht es um das Verteilungsermessen, dessen Grenzen in diesem Fall nicht nur durch Art. 3 Abs. 1 GG, sondern auch durch das KrWG gezogen werden. Verteilungskriterien, die nicht mit den wettbewerblichen Wertungen des KrWG in Einklang stehen, können daher unzulässig sein.

Des Weiteren kann sich aus Art. 3 Abs. 1 GG, unabhängig davon, ob ausschließlich private Sammler um das Sondernutzungsrecht konkurrieren oder auch der öffentlich-rechtliche Entsorgungsträger involviert ist, eine Pflicht zur Bekanntmachung der anstehenden Verteilung ergeben.[712] Ferner sind die

---

708 OVG Lüneburg, Urt. v. 20.07.2017 – 7 LB 58/16, Ls., juris.

709 OVG Lüneburg, Urt. v. 20.07.2017 – 7 LB 58/16, Rn. 45, juris.

710 OVG Lüneburg, Urt. v. 20.07.2017 – 7 LB 58/16, Rn. 45, juris.

711 A.A. VG Aachen, Urt. v. 26.04.2016 – 6 K 2357/15, Rn. 43, juris; VG Köln, Urt. v. 28.11.2014 – 18 K 4839/13, Rn. 25 ff., juris.

712 § 3B.I.2.a.)bb.)(2).

Grundsätze der Neutralität und Chancengleichheit zu beachten.[713] Darüber hinaus muss die Verteilungsentscheidung begründet werden.[714]

Bei binnenmarktrelevanten Sachverhalten ergeben sich diese Maßgaben auch aus dem Unionsrecht.[715] Verteilungskriterium und -verfahren sind so zu wählen, dass Unionsbürger nicht diskriminiert werden.[716]

Das Kartellrecht ist in diesem Fall nicht anwendbar. Denn die Gemeinde handelt hier bei der Erteilung der Sondernutzungserlaubnis bzw. beim Abschluss eines entsprechenden öffentlich-rechtlichen Vertrags nicht unternehmerisch i.S.d. Kartellrechts.[717] Weder liegt hier ein Beschaffungsvorgang vor noch macht der Umstand, dass mehrere Abfallsammler um das Sondernutzungsrecht konkurrieren, die Gemeinde zu einer unternehmerisch handelnden Anbieterin des öffentlichen Raums. Aber auch wenn das Kartellrecht nicht anwendbar ist, bleibt der Wettbewerb unter den Abfallsammlern gleichwohl durch das KrWG geschützt.

2. *Dienstleistungskonzession*

Denkbar ist ferner, dass die Gemeinde einen Abfallsammler mit der Durchführung einer Containersammlung betrauen will. Regelmäßig handelt es sich dabei um eine Dienstleistungskonzession.[718] Diese setzt zunächst voraus, dass der Sammler nicht nur berechtigt wird, im öffentlichen Straßenraum Alttextilcontainer aufzustellen, sondern er sich der Gemeinde gegenüber auch zur Erbringung einer entsprechenden Sammelleistung verpflichtet. Erforderlich ist weiter, dass der Sammler seine Dienstleistung respektive die gesammelten Abfälle verwerten darf (beispielsweise indem er sie weiterverarbeitet und an Dritte verkauft) und dabei – in Abgrenzung zum Dienstleistungsauftrag – auch das Betriebsrisiko trägt (§ 105 Abs. 2 GWB).

Denkbar ist auch, dass die Konzession nicht von einer Gemeinde, sondern von einem anderen öffentlichen Auftraggeber (wie z.B. einem Zweckverband als öffentlich-rechtlichen Entsorgungsträger)[719] vergeben wird. Erforderlich ist in

---

713 § 3B.I.2.a.)bb.)(2).

714 § 3B.I.2.a.)bb.)(2).

715 Siehe § 3B.II.

716 § 3B.II.1.a.), § 3B.II.1.b.).

717 Siehe dazu § 3B.III.

718 OLG Celle, Beschl. v. 08.09.2014 – 13 Verg 7/14 (Alttextilien II), Rn. 17 ff., juris; *Wegener/Pünder*, in: Pünder/Schellenberg, Vergaberecht, 2019, § 103 GWB, Rn. 45.

719 So etwa im Fall des OLG Celle, Beschl. v. 19.06.2014 – 13 Verg 5/14, juris.

diesem Fall aber, dass dieser auch Inhaber des Sondernutzungsrechts ist, da er andernfalls dem Konzessionär nicht die Sondernutzung des öffentlichen Straßenraums gestatten kann.

Dabei steht § 22 KrWG der Vergabe einer Dienstleistungskonzession durch den öffentlich-rechtlichen Entsorgungsträger nicht entgegen. Dieser bestimmt in S. 1, dass die zur Verwertung und Beseitigung Verpflichteten Dritte mit der Erfüllung ihrer Pflichten beauftragen können. In S. 2 heißt es weiter, dass ihre Verantwortlichkeit für die Erfüllung der Pflichten davon unberührt und solange bestehen bleibt, bis die Entsorgung endgültig und ordnungsgemäß abgeschlossen ist. Daraus ergibt sich, dass die Entsorgungspflicht selbst nicht übertragen werden darf.[720] Vielmehr muss der zur Verwertung und Entsorgung Verpflichtete die Entsorgungsaufgabe weiterhin in seiner Hand behalten. Den Dritten darf er nur zur Erfüllung dieser Aufgabe, d.h. als Erfüllungsgehilfen, einschalten.[721] D.h. die rechtlichen Beziehungen dürfen nur zwischen dem öffentlichen Auftraggeber und den Nutzern bestehen, nicht aber zwischen diesen und dem Dritten. Insofern kann es im letzteren Verhältnis auch keine Entgeltansprüche geben. Vor diesem Hintergrund herrscht Einigkeit darüber, dass im Rahmen des § 22 KrWG eine Konzessionierung Dritter nicht in Frage kommt.[722] Denn wesentliches Merkmal einer Konzession ist es gerade, dass der Konzessionär seine Leistung gegenüber anderen verwerten darf und insofern insbesondere auch etwaige Entgeltansprüche gegenüber den Nutzern geltend machen kann. Dies wäre aber mit § 22 S. 2 KrWG nicht vereinbar.

Das OLG Celle vertritt in diesem Zusammenhang aber den überzeugenden Ansatz, dass § 22 KrWG hier gar nicht zur Anwendung kommt.[723] Denn dieser würde nur greifen, wenn der Konzessionsgeber auch zur Verwertung oder Beseitigung verpflichtet wäre. Soweit Abfälle an den öffentlich-rechtlichen Entsorgungsträger überlassen werden, ist er dies grds. auch (§ 20 Abs. 1 KrWG). Hier erfolgt die Überlassung aber an die private Sammlung, sodass diese und nicht der öffentlich-rechtliche Entsorgungsträger entsorgungspflichtig ist.[724]

---

720 *Schink*, in: ders./Versteyl, KrWG, 2016, § 22, Rn. 24.

721 *Dippel*, in: Giesberts/Reinhardt, BeckOK UmweltR, Stand: 01.01.2021, § 22 KrWG, Rn. 8; *Schink*, in: ders./Versteyl, KrWG, 2016, § 22, Rn. 24.

722 *Schink*, in: ders./Versteyl, KrWG, 2016, § 22, Rn. 24.

723 OLG Celle, Beschl. v. 08.09.2014 – 13 Verg 7/14 (Alttextilien II), Rn. 56, juris.

724 OLG Celle, Beschl. v. 08.09.2014 – 13 Verg 7/14 (Alttextilien II), Rn. 56, juris.

Sofern die Dienstleistungskonzession, was allerdings kaum vorkommen dürfte,[725] den aktuellen GWB-Schwellenwert von 5.350.000 Euro erreicht, richtet sich ihre Vergabe nach dem GWB-Vergaberecht.

Das nationale Kartellrecht ist hier, da es sich um einen Beschaffungsvorgang handelt, ebenfalls anwendbar. Dabei ist auch denkbar, dass eine konzessionierende Gemeinde eine beherrschende Stellung auf dem hier relevanten Nachfragemarkt für entsprechende Entsorgungsleistungen innehat.[726] Diese ergibt sich daraus, dass der öffentliche Straßenraum im Vergleich zu den privaten Flächen i.d.R. deutlich attraktiver ist und deshalb die Sammler in besonderem Maße auf die Konzessionierung angewiesen sind. Die Vergabe der Konzession darf dann insbesondere nicht gegen das Diskriminierungs- bzw. Behinderungsverbot des § 19 Abs. 2 Nr. 1 GWB verstoßen.[727] In diesem Zusammenhang kann es, ähnlich wie bei den Exklusivverträgen zwischen Kommunen und Außenwerbern, auch problematisch sein, wenn die Kommune durch die Konzession sämtliche Standplätze an nur einen Abfallsammler vergeben will.

Grds. möglich ist es ihr, bei der Vergabe der Konzession eine Eigengesellschaft zu begünstigen. Dies ergibt sich für den Fall, dass die Voraussetzungen des § 108 GWB vorliegen, die Konzession aber – wie es in aller Regel der Fall ist – den GWB-Schwellenwert von 5.350.000 Euro nicht erreicht, aus dessen analoger Anwendung für den Unterschwellenbereich.[728] Sofern die einzelnen Voraussetzungen des § 108 GWB hingegen nicht vorliegen, ist eine Privilegierung auch nach dem maßgeblichen Kartellrecht möglich. Denn in diesen Fällen ist keine Ausnahme vom kartellrechtlichen Konzernprivileg zu machen.[729] Etwas anderes gilt allerdings dann, wenn dadurch auf dem nachgelagerten Entsorgungsmarkt der Wettbewerb ausgeschlossen werden würde.[730] Insoweit ist auch der Zielsetzung des KrWG, die Abfallsammlungen für den Wettbewerb zu öffnen, hinreichend Rechnung getragen.

Ist weder das Vergabe- noch das Kartellrecht maßgeblich, so muss die Vergabe gleichwohl den Anforderungen des Art. 3 Abs. 1 GG genügen, wobei ggf. zu berücksichtigen ist, inwieweit die Bewerber auf die Konzession angewiesen

---

725 So auch *Bühs*, Zum Sammeln alter Kleider, 2017, S. 102.

726 Zur Marktabgrenzung bzw. zur marktbeherrschenden Stellung der Gemeinde in diesem Zusammenhang siehe oben § 4B.III.3.b.)aa.) und § 4B.III.3.b.)bb.).

727 § 4B.III.3.c.).

728 § 4C.II.3.a.).

729 Zur Begründung siehe ausführlich oben § 4C.II.3.b.)bb.).

730 § 4C.II.3.b.)bb.).

sind. Aus diesem ergibt sich dann namentlich die Pflicht zur Bekanntmachung der anstehenden Vergabe, in welcher insbesondere die maßgeblichen Entscheidungskriterien und der Ablauf des Vergabeverfahrens beschrieben werden müssen.[731] Dabei und auch bei allen weiteren Verfahrensschritten darf nicht gegen die Gebote der Neutralität und Chancengleichheit verstoßen werden.[732] Die Vergabeentscheidung muss ferner begründet werden.[733] Bei Binnenmarktrelevanz, die in der Vergangenheit durchaus bei der Vergabe entsprechender Dienstleistungen im Unterschwellenbereich angenommen wurde,[734] ergeben sich im Wesentlichen ähnliche Anforderungen auch aus dem Unionsrecht.[735]

IV. Rechtsschutz

Für den Rechtsschutz ist auch hier wieder zunächst entscheidend, ob das Sondernutzungsrecht durch eine Sondernutzungserlaubnis bzw. einen öffentlich-rechtlichen Vertrag oder aber im Rahmen einer Dienstleistungskonzession vermittelt wird.

Die einem anderen erteilte Sondernutzungserlaubnis kann von einem Konkurrenten angefochten werden, wenn die Möglichkeit besteht, dass er durch die Erteilung der Erlaubnis in einem subjektiv-öffentlichen Recht verletzt wird. Auch im Rahmen dieser Fallgruppe können sich die unterlegenen Bewerber auf eine mögliche Verletzung des aus Art. 3 Abs. 1 GG abzuleitenden Rechts auf sachgerechte Bewerberauswahl berufen.[736] Darüber hinaus haben aber auch die §§ 17, 18 KrWG jedenfalls insoweit drittschützenden Charakter, wie sie den gemeinnützigen und gewerblichen Sammlern den Zugang zum Abfallmarkt garantieren

---

731 § 4B.I i.V.m. § 3B.I.2.a.)bb.)(2).

732 § 4B.I i.V.m. § 3B.I.2.a.)bb.)(2).

733 § 4B.I i.V.m. § 3B.I.2.a.)bb.)(2).

734 OLG Celle, Urt. v. 10.02.2016 – 13 U 148/15, juris. Dort heißt es, dass die öffentlichen Auftraggeber bei der Vergabe von Dienstleistungskonzessionen für die Sammlung von Alttextilien im öffentlichen Straßenraum im Falle eines grenzüberschreitenden Interesses „das Verbot der Diskriminierung aus Gründen der Staatsangehörigkeit und die ‚grundlegenden Vorschriften' des Unionrechts" zu beachten hätten, „zu denen insbesondere diejenigen über die Freiheit des Warenverkehrs, die Dienstleistungsfreiheit und das Niederlassungsrecht, sowie die daraus abgeleiteten Grundprinzipien, insbesondere die Grundsätze der Gleichbehandlung, der Verhältnismäßigkeit und der Transparenz zählen" (Hervorhebung im Original), Rn. 12. Siehe auch die Anmerkung von *Dageförde*, AbfallR 2016, 183.

735 § 4B.II i.V.m. § 3B.II. Siehe dazu auch *Bühs*, Zum Sammeln alter Kleider, 2017, S. 102.

736 § 3D. Vgl. dazu auch VG Hannover, Urt. v. 09.08.2011 – 7 A 5683/10, Rn. 28, juris.

sollen. Nach Maßgabe der §§ 18 und 17 KrWG steht ihnen der Zugang zu den entsprechenden Abfallmärkten grds. offen, denn gem. § 18 Abs. 1 KrWG sind die gemeinnützigen und gewerblichen Sammlungen nur anzeige-, nicht aber (auch) genehmigungspflichtig. Untersagt werden können sie nur unter den Voraussetzungen des § 18 Abs. 5 S. 2 KrWG. Diese Voraussetzungen dürfen aber nicht dadurch umgangen werden, dass einem privaten Sammler die zur Durchführung einer Containersammlung erforderliche Sondernutzungserlaubnis versagt wird, ohne dabei der Zielsetzung des Gesetzgebers, Abfallsammlungen für den Wettbewerb zu öffnen, hinreichend Rechnung zu tragen.[737] Wird das Verteilungsermessen so ausgeübt, dass der Zugang zum Markt für private Sammler in einer nicht mit §§ 17, 18 KrWG zu vereinbarenden Weise verengt wird, so müssen sich die betroffenen Sammler auch darauf berufen können, dass ihnen der Zugang zu den entsprechenden Abfallmärkten grds. offen steht. Unter diesen Voraussetzungen können sie dann die einem anderen erteilte Sondernutzungserlaubnis anfechten. Darüber hinaus müssen sie Verpflichtungsklage erheben, die auf die ermessensfehlerfreie Neubescheidung über die Erteilung der Erlaubnis gerichtet ist.[738] Mit den nötigen Abänderungen gelten diese Ausführung auch für öffentlich-rechtliche Verträge.[739]

Für Dienstleistungskonzessionen, deren geschätzter Vertragswert den aktuellen GWB-Schwellenwert von 5.350.000 Euro erreicht, was aber kaum vorkommen dürfte, wäre auf Antrag eine Nachprüfungsverfahren vor den Vergabekammern durchzuführen. Sofern der Vertragswert darunterbleibt, kommt es für den Rechtsweg darauf an, ob es sich im Einzelfall um einen öffentlich-rechtlichen oder privatrechtlichen Vertrag handelt.[740] Häufig dürfte ein nach Privatrecht zu beurteilender Vertrag anzunehmen sein mit der Folge, dass der ordentliche Rechtsweg eröffnet ist.[741]

737 Vgl. OVG Lüneburg, Urt. v. 20.07.2017 – 7 LB 58/16, Rn. 45, juris.

738 Dazu ausführlich unter § 3D.I.

739 Dazu § 3D.II.

740 § 4D.

741 So etwa in dem Fall des OLG Celle, Urt. v. 23.02.2016 – 13 U 148/15, Rn. 5, juris. Siehe dazu auch *Dageförde*, AbfallR 2016, 183 (183).

§ 6 Zusammenfassung und Ausblick

Zusammenfassend bleibt festzuhalten, dass die Verteilung von Sondernutzungsrechten vor allem durch Art. 3 Abs. 1 GG, zum Teil aber auch durch das Unionsrecht und einfachgesetzliches Recht determiniert wird. Befinden sich mehrere Personen in einer Situation, in der sie knappheitsbedingt um ein Sondernutzungsrecht konkurrieren, so setzten diese Rechtsnormen dem Auswahlermessen des verteilenden Hoheitsträgers Grenzen. Grundlegend zu differenzieren ist dabei danach, ob das Sondernutzungsrecht isoliert oder aber im Rahmen einer Dienstleistungskonzession mitvermittelt wird, weil zur Ausführung der am Markt nachgefragten Dienstleistung die Inanspruchnahme des öffentlichen Straßenraums erforderlich ist. Diese unterschiedlichen Ausgangssituationen haben entscheidenden Einfluss auf den rechtlichen Rahmen der Verteilung. Sofern bei der Verteilung die Maßgaben, die sich im Einzelfall aus dem Verfassungs-, Unions- oder einfachgesetzlichen Recht für das anzuwendende Verteilungskriterium oder -verfahren ergeben, missachtet werden, können die unterlegenen Bewerber grds. dagegen rechtlich vorgehen.

Vor diesem Hintergrund muss vor allem bei der Erteilung von Sondernutzungserlaubnissen und beim Abschluss entsprechender öffentlich-rechtlicher Verträge noch ein stärkeres Bewusstsein dafür entstehen, dass es in bestimmten Konkurrenzsituationen gerade einer Verteilung des Sondernutzungsrechts bedarf. In diesen Fällen müssen die zuständigen Behörden nicht nur eine straßenrechtlich vertretbare, sondern auch eine verteilungsgerechte Lösung finden. Es gilt die Vorgaben zu beachten, die sich aus den genannten Rechtsnormen für die Verteilung ergeben.

Im Übrigen lässt sich die Frage nach der sachgerechten Verteilung von Sondernutzungsrechten, freilich mit einigen Besonderheiten, einbetten in die generelle Problematik der sachgerechten Verteilung knapper Güter. Dabei scheint es so, als würde in immer mehr Bereichen, in denen sich das Bestehen einer Verteilungssituation nicht unbedingt aufdrängt, eine verteilungsspezifische Perspektive eingenommen werden. Nicht zuletzt der § 18a StrWG NRW ist Ausdruck dieser Entwicklung.

Teilweise wird es sogar für möglich gehalten, „dass sich in der Zukunft gleichsam als Klammer für die verschiedenen fachverwaltungsrechtlichen Materien, in denen es um die Vergabe von Aufträgen und Konzessionen, Grundstücken und Vermögensanteilen, Nutzungsrechten öffentlicher Einrichtungen etc. geht, ein Allgemeiner Teil eines ‚Verteilungsverwaltungsrechts' entwickelt"[742]. Zu erinnern ist daran, dass die für die Grundrechtsausübung wesentlichen Verteilungsentscheidungen ohnehin einer gesetzlichen Kodifizierung bedürfen.[743] Solange es daran aber (noch) fehlt, wird es darum gehen, für diejenigen Verteilungsobjekte, deren Verteilung gesetzlich nicht näher geregelt ist, die rechtlichen Grenzen namentlich aus dem einschlägigen Verfassungs- und Unionsrecht (ggf. auch aus einfachgesetzlichen Rechtsnormen) abzuleiten und in das Verwaltungsverfahren zu integrieren.

742 *Burgi*, Vergaberecht, 2021, § 2, Rn. 28. Siehe auch *Pünder*, in: ders./Schellenberg, Vergaberecht, 2019, Einf., Rn. 10 („Der Weg [zum Verteilungsverwaltungsrecht] wurde beschritten, ist aber noch lang."); *Wollenschläger*, Verteilungsverfahren, 2010, S. 19 f.

743 *Voßkuhle*, DV 32 (1999), 21 (36).

Literaturverzeichnis

Axer, Peter, Die Widmung als Schlüsselbegriff des Rechts der öffentlichen Sachen. Zur Identität des Rechts der öffentlichen Sachen als Rechtsgebiet, 1994

Axer, Peter, Der Anliegergebrauch an Straßen, DÖV 2014, 323

Bader, Johann/Ronellenfitsch, Michael (Hrsg.), BeckOK Verwaltungsverfahrensgesetz, 50. Edition, Stand: 01.01.2021

Baumbach, Adolf/Hopt, Klaus J., Handelsgesetzbuch Kommentar, 40. Auflage, 2021

Bechtold, Rainer/Bosch, Wolfgang, GWB Kommentar, 9. Auflage, 2018

Bechtold, Rainer/Bosch, Wolfgang/Brinker, Ingo, EU-Kartellrecht Kommentar, 3. Auflage, 2014

Braun, Christian, Stand der Konzessionsvergabe, NZBau 2019, 622

Braun, Christian, Vergaben nach dem Carsharing-Gesetz, NZBau 2018, 321

Britz, Gabriele, Der allgemeine Gleichheitssatz in der Rechtsprechung des BVerfG. Anforderungen an die Rechtfertigung von Ungleichbehandlungen durch Gesetz, NJW 2014, 346

Britz, Gabriele/Hellermann, Johannes/Hermes, Georg (Hrsg.), Energiewirtschaftsgesetz Kommentar, 3. Auflage, 2015

Bühs, Jacob M., Zum Sammeln alter Kleider. Die Altkleidersammlung im Spannungsverhältnis zwischen dem Kreislaufwirtschafts- und dem Straßenrecht, 2017

Bulla, Simon/Schneider, Wolfgang, Rechtliche Probleme der kommunalen Außenwerbung, ZfBR 2011, 657

Bultmann, Peter, Beihilfenrecht und Vergaberecht. Beihilfen und öffentliche Aufträge als funktional äquivalente Instrumente der Wirtschaftslenkung – ein Leistungsvergleich, 2004

Bundeskartellamt, Eckpunktepapier zu den Ergebnissen der Sektoruntersuchung im Bereich Außenwerbung vom 26.11.2009

Bundesnetzagentur/Bundeskartellamt, Leitfaden zur Vergabe von Strom- und Gaskonzessionen, 2015

Burgi, Martin, Die Straße als Wettbewerbsraum: Beschaffung und Verteilung bei Sondernutzungstatbeständen, NVwZ 2017, 257

Burgi, Martin, Die Vergabe von Dienstleistungskonzessionen: Verfahren, Vergabekriterien, Rechtsschutz, NZBau 2005, 610

Burgi, Martin, Vergaberecht, 3. Auflage, 2021

Burgi, Martin/Dreher, Meinrad (Hrsg.), Beck'scher Vergaberechtskommentar, Bd. 1, GWB 4. Teil, 3. Auflage, 2017

Calliess, Christian/Ruffert, Matthias (Hrsg.), EUV/AEUV Kommentar, 5. Auflage, 2016

Dageförde, Angela, Vergabe von Dienstleistungskonzessionen für die Sammlung von Alttextilien im öffentlichen Straßenraum – hohe Anforderungen an die Bewertungsmatrix, AbfallR 2016, 183

Dietlein, Johannes, Rechtsfragen des Zugangs zu kommunalen Einrichtungen, JURA 2002, 445

Dietlein, Johannes/Hellermann, Johannes, Öffentliches Recht in Nordrhein-Westfalen. Verfassungsrecht, Kommunalrecht, Polizei- und Ordnungsrecht, Öffentliches Baurecht, Verwaltungsprozessuale Grundlagen, 8. Auflage, 2021

Dietz, Andreas, Grundrechtskollision im öffentlichen Raum. Gemeingebrauch, Anliegergebrauch und Sondernutzung als Beispiele grundrechtlich geprägter Erlaubnisverfahren, AöR 133 (2008), 556

Dreher, Meinrad, Das In-house-Geschäft. Offene und neue Rechtsfragen der Anwendbarkeit der In-house-Grundsätze, NZBau 2004, 14

Dreier, Horst (Hrsg.), Grundgesetz Kommentar, Bd. 1, 3. Auflage, 2013

Ebeling, Christoph, Die organisierte Versammlung. Kontinuität zwischen Repression und Schutz, 2017

Ebeling, Christoph/Tellenbröker, Johannes, Subventionsrecht als Verwaltungsrecht, JuS 2014, 217

Ehlers, Dirk (Hrsg.), Europäische Grundrechte und Grundfreiheiten, 4. Auflage, 2014

Ehlers, Dirk/Fehling, Michael/Pünder, Hermann (Hrsg.), Besonderes Verwaltungsrecht, Bd. 2, Planungs-, Bau- und Straßenrecht, Umweltrecht, Gesundheitsrecht, Medien- und Informationsrecht, 4. Auflage, 2020

Ehlers, Dirk/Pünder, Hermann (Hrsg.), Allgemeines Verwaltungsrecht, 15. Auflage, 2016

Enders, Christoph, Die Sondernutzung im Straßenrecht zwischen Erlaubnispflicht und Freiheitsanspruch des Bürgers, VerwArch 83 (1992), 527

Ennuschat, Jörg, Kommunalwirtschaftsrecht – Prüfungsmaßstab im Vergaberechtsschutz?, NVwZ 2008, 966

Ennuschat, Jörg/Wank, Rolf/Winkler, Daniela (Hrsg.), Gewerbeordnung Kommentar, 9. Auflage, 2020

Epping, Volker/Hillgruber, Christian (Hrsg.), BeckOK Grundgesetz, 46. Edition, Stand: 15.02.2021

Fickert, Hans Carl, Straßenrecht in Nordrhein-Westfalen, 3. Auflage, 1989

Forsthoff, Ernst, Lehrbuch des Verwaltungsrechts, Bd. 1, 10. Auflage, 1973

Frenz, Walter, Handbuch Europarecht, Bd. 1, Europäische Grundfreiheiten, 2. Auflage, 2012

Frenz, Walter, Vergaberecht EU und national, 2018

Giesberts, Ludger/Reinhardt, Michael (Hrsg.), BeckOK Umweltrecht, 57. Edition, Stand: 01.01.2021

Geiger, Rudolf/Khan, Daniel-Erasmus/Kotzur, Markus (Hrsg.), EUV/AEUV Kommentar, 6. Auflage, 2017

Gerlach, Jens, Geltung der AEUV-Grundsätze auch bei Inhouse-Vergaben nach der Richtlinie 2014/24/EU. Besprechung von EuGH, Urt. v. 3.10.2019 – C-285/18, NZBau 2020, 426

Gers-Grapperhaus, Stefan, Das Auswahlrechtsverhältnis bei Auftragsvergaben unterhalb der Schwellenwerte, 2009

Gröpl, Christoph, Privatisierung von Messen, Märkten und Volksfesten, GewArch 1995, 367

Gusy, Christoph, Der Gleichheitssatz, NJW 1988, 2505

Gusy, Christoph, Der Gleichheitsschutz des Grundgesetzes, JuS 1982, 30

Gusy, Christoph, Der öffentliche Raum – Ein Raum der Freiheit, der (Un-) Sicherheit und des Rechts, JZ 2009, 217

Gusy, Christoph, Die Freiheit von Berufswahl und Berufsausübung, JA 1992, 257

Gusy, Christoph, Polizeirecht, 10. Auflage, 2017

Gusy, Christoph, Verbot mit Erlaubnisvorbehalt – Verbot mit Dispensvorbehalt, JA 1981, 80

Haberer, Anno/Rung, Christoph, Teilhabe- und Zugangsansprüche gegenüber der öffentlichen Hand – Ein Fall für das Kartellrecht?, NZKart 2018, 185

Hartwig, Matthias/Sterniczuk, Tim, Probleme des Grundsatzes der Wettbewerbsneutralität des straßenrechtlichen Sondernutzungsrechts, NVwZ 2016, 1375

Hellermann, Johannes, § 46 EnWG und die gemeindliche Selbstverwaltung – aus Sicht des Bundesgerichtshofs. Zu den Urteilen des BGH vom 17.12.2013 – KZR 65/12 und KZR 66/12, EnWZ 2014, 339

Hellermann, Johannes, Die gemeindliche Entscheidung über die Vergabe von Strom- und Gaskonzessionsverträgen, 2013

Hellermann, Johannes, Die Rechtsposition der Gemeinde bei der Vergabe von Strom- und Gaskonzessionsverträgen, EnWZ 2013, 147

Hellermann, Johannes, Örtliche Daseinsvorsorge und gemeindliche Selbstverwaltung. Zum kommunalen Betätigungs- und Gestaltungsspielraum unter den Bedingungen europäischer und staatlicher Privatisierungs- und Deregulierungspolitik, 2000

Hermes, Georg, Gleichheit durch Verfahren bei der staatlichen Auftragsvergabe, JZ 1997, 909

Hermes, Georg, Staatliche Infrastrukturverantwortung. Rechtliche Grundstrukturen netzgebundener Transport- und Übertragungssysteme zwischen Daseinsvorsorge und Wettbewerbsregulierung am Beispiel der leitungsgebundenen Energieversorgung in Europa, 1998

Hill, Hermann, Verfahrensermessen der Verwaltung, NVwZ 1985, 449

Hillgruber, Christian, § 200, Grundrechtlicher Schutzbereich, Grundrechtsausgestaltung und Grundrechtseingriff, in: Isensee, Josef/Kirchhof, Paul (Hrsg.), Handbuch des Staatsrechts der Bundesrepublik Deutschland, Bd. 9, Allgemeine Grundrechtslehren, 3. Auflage, 2011, S. 569

Hobe, Stephan, Die dogmatische Verortung des Anliegergebrauchs als eigenständiges Rechtsinstitut zwischen Gemeingebrauch und Sondernutzung, DÖV 1997, 323

Hoch, Holger/Theobald, Christian, Wettbewerb um Strom- und Gasverteilnetze im Spannungsfeld zwischen Art. 28 Abs. 2 GG und Kartellrecht, KSzW 2011, 300

Hoffmann, Christof, Grundrechte und straßenrechtliche Benutzungsordnung, 2005

Hoffmann-Riem, Wolfgang, Kommunikationsfreiheiten. Kommentierungen zu Art. 5 Abs. 1 und 2 sowie Art. 8 GG, 2002

Hoffmann-Riem, Wolfgang, Verwaltungsverfahren und Verwaltungsverfahrensgesetz – Einleitende Problemskizze, in: ders./Schmidt-Aßmann, Eberhard (Hrsg.), Verwaltungsverfahren und Verwaltungsverfahrensgesetz, 2002, S. 9

Hohenstein-Bartholl, Christine/Jacob, Martin, Strom- und Gaskonzessionsverträge vermitteln keine Dienstleistungskonzessionen. Abhandlung aus vergabe- und energiewirtschaftlicher Sicht, RdE 2017, 454

Huber, Peter-Michael, Der Schutz des Bieters im öffentlichen Auftragswesen unterhalb der sog. Schwellenwerte, JZ 2000, 877

Huber, Peter-Michael, Die unternehmerische Betätigung der öffentlichen Hand. Ein verwaltungsrechtliches Phänomen vor der Neubewertung, in: Brenner, Michael/ders./Möstl, Markus (Hrsg.), Der Staat des Grundgesetztes – Kontinuität und Wandel, Festschrift für Peter Badura zum siebzigsten Geburtstag, 2004, S. 987

Huber, Peter-Michael, Konkurrenzschutz im Verwaltungsrecht. Schutzanspruch und Rechtsschutz bei Lenkungs- und Verteilungsentscheidungen der öffentlichen Verwaltung, 1991

Hufen, Friedhelm, Zur rechtlichen Regelung der Straßenkunst – kommunikativer Gemeingebrauch oder Verbot mit Erlaubnisvorbehalt?, DÖV 1983, 353

Immenga, Ulrich/Mestmäcker, Ernst-Joachim (Begr.), Wettbewerbsrecht, Bd. 1, EU. Kommentar zum Europäischen Kartellrecht, 6. Auflage, 2019

Immenga, Ulrich/Mestmäcker, Ernst-Joachim (Begr.), Wettbewerbsrecht, Bd. 2, GWB. Kommentar zum Deutschen Kartellrecht, 6. Auflage, 2020

Ingold, Albert, Möglichkeiten eines Ausschlusses der Nutzung sog. Heizpilze in der Gastronomie, GewArch 2010, 89

Jarass, Hans. D, § 38, Funktionen und Dimensionen der Grundrechte, in: Merten, Detlef/Papier, Hans-Jürgen (Hrsg.), Handbuch der Grundrechte, Bd. 2, Grundrechte in Deutschland: Allgemeine Lehren I, 2006, S. 625

Jarass, Hans D., Die Bindung der Mitgliedstaaten an die EU-Grundrechte, NVwZ 2012, 457

Jarass, Hans D./Petersen, Frank (Hrsg.), Kreislaufwirtschaftsgesetz Kommentar, 2014

Jarass, Hans D. /Pieroth, Bodo (Begr.), Grundgesetz Kommentar, 16. Auflage, 2020

Jestaedt, Matthias, § 102, Meinungsfreiheit, in: Merten, Detlef/Papier, Hans-Jürgen (Hrsg.), Handbuch der Grundrechte, Bd. 4, Grundrechte in Deutschland: Einzelgrundrechte I, 2011, S. 875

Joder, Kevin J., Gewerbliche Nutzung der öffentlichen Straße im Gemeingebrauch – mehr als der Transport von Waren und Personen?, NVwZ 2019, 1486

Just, Christoph, Kommunale Werbenutzungsverträge im Fokus von Kartell- und Vergaberecht, DVBl. 2012, 416

Kempny, Simon/Reimer, Philipp, Die Gleichheitssätze. Versuch einer übergreifenden dogmatischen Beschreibung ihres Tatbestands und ihrer Rechtsfolgen, 2012

Kempny, Simon/Reimer, Philipp (Hrsg.), Gleichheitssatzdogmatik heute. Beiträge und Ergebnisse des Gleichheitsrechtlichen Arbeitsgesprächs vom 3. bis 5. April 2016 in der Fritz-Thyssen-Stiftung, Köln, 2017

Kermel, Cornelia (Hrsg.), Praxishandbuch der Konzessionsverträge und Konzessionsabgaben. Wegenutzungsverträge in der Energie- und Wasserversorgung, 2012

Kling, Michael, Vergaberecht und Kartellrecht. Eine Analyse der Entscheidungspraxis im Zeitraum 2015 bis 2018, NZBau 2018, 715

Kling, Michael/Thomas, Stefan, Kartellrecht, 2. Auflage, 2016

Kloepfer, Michael/Reinert, Sigrid, Umweltprobleme als Verteilungsprobleme in rechtlicher Sicht, in: Gethmann, Carl Friedrich/ders./dies. (Hrsg.), Verteilungsgerechtigkeit im Umweltstaat, 1995, S. 23

Kloepfer, Michael/Reinert, Sigrid, Zuteilungsgerechtigkeit im Umweltstaat aus juristischer Sicht, in: Gethmann, Carl Friedrich/ders./dies. (Hrsg.), Verteilungsgerechtigkeit im Umweltstaat, 1995, S. 47

Kniesel, Michael, Veranstaltung traditioneller Märkte durch Kommunen, GewArch 2013, 270

Kodal, Kurt (Begr.), Handbuch Straßenrecht, 8. Auflage, 2021

Koller, Ingo/Kindler, Peter/Roth, Wulf-Henning/Drüen, Klaus-Dieter, Handelsgesetzbuch Kommentar, 9. Auflage, 2019

Kopp, Ferdinand O./Ramsauer, Ulrich, Verwaltungsverfahrensgesetz Kommentar, 21. Auflage, 2020

Kopp-Assenmacher, Stefan (Hrsg.), Kreislaufwirtschaftsgesetz Kommentar, 2015

Köttgen, Arnold, Gemeindliche Daseinsvorsorge und gewerbliche Unternehmerinitiative im Bereich der Wasserversorgung und Abwässerbeseitigung, 1961

Krebs, Walter, Grundrechtsschutz für Gemeingebrauch an öffentlichen Straßen und Wegen?, VerwArch 67 (1976), 329

Kupfer, Dominik, Die Verteilung knapper Ressourcen im Wirtschaftsverwaltungsrecht, 2005

Langen, Eugen/Bunte, Hermann-Josef (Hrsg.), Kartellrecht Kommentar, Bd. 1, Deutsches Kartellrecht, 13. Auflage, 2018

Langen, Eugen/Bunte, Hermann-Josef (Hrsg.), Kommentar zum deutschen und europäischen Kartellrecht, Bd. 1, Deutsches Kartellrecht, 10. Auflage, 2006

Langen, Eugen/Bunte, Hermann-Josef (Hrsg.), Kartellrecht Kommentar, Bd. 2, Europäisches Kartellrecht, 13. Auflage, 2018

Laubinger, Hans-Werner, Straßenkunst: Gemeingebrauch oder Sondernutzung?, VerwArch 81 (1990), 583

Leibholz, Gerhard, Die Gleichheit vor dem Gesetz: Eine Studie auf rechtsvergleichender und rechtsphilosophischer Grundlage, 2. Auflage, 1959

Leibholz, Gerhard, Die Gleichheit vor dem Gesetz und das Bonner Grundgesetz, DVBl. 1951, 193

Loewenheim, Ulrich/Meessen, Karl M./Riesenkampff, Alexander/Kersting, Christian/Meyer-Lindemann, Jürgen (Hrsg.), Kartellrecht, Kommentar zum Deutschen und Europäischen Recht, 4. Auflage, 2020

Luch, Anika D./Schulz, Sönke E., Der sachliche Anwendungsbereich der EU-Dienstleistungsrichtlinie. Zur Abgrenzung von dienstleistungsspezifischen Genehmigungen und solchen allgemeiner Natur, in: Schliesky, Utz (Hrsg.), Die Umsetzung der EU-Dienstleistungsrichtlinie in der deutschen Verwaltung, Teil I: Grundlagen, 2008, S. 59

Malaviya, Nina, Verteilungsentscheidungen und Verteilungsverfahren. Zur staatlichen Güterverteilung in Konkurrenzsituationen, 2009

von Mangoldt, Hermann/Klein, Friedrich/Starck, Christian, Kommentar zum Grundgesetz, Bd. 1, 7. Auflage, 2018

Mann, Thomas/Sennekamp, Christoph/Uechtritz, Michael (Hrsg.), Verwaltungsverfahrensgesetz Großkommentar, 2. Auflage, 2019

Marschall, Ernst Anton, Bundesfernstraßengesetz Kommentar, 6. Auflage, 2012

Martini, Mario, Der Markt als Instrument hoheitlicher Verteilungslenkung. Möglichkeiten und Grenzen einer marktgesteuerten staatlichen Verwaltung des Mangels, 2008

Maunz, Theodor/Dürig, Günter (Begr.), Grundgesetz Kommentar, 92. Ergänzungslieferung, 2020

Maurer, Hartmut/Christian, Waldhoff, Allgemeines Verwaltungsrecht, 20. Auflage, 2020

Meßmer, Stefan Erich, „Marktveranstaltungen" auf der Grundlage von Sondernutzungserlaubnissen und zulässige Auswahlkriterien, GewArch 2002, 409

Michael, Lothar/Morlok, Martin, Grundrechte, 7. Auflage, 2020

Müller, Hermann/Schulz, Gerhard (Hrsg.), Bundesfernstraßengesetz Kommentar, 2. Auflage, 2013

Murswiek, Dietrich, § 192, Grundrechte als Teilhaberechte, soziale Grundrechte, in: Isensee, Josef/Kirchhof, Paul (Hrsg.), Handbuch des Staatsrechts der Bundesrepublik Deutschland, Bd. 9, Allgemeine Grundrechtslehren, 3. Auflage, 2011, S. 569

Naumann, Jörg, Straßen- und Wegerecht: Ungeliebte Altkleidercontainer, BayVBl. 2010, 102

Ostendorf, Patrick/Grün, Anselm, Geltung des Konzernprivilegs im Rahmen des Missbrauchsverbots im Europäischen und Deutschen Kartellrecht, WuW 2008, 950

Opitz, Marc, Die Zukunft der Dienstleistungskonzession, NVwZ 2014, 753

Papier, Hans-Jürgen, Recht der öffentlichen Sachen, 3. Auflage, 1998

Pappermann, Ernst/Löhr, Rolf-Peter/Andriske, Wolfgang, Recht der öffentlichen Sachen, 1987

Pielow, Johann-Christian (Hrsg.), BeckOK Gewerbeordnung, 53. Edition, Stand: 01.03.2021

Pitschas, Rainer, Berufsfreiheit und Berufslenkung, 1983

Pöcker, Markus, Das Verfahrensrecht wirtschaftsverwaltungsrechtlicher Verteilungsentscheidungen: Der einheitliche Verteilungsverwaltungsakt, DÖV 2003, 193

Pünder, Hermann/Schellenberg, Martin (Hrsg.), Vergaberecht Handkommentar, 3. Auflage, 2019

Queitsch, Peter, Straßenrechtliche Gesichtspunkte bei Abfallsammlungen, AbfallR 2016, 142

Reidt, Olaf, Rechtliche Anforderungen an die Vergabe von ausschließlichen Werberechten im öffentlichen Straßenraum, in: Bultmann, Peter Friedrich/Grigoleit, Klaus Joachim/Gusy, Christoph/Kersten, Jens/Otto, Christian-W./Preschel, Christina (Hrsg.), Allgemeines Verwaltungsrecht. Institute, Kontexte, System, Festschrift für Ulrich Battis zum 70. Geburtstag, 2014, S. 437

Reidt, Olaf/Stickler, Thomas/Glahs, Heike (Hrsg.), Vergaberecht Kommentar, 4. Auflage, 2017

Rhein, Kay-Uwe/Zitzen, Dirk, Werbung im öffentlichen Raum – die zwei Seiten vertraglicher Regelungen, NJOZ 2013, 1161

Röhl, Hans Christian, § 30, Ausgewählte Verwaltungsverfahren, in: Hoffmann-Riem, Wolfgang/Schmidt-Aßmann, Eberhard/Voßkuhle, Andreas (Hrsg.), Grundlagen des Verwaltungsrechts, Bd. 2, Informationsordnung, Verwaltungsverfahren, Handlungsformen, 2. Auflage, 2012, S. 731

Röwekamp, Hendrik/Kus, Alexander/Portz, Norbert/Prieß, Hans-Joachim (Hrsg.), Kommentar zum GWB-Vergaberecht, 5. Auflage, 2020

Rüfner, Wolfgang, § 40, Leistungsrechte, in: Merten, Detlef/Papier, Hans-Jürgen (Hrsg.), Handbuch der Grundrechte, Bd. 2, Grundrechte in Deutschland: Allgemeine Lehren I, 2006, S. 679

Sachs, Michael (Hrsg.), Grundgesetz Kommentar, 9. Auflage, 2021

Sachs, Michael, § 67, Leistungsrechte, in: Stern, Klaus, Das Staatsrecht der Bundesrepublik Deutschland, Bd. III/2, Allgemeine Lehren der Grundrechte, 1988, S. 687

Säcker, Franz Jürgen, Die Ladeinfrastruktur für Elektrofahrzeuge im Wettbewerbsrecht – Teil 1, NZKart 2020, 569

Säcker, Franz Jürgen, Die Ladeinfrastruktur für Elektrofahrzeuge im Wettbewerbsrecht – Teil 2, NZKart 2020, 652

Säcker, Franz Jürgen (Hrsg.), Münchener Kommentar, Europäisches und Deutsches Wettbewerbsrecht, Bd. 3, Vergaberecht I, 2. Auflage, 2018

Säcker, Franz Jürgen/Mohr, Jochen/Wolf, Maik, Konzessionsverträge im System des europäischen und deutschen Wettbewerbsrechts, 2011

Sauer, Heiko, Die Grundfreiheiten des Unionsrechts. Eine Handreichung für die Fallbearbeitung, JuS 2017, 310

Sauthoff, Michael, Öffentliche Straßen. Straßenrecht, Straßenverkehrsrecht, Verkehrssicherungspflichten, 3. Auflage, 2020

Scheidler, Alfred, Straßenrechtliche Sondernutzungserlaubnis für Freisitzflächen vor einer Gaststätte, GewArch 2012, 285

Schenke, Wolf-Rüdiger, Der maßgebliche Zeitpunkt für die Beurteilung von Verwaltungsakten im Rahmen der Anfechtungsklage, JuS 2019, 833

Schink, Alexander, Wirtschaftliche Betätigung kommunaler Unternehmen, NVwZ 2002, 129

Schink, Alexander/Versteyl, Andrea (Hrsg.), Kommentar zum Kreislaufwirtschaftsgesetz, 2. Auflage, 2016

Schlarmann, Hans/Wagner, Simon, Kommunale Werbenutzungsverträge und Ermessensbindung bei der Erteilung straßenrechtlicher Sondernutzungserlaubnisse, DVBl. 2007, 1470

Schmidt, Walter, Der Ermessensrahmen bei der Versagung einer straßenrechtlichen Sondernutzungserlaubnis, NVwZ 1985, 167

Schmidt-Aßmann, Eberhard, § 27, Der Verfahrensgedanke im deutschen und europäischen Verwaltungsrecht, in: Hoffmann-Riem, Wolfgang/ders./Voßkuhle, Andreas (Hrsg.), Grundlagen des Verwaltungsrechts, Bd. 2, Informationsordnung, Verwaltungsverfahren, Handlungsformen, 2. Auflage, 2012, S. 495

Schmidt-Aßmann, Eberhard, § 45, Grundrechte als Organisations- und Verfahrensgarantien, in: Merten, Detlef/Papier, Hans-Jürgen (Hrsg.), Handbuch der Grundrechte, Bd. 2, Grundrechte in Deutschland: Allgemeine Lehren I, 2006, S. 993

Schmidt-Aßmann, Eberhard, Das allgemeine Verwaltungsrecht als Ordnungsidee. Grundlagen und Aufgaben der verwaltungsrechtlichen Systembildung, 2. Auflage, 2006

Schmidt-Jortzig, Edzard, § 162, Meinungs- und Informationsfreiheit, in: Isensee, Josef/Kirchhof, Paul (Hrsg.), Handbuch des Staatsrechts der Bundesrepublik Deutschland, Bd. 7, Freiheitsrechte, 3. Auflage, 2009, S. 875

Schneider, Jens-Peter, § 28, Strukturen und Typen von Verwaltungsverfahren, in: Hoffmann-Riem, Wolfgang/Schmidt-Aßmann, Eberhard/Voßkuhle, Andreas (Hrsg.), Grundlagen des Verwaltungsrechts, Bd. 2, Informationsordnung, Verwaltungsverfahren, Handlungsformen, 2. Auflage, 2012, S. 557

Schoch, Friedrich (Hrsg.), Besonderes Verwaltungsrecht, 15. Auflage, 2013

Schoch, Friedrich (Hrsg.), Besonderes Verwaltungsrecht, 2018

Schoch, Friedrich, Sondernutzung öffentlicher Straßen, Jura 2013, 911

Schoch, Friedrich/Schneider, Jens-Peter (Hrsg.), Verwaltungsgerichtsordnung Kommentar, 39. Auflage, 2020

Schoch, Friedrich/Schneider, Jens-Peter (Hrsg.), Verwaltungsverfahrensgesetz Kommentar, 2020

Schröder, Holger, Die Vergabe von Stellflächen nach dem Carsharinggesetz, NVwZ 2018, 1604

Schröder, Meinhard, Genehmigungsverwaltungsrecht, 2016

Siegel, Thorsten, Die Konzessionsvergabe im Unterschwellenbereich, NZBau 2019, 353

Siehr, Angelika, Das Recht am öffentlichen Raum. Theorie des öffentlichen Raumes und die räumliche Dimension von Freiheit, 2016

Siehr, Angelika, Die Deutschenrechte des Grundgesetzes. Bürgerrechte im Spannungsfeld von Menschenrechtsidee und Staatsmitgliedschaft, 2001

Siehr, Angelika, Teilhaberechte, in: Bultmann, Peter Friedrich/Grigoleit, Klaus Joachim/Gusy, Christoph/Kersten, Jens/Otto, Christian-W./Preschel, Christina (Hrsg.), Allgemeines Verwaltungsrecht. Institute, Kontexte, System, Festschrift für Ulrich Battis zum 70. Geburtstag, 2014, S. 615

Sodan, Helge/Ziekow, Jan (Hrsg.), Verwaltungsgerichtsordnung Großkommentar, 5. Auflage, 2018

Städte- und Gemeindebund Nordrhein-Westfalen (Hrsg.), Die neue StGB NRW-Sondernutzungs-Mustersatzung, Städte- und Gemeinderat 3/2008, 17

Steinberg, Rudolf, Meinungsfreiheit und Straßennutzung, NJW 1978, 1898

Steinberg, Rudolf/Herbert, Georg, Grenzen politischer Meinungsäußerung auf der Straße – BVerwGE 56, 24 und 63 und BGHSt 28, 275, JuS 1980, 108

Stelkens, Paul/Bonk, Heinz Joachim/Sachs, Michael, Kommentar zum Verwaltungsverfahrensgesetz, 9. Auflage, 2018

Stock, Martin, Straßenkommunikation als Gemeingebrauch. Zu der Rechtsprechung über politische Werbung im Straßenverkehr, 1979

Streinz, Rudolf (Hrsg), EUV/AEUV Kommentar, 3. Auflage, 2018

Thärichen, Holger/Ameskamp, Heike, Straßenrechtliche Bewertung gewerblicher und gemeinnütziger Alttextilsammlungen, AbfallR 2013, 176

von Mannstein, Fritz, Die Nutzung der öffentlichen Straßen, 2008

Voßkuhle, Andreas, Strukturen und Bauformen neuer Verwaltungsverfahren, in: Hoffmann-Riem, Wolfgang/Schmidt-Aßmann, Eberhard (Hrsg.), Verwaltungsverfahren und Verwaltungsverfahrensgesetz, 2002, S. 277

Voßkuhle, Andreas, „Wer zuerst kommt, mahlt zuerst!" – Das Prioritätsprinzip als antiquierter Verteilungsmodus einer modernen Rechtsordnung, DV 32 (1999), 21

Wiedemann, Gerhard (Hrsg.), Handbuch des Kartellrechts, 4. Auflage, 2020

Willenbruch, Klaus/Wieddekind, Kristina (Hrsg.), Vergaberecht Kompaktkommentar, 4. Auflage, 2017

Wollenschläger, Ferdinand, Das EU-Vergaberegime für Aufträge unterhalb der Schwellenwerte, NVwZ 2007, 388

Wollenschläger, Ferdinand, Verteilungsverfahren. Die staatliche Verteilung knapper Güter: Verfassungs- und unionsrechtlicher Rahmen, Verfahren im Fachrecht, bereichsspezifische verwaltungsrechtliche Typen- und Systembildung, 2010

Wüstenberg, Dirk, Carsharingrecht von Bund und Ländern, GewArch 2019, 409

Zuck, Holger, Auswahl- und Verteilungsentscheidungen beim Bewerberüberhang. Am Beispiel des Gewerbe-, Schornsteinfeger-, Personenbeförderungs-, Güterkraftverkehrs-, Außenwirtschafts- und Privatrundfunkrechts, 1994

www.ingramcontent.com/pod-product-compliance
Ingram Content Group UK Ltd.
Pitfield, Milton Keynes, MK11 3LW, UK
UKHW020712041026
15590UKWH00002B/624

9 783631 877692